KB161638

49가지 결정

한국 경제의 운명을 바꾼 역사적 선택

49가지 결정

초판 1쇄 발행　　　2020년 10월 23일

지은이　　　　　최성락
펴낸이　　　　　최용범

편집　　　　　　진용주, 윤소진, 박호진
디자인　　　　　김태호
마케팅　　　　　김학래
관리　　　　　　강은선
인쇄　　　　　　㈜다온피앤피

펴낸곳　　　　　**페이퍼로드**
　　　　　　　　paperroad
출판등록　　　　제10-2427호(2002년 8월 7일)
주소　　　　　　서울시 동작구 보라매로5가길 7 1322호
이메일　　　　　book@paperroad.net
페이스북　　　　www.facebook.com/paperroadbook
전화　　　　　　(02)326-0328
팩스　　　　　　(02)335-0334
ISBN　　　　　　979-11-90475-30-3 (03900)

· 이 책은 저작권법에 따라 보호받는 저작물이므로 무단 전재와 무단 복제를 금합니다.
· 잘못 만들어진 책은 구입하신 서점에서 교환해드립니다.
· 책값은 뒤표지에 있습니다.

한국 경제의 운명을 바꾼 역사적 선택

49가지 결정

최성락 지음

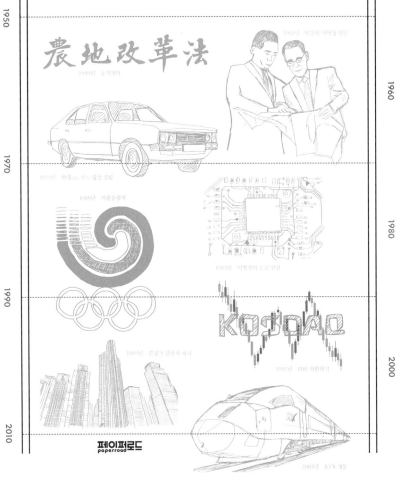

페이퍼로드
paperroad

머리말
오늘 한국 경제를 만든 것들

필자는 원래 국제경제학과 출신이다. 처음에는 경제학을 열심히 공부하지 않았다. 대학 1, 2학년때 성적은 정말 바닥이었다. 경제학이 괜찮은 학문이구나라고 느낀 것은 대학 3학년에 들어서였다. 수식이나 계산이 많은 수리경제학 부분은 어려웠지만, 그래도 사회의 경제 현상은 재미있었다. 그때쯤부터 경제 관련 서적들을 찾아서 읽기 시작했던 것 같다.

현재 세계에서 가장 핫한 경제 이야기는 중국 경제 이야기다. 중국은 1949년 중화인민공화국이 들어선 이래 공산주의 실험을 계속하며 가난한 대국으로 군림했다. 그러다 1978년 등소평이 개혁개방을 주장하고 40여 년 사이에 세계의 가장 중요한 경제 세력 중 하나로 성장했다. 지금은 어디에 가나 중국 기업 이야기, 중국 경제 이야기, 중국 경제 정책 이야기가 넘쳐난다. 생각해보면 언제나 중국 경제 이야기가 화제의 중심이었던 것은 아니다. 필자가 대학과 대학원을 다니던 무렵에는 일본과 소위 아시아의 네 마리 용(한국, 대만, 싱가포

르, 홍콩)에 대한 이야기가 많았다. 1980년대 말, 1990년대 초는 일본이 미국을 제치고 세계 경제 초강대국이 될 것으로 전망됐을 때다. 또 1960년대까지 후진국이었던 한국, 대만 등이 몇 십 년간 계속 경제적으로 고도성장을 하면서 세계 경제계의 이슈가 되기도 했다. 이렇듯 일본 기업 이야기, 한국 경제 이야기, 아시아의 신흥 강국들에 대한 이야기가 과거에는 주요 이야깃거리였다.

그러나 시간이 흘렀다. '아시아의 네 마리 용' 중 하나로 불릴 때의 한국 경제와 지금의 한국 경제는 완전히 다른 모습이다. 사실 당시로서는 상상도 못할 정도로 바뀌었다. 한국 경제가 이만큼 성장할 줄 알았다면 그 당시 한국 기업 주식을 제대로 사놓았을 것이다. 하지만 1990년대에 한국 경제는 위기였다. 언제 망해도 이상하지 않은 경제였다. 그런데 돌아보면 한국 경제는 위기가 아닌 적이 별로 없었다. 1980년대 중반 3저 현상으로 인한 호황 시기를 빼고는 항상 위기였다. 그냥 겁주려고 말하는 위기가 아니라, 언제 망해도 이상하지 않은 진짜 위기들이었다. 그 위기들을 어떻게 다 넘기고 지금의 모습이 되었는지 신기할 정도다.

지난 시기 한국 경제를 몸으로 겪고 또 공부해왔던 입장에서 한국 경제의 중요한 사건들, 선택의 순간에 대한 이야기를 쓰고 싶었다. 그런데 곤란한 지점이 하나 있다. 한국 경제는 그동안 정말 무수히 많은 사건들을 지나쳐 왔다. 이중에서 어떤 사건들을 골라내야 하는 것일까? 일반적으로 한국 경제의 주요 사건으로 거론되는 것들이 있다.

5.16 군사 쿠데타, 경부 고속도로 건설, 8.3 사채 동결, 장영자 사건, TDX 전자교환기 개발 등등이다. 이렇게 유명한 사건들만 골라내도 리스트가 금방 채워질 것이다.

여기서 질문을 해보자. 1972년의 8.3 사채 동결은 그 당시 정말 중요한 사건이었다. 해당 년도만이 아니라 1970년대를 관통하는 중요한 경제 사건이었다. 그런데 2020년 현재, 8.3 사채 동결은 어떤 의미를 가지고 있을까? 1970년대 당시에 이 일이 중요하다는 것은 충분히 알겠는데, 이 사건으로 2020년 현재의 한국 경제가 얼마나 달라졌을까? 1982년 이철희-장영자 어음 사기 사건도 1980년대를 뒤흔든 일대 사건이다. 그런데 이 사건이 2020년 현대 한국 경제와 과연 얼마나 관련이 있을까? 1982년 전자교환기 TDX 개발은 한국 정보통신 역사에서 가장 중요한 사건이라고 할 수 있다. 하지만 스마트폰이 일반화된 지금 상황에서 돌이켜볼 때 TDX가 과연 중요한 사건인지는 의문이다. TDX를 개발하지 않은 많은 개도국들도 지금은 모두 우리와 똑같이 스마트폰을 쓴다. 무선통신 혁명이 이루어진 후의 시점에서 보면 전자교환기 TDX를 개발하거나 하지 않거나 차이가 없다.

개인이 자기 역사를 돌아볼 때도 마찬가지이다. 자기가 경험한 모든 사건이 지금도 똑같이 중요하거나 현재까지 영향을 미치지는 않는다. 겪는 당시에는 정말로 충격이 컸던 사건이라도 그 사건이 정말 중요한지 판단하려면 사건 이후의 변화를 연속적으로 들여다봐야 한다. 그때는 그렇게까지 중요한지 잘 몰랐지만 지금 현재에까지 영향을 미치는 사건이 있다. 젊었을 때의 어떤 연애는 평생 영향을 미치기도 하고 어떤 것은 그냥 한때의 해프닝처럼 넘어가기도 한다. 어떤 독서나 여행이 인생을 완전히 바꾸기도 하고, 죽을 것처럼 힘들었던 사건이 지금 보면 별것 아닌 일로 기억되기도 한다.

한국에서 큰 경제적 사건들로 언급되는 것들은 많다. 그런데 대부분은 사건이 있던 그 당시에 중요했던 것들이기 쉽다. 당시에 시대를 뒤흔들 만큼 큰 사건들을 한국의 주요한 경제적 사건들이라 주장한다. 하지만 이 책에서는 시각을 달리하고자 한다. 그 당시에(만) 중요했던 사건보다는, 2020년 지금 이곳의 한국 경제에 영향을 주고 있는 사건들을 중심으로 살펴보고자 한다. 그중에는 불과 10~20년도 지나지 않아 현대 한국 경제에 영향을 미치는 게 당연한 사건들도 있고, 근 백 년이 넘는 오래된 사건들도 있다.

1997년의 IMF 외환위기나 1998년 들어선 김대중 정부의 신자유주의 도입 등은 시기적으로 비교적 가까운 사건이면서 현재 한국 경제 모습의 대부분을 결정한, 말 그대로 결정적 사건들이다. 그런 것들과 함께 그동안 한국 경제의 주요한 사건들로 다루어지지 않았으나, 현대 한국 경제에 분명한 영향을 남긴 사건들도 새로이 소개한다. 가령 사적 소유권을 명확히 규정함으로써 사유경제의 기틀을 닦은 1912년의 조선민사령 공포, 시장의 자율성을 만천하에 공표한 1945년 미군정의 미곡 시장 자유화 정책 등은 보통 한국 경제의 중요한 사건들로 잘 떠오르지 않는 것들이다. 하지만 이때 만들어진 관념들, 경제에 대한 생각들이 이후 한국 경제의 기초를 이루었다. 또 한국에 미친 주한미군의 역할을 흔히 정치적이거나 문화적인 부분에서만 찾는데 오히려 더 중요한 것은 경제에 미친 영향이라고 할 수 있다. 1945년 처음 미군이 진주해 들어오고, 이후 철수했다가 한국전쟁을 통해 다시 들어온 후 장기 주둔하기로 결정한 것은 한국 경제의 오늘을 만든 중요한 사건이 되었다.

이런 식으로 현대 한국 경제에 분명한 흔적을 남기고 있는, 지금의 한국 경제에 크게 영향을 미치고 있는 사건들을 선정했다. 여기 소개된 사건들은 그냥 사건인 것만이 아니라 책 제목 그대로 '한국 경제의 운명을 바꾼 역사적 선택' '49가지 결정'이라고 할 수 있다. 한국 경제는 그동안 이러한 선택과 결정을 거치며 계속 변화해왔다. 긍정적인 방향으로의 변화도 있었고 부정적인 방향으로의 변화도 있었다. 어쨌든 계속 국가 수준에서 선택을 하면서 변화를 만들었다. 계속 변화하는 경제 환경 속에서, 우리들은 한국 경제를 이해하고 따라갈 수밖에 없다. 본 책이 한국 경제에 대한 이해의 정도를 조금이라도 높여줄 수 있다면, 이 책의 의미는 충분할 것으로 본다.

이 책은 한국 경제에 대한 또 하나의 이야기다. 아마 여기 선정된 사건들 중 어떤 것에 대해서는 '이것보다 더 중요한 사건이 있다', '이것은 그렇게 영향력이 크지 않은 사건이다' 등등의 비판이 있을지도 모른다. 이것은 어디까지나 필자 개인의 시각으로 현재와의 관련성을 생각하며 뽑은 것들이니, 오히려 그런 비판과 토론을 통해 한국 경제를 둘러싼 이야기가 더 풍성해지기를 기대한다. 다만 이 책에서 만나게 되는 몇 가지라도 한국 경제를 바라보는 시각에 대해 새로운 지식이나 생각을 전달해줄 수 있다면, 그것으로 충분히 의미 있을 것이라 생각한다.

2020년 10월
최성락

차례

제3부 1970년대

제4부 1980년대

제5부 1990년대

제6부 2000년대 이후

제1부
일제 강점기 ~ 1950년대

1

오늘날 대한민국 도시망의 형성

"철도는 세계 공동의 교통기관으로 여객의 왕래와 화물 운수에 이
바지하고, 내외국인을 가리지 않고 그 이익을 누려야 합니다. …
만약 경성-부산 간 철도가 관통한다면 연선의 산업이 발달하고 문
화 향상에 있어 그 효과가 매우 클 것이라 믿습니다. 아울러, 장래
를 생각해보면 시베리아 철도 및 중국 내에서 계획되고 있는 철도
가 관통한 후에는, 대한제국의 의주를 거쳐 경성에 이르고 경부철
도에 접속해 경성과 부산이 동양 유수의 도시가 되는 것은 세계 대
세의 흐름인 바입니다. 그 때문에 경부 철도는 유익하고, 그 성공으
로 대한제국의 융성을 추진할 수 있는 이 철도의 기공은 실로 국가
의 경사라 할 것입니다."

타케우치 츠나竹內綱 경부철도 주식회사 이사,
경부선 북부 기공식 축사, 1901년 8월 20일.

현재 한국의 대도시는 서울, 인천, 부산, 대구, 대전, 광주, 울산 등이다. 조선 시대부터 수백 년의 역사를 가진 서울은 한국을 대표하는 도시이다. 하지만 나머지 도시는 조선 시대에는 아예 존재하지 않았거나 유명무실했던 곳이다. 지금 우리가 알고 있는 한국의 대도시는 20세기부터 발전을 거듭해 주요 도시가 되었다.

지금 한국의 대도시를 만든 가장 중요한 사건은 1905년 경부선 개통이다. 이 사건을 계기로 조선 시대에 번성했던 지역 도시들이 쇠퇴하고, 경부선이 지나가는 곳에 새로운 도시가 만들어졌다.

경상도라는 말은 이 지역의 가장 큰 도시인 경주와 상주의 앞글자를 따서 만들어졌다. 과거에는 경상도에서 경주와 상주가 가장 큰 도시였고, 이외에 진주와 성주가 있었다. 전라도는 전주와 나주가 주요 도시였고, 이외에 광주와 능주(현재의 화순)가 있었다. 충청도는 충주와 청주의 이름을 따서 만들어졌고, 이외에 공주와 홍주(현재의 홍성)가 있었다. 강원도는 강릉과 원주의 이름을 따서 강원도가 되었다. 경기도에서 경기(京畿)는 왕도(수도)의 외곽 지역을 부르는 말로 이곳에서는 수원, 강화, 광주(廣州) 등이 큰 도시였다.

1894년, 청일전쟁 당시 일본은 조선으로부터 경부선 부설권을 따낸다. 일본은 경부철도주식회사를 만들어서 경부선 건설을 준비했다. 1898년 9월, 조선 정부와 경부선 철도 부설을 위한 조약을 체결하고, 1901년 8월 20일 서울 영등포에서 북부 기공식을, 다음 날 부산 동구 초량에서 남부 기공식을 하고 공사에 착수하였다. 4년 후인

1901년 8월 21일 부산 초량에서 열린 경부선 남부 기공식 장면. 기공식에서 일본국 노세 총영사는 "대한국 황제 폐하가 이 철도를 두텁게 보호해주지 않았더라면 어찌 이 오늘이 있었겠는가"라며 고종을 위한 만세를 제창하기도 했다.

1904년 12월 27일 경부선이 완공되었고, 이듬해 1905년 1월 1일부터 운행을 개시하였다.

일본은 경부선 철도 노선을 어떻게 할지 정하기 위해 10년 동안 다섯 차례에 걸쳐 답사를 했다. 당시 부산과 서울을 주요 노선으로 잇는 데는 세 가지 방법이 있었다. 모두 경상도와 서울을 최대한 직선으로 잇는 선으로, 부산-동래-밀양-대구-선산-상주-문경새재-충주를 거쳐 서울로 올라오는 길, 부산-창원-창녕-성주-금산-청주-용인을 거쳐 서울로 올라오는 길, 부산-언양-영천을 거쳐 문경새재-충주로 이어지는 길이 그것이다. 이 세 길이 조선 시대부터 빈번히 사용되었던 길이며, 또한 임진왜란 때 왜군이 부산에서 한양으로 진격한 길이기도 했다.

그런데 일본은 조선 시대부터 활용되어 왔던 이 세 길을 따라 경부선을 만들지 않았다. 우선 경상도의 주요 산맥 사이를 지나기에 철도를 뚫기가 어려웠다. 그리고 후에 전라도 방면으로도 철도를 만들어야 하는데, 밀양-대구-문경새재-충주를 잇는 선은 전라도와 멀리 떨어져 있다는 문제가 있었다.

일본은 서울과 부산을 곧장 잇는 직선 철로가 아닌, 한반도의 중간 지역인 대전을 통과하는 기차 노선을 만든다. 이 지역은 나중에 개통할 전라도 철도와도 연결하기 쉽고, 평야 지대가 많아 철도 건설에 용이했다. 결국 경부선은 서울-수원을 거쳐 천안-조치원-대전-김천-대구-부산으로 이어지게끔 만들어진다.

경부선은 주요 도시였던 경주, 상주, 청주, 충주, 공주를 지나지 않았다. 당시만 해도 자동차가 발달하지 않았기 때문에 마땅한 이동 수단이 없었다. 직접 걸어가거나 나귀를 타고 가는 게 아니면 철도를 이용해야 했다. 만약 자동차가 발달했다면 상주나 충주, 청주 같은 지역도 주요 도시로 남아 발전할 수 있었을 것이다. 하지만 이제 막 철도가 부설된 나라에서 자동차는 먼 얘기였을 것이다. 사람들은 경부선 주변으로 모여들기 시작했고, 철도가 지나가는 천안, 대전, 김천이 주요 도시로 성장한다.

철도를 중심으로 주요 도시가 형성된 건 호남 지역도 마찬가지였다. 호남선은 대전에서 갈라져 익산, 송정리, 목포까지 연결되었는데, 쌀을 실어 나르는 목포가 주요 종착지였다. 이때 전주와 나주에는 기차역이 만들어지지 않았다. 결국 전라도에서는 송정리와 가까운 광주, 기차의 종착지인 목포가 주요 도시가 되고 전주와 나주의 위상은 과거보다 떨어지게 된다.

조선의 주요 도시이면서 철도가 연결된 수원, 강릉, 원주는 오늘날에도 주요 도시로 남아 있다. 결국 경부선 철도 개통이 현재 주요 도시의 공간 구조를 만들었다고 볼 수 있다. 그 외에도 경인선, 전라선, 태백선 등 일제 강점기에 만들어진 철도망이 오늘날 대한민국의 도시망을 구축하고 있다.

2

만백성의 사유 재산을 인정하다

제1조   민사에 관한 사항은 본령 외의 법령에 특별히 정함이 있
        는 경우를 제외하고는 다음 법률에 의한다.

제12조 부동산에 관한 물권(物權)의 종류 및 효력에 대하여는 제
        1조의 법률에 정하는 물권을 제외하고 관습에 의한다.

제13조 부동산에 관한 물권의 취득, 상실 및 변경에 대한 조선부
        동산등기령 또는 조선부동산증명령에 있어서 등기 또는
        증명의 규정을 설정하는 것은 그의 등기 또는 증명을 받
        은 것이 아니고는 이를 제3자에 대항하지 못한다.

제14조 조선부동산증명령에 의하여 증명을 받은 전당권은 제
        1조의 법률 적용에 있어서는 그 성질에 따라 이를 부동
        산 질권 또는 저당권으로 보며, 조선부동산증명령에 의

하여 부동산 질권 또는 저당권으로 등기를 받은 것 또한
같다.

조선 민사령, [시행 1912. 4. 1] [조선총독부제령 제7호, 1912. 3. 18, 제정] 중에서

경제가 발전하고 성장하기 위해서는 사유 재산 제도가 필요하다. 개인은 열심히 일해서 얻은 부(富)를 본인이 가져갔을 때 비로소 보람을 얻는다. 자신의 노동 대가를 다른 사람이 모두 가져간다면 아무도 일하려 들지 않을 것이다. 때문에 누구든 정당한 부를 가질 수 있도록 해야 한다.

오늘날의 기준으로 보면 너무나 당연한 얘기지만, 역사를 돌이켜보면 이게 당연한 일이 아니라는 걸 알 수 있다. 공산주의는 열심히 일한 결과물을 공평하게 나누는 세상을 만들고자 했다. 노동의 결과를 독식하는 게 아닌 공동체를 위해서 사용하는 것. 다른 사람과의 공생을 꿈꾸는 이타적이고 이상적인 모습이다. 그런데 이렇게 훌륭한 공산주의 사회에서 대부분의 사람은 열심히 일하지 않았다. 결국 비효율과 낭비, 나태가 조장되었고 마침내 퇴조하고 말았다.

경제 성장은 단순하게 열심히 일해서 공장을 짓거나 도로를 만드는 일만으로는 달성할 수 없다. 그 전에 먼저 사유 재산 제도가 정착되어야 한다. 공산주의만이 아니라 자본주의가 발전하기 이전의 전근대 사회에서도 개인의 재산은 제대로 인정받지 못했다. 전근대

사회에서는 일부의 사유 재산만 확실하게 보장되었고, 대다수 사람이 노동해서 만들어진 부는 일부 계층의 소유가 되었다.

한국에서는 언제부터 사유 재산 제도가 정착되었을까? 물론 조선 시대에도 재산이 인정되기는 했다. 그러나 근대 이전 사회에서 사유 재산제는 굉장히 왜곡되고 불완전한 상태였다. 우리나라에 제대로 된 사유 재산 제도가 도입되기 시작한 것은 1912년의 '조선 민사령' 발표를 기점으로 삼을 수 있다.

특히 조선 말기에는 '삼정의 문란' 같은 부정부패 때문에 일반 백성의 사유 재산은 제대로 인정받지 못했다. 중앙 정부의 권력자, 지방의 수령과 행정 관료인 아전, 또 지역에서 유지로 행세하는 양반이 백성의 재산을 마음대로 수탈했다. 일단 세금을 통한 수탈이 가능했다. 지방 수령은 백성으로부터 원래 걷기로 한 세금보다 훨씬 많은 금액을 거두어갔다. 가령, 균역법은 조선 후기에 들어 군역(軍役)의 부담을 경감하기 위하여 만든 세법으로 종래 성인 남자가 1년에 베 두 필을 내던 것을 한 필로 감하는 제도였다. 그런데 제도의 취지를 비웃기라도 하듯 지방 수령은 성인 남자만이 아니라 어린애나 이미 죽은 사람에게도 세금을 부과해 오히려 백성의 부담을 가중했다.

환곡은 백성을 구제하기 위해 만든 제도로, 식량이 부족한 봄에 지역 관아에서 곡식을 빌려준 뒤 가을에 이자를 붙여 갚도록 하는 제도이다. 그런데 조선 후기에는 백성을 괴롭히는 제도 중 하나로 전락했다. 봄에 빌려줄 때는 쌀 안에 돌이나 겨를 섞어서 주고, 가을에는 고리의 이자를 더해 쌀로만 받은 것이다. 이렇듯 관리의 수탈과 착취 때문에 백성의 삶은 점점 더 피폐해져 갔다.

그뿐만이 아니었다. 만약 권력에 연줄이 없는 백성이 부를 갖고 있으면, 양반은 세금이나 고리대 없이도 그 돈을 다 빼앗으려 들었다. 그들이 돈을 빼앗는 방법은 간단했다. 돈을 빌려달라고 한 다음에 갚지 않으면 그만이었다. 만약 돈을 빌려주지 않으면 온갖 죄목을 씌워서 잡아 가두었고, 보석금을 내야만 풀어주었다. 당시 조선을 방문한 외국인의 기록을 살펴보면 수령뿐만 아니라 아전, 지방 유지들까지 모두 나서서 백성을 수탈하기에 바빴다고 한다.

『매천야록』을 보면 이러한 심각한 수탈 과정에 대해 자세히 묘사되어 있다. 마을 행사를 한다고 돈을 거두기, 죄를 뒤집어씌워 감옥에 가두고 돈을 거두기, 벼슬자리를 주고 돈을 거두기, 과거 합격증을 주고 돈을 거두기 등 다양한 방법으로 백성의 부를 약탈하고 있다. 물론 백성이 돈을 주고 벼슬자리를 사거나 과거에 합격한 경우도 있었지만, 이것은 부정부패이지 수탈은 아니다. 조선 말기에는 백성에게 훈장을 주듯 이름뿐인 벼슬자리를 내주고는 돈을 내라고 요구했다. 양반에게 돈을 내지 않으면 잡아간다니 그야말로 날강도가 따로 없었다.

조선 백성의 힘겨운 삶은 외국인의 눈에도 훤히 보였던 걸까. 『조선과 그 이웃 나라들』을 쓴 영국의 탐험가이자 여행가인 이사벨라 버드 비숍은 1894년부터 1897년까지 조선을 여행하면서 조선 백성의 삶에 대해 기록했다. 그는 조선 백성이 무기력한 이유를 양반의 수탈 때문이라고 했다. 열심히 일해서 돈을 모아봐야 관리가 모두 빼앗아갈 것이 분명하니 굳이 노력할 필요가 없다는 것이었다.

조선 후기 한국 최초의 근대식 공립교육 기관 육영공원에서 교사 생활을 한 미국인 윌리엄 길모어는 『서울 풍물지』에 자신의 집 요리사와 관련된 일화를 남기기도 했다.

"나는 지금 서양인 집에서 일을 하므로 관료들이 건드리지 않는다. 조선 관료는 서양인에게 고용된 조선인에게는 함부로 관여할 수 없다. 하지만 내가 여기를 그만두면 바로 관료들이 찾아와 돈을 빌려달라고 할 게 분명하다. 그들에게 돈을 빌려주면 분명 돌려받지 못할 것이고, 빌려주지 않으면 나를 감옥에 가둘 것이다. 여기에서 나가는 즉시 난 모든 재산을 빼앗긴다."

조선 말기에는 명목상으로는 사유 재산이 인정되었지만, 실질적으로는 아니었다. 권력자의 입장에서 내 것은 내 것이고, 네 것도 내 것이었다. 백성은 재산을 빼앗겨도 어떻게 할 수 있는 방법이 없었다. 조선 정부는 일반 백성의 재산을 보호해주지 않고, 권력자의 재산만 보호해주었다. 그것이 조선의 관습법이었다.

이러한 악순환을 끊어내는 데 결정적 영향을 미친 것이 1912년 3월에 발표된 '조선 민사령'이었다. 이는 일본의 민법을 조선에 그대로 적용한다는 것을 공포한 법령이다. 당시 일본의 민법은 세계 제일의 강국이었던 영국의 민법을 본떠서 만들었는데, 영국 민법의 기본 원칙에는 '사유 재산의 절대적 보호'라는 조항이 있었다. 이 원칙이 조선에 적용되기 시작했다.

물론 '조선 민사령'이 시행되었다고 해서 조선 사회에 사유 재산 제도가 완전히 정착된 것은 아니었다. 농촌 지역의 수탈은 여전했고, 해방 후에도 재산 몰수나 강제 기부 같은 문제가 여전히 있었다. 이후 1961년 5.16 군사 쿠데타나 1979년 12.12 군사 쿠데타 때도 많은 재산 몰수가 있었다. 심지어 요즘도 사유 재산에 대한 충분한 보상 없이 반강제로 토지를 수용해 공공의 용도로 사용하게 하는 경우가 종종 발생한다. 그러나 '조선 민사령' 공포를 기점으로 일반 백성에 대한 사유 재산을 인정하지 않던 전통 사회에서, 사유 재산의 절대권을 인지하는 사회로 그 흐름이 바뀐 것은 분명하다. 이를 계기로 사유 재산을 절대적으로 보호하는 유럽의 민법 원칙이 도입되었고, 이 유럽의 민법 원칙이 없었다면 현재와 같이 역동적이고 활기 넘치는 한국 경제가 만들어지지는 못했을 것이다.

3

자유 시장경제로 발돋움하다

제1조 본 고시 제2조에 의하여 모든 법률과 좌기 법률적 효력을 가진 제 규칙은 조선에 미곡의 자유시장을 실시하기 위하여 이에 다음의 것을 전부 폐지함.

(가) 조선 내에서 미곡의 사적 판매 및 자유 판매를 금하는 모든 규정.

(나) 농민, 소작인 또는 기타로부터 조선총독부와 일본 정부 및 그 산하 부처나 대행 기관, 또는 조선총독부, 일본 정부 및 기 산하 부처와 대행 기관을 위한 자에게 미곡 판매를 요하는 제 규정.

(다) 미곡의 매입과 매출에 대하여 그 가격을 정하며 혹은 가격의 자유를 제한하는 제 규정.

미곡의 자유시장, [시행 1945. 10. 6] [군정법령 제1호, 1945. 10. 5, 제정]

한국 근대화와 관련해서 호사가들이 이야기하기 좋아하는 쟁점 중 하나는 1960년대 이후 한국의 급속한 경제발전이 일본과 미국 중 어느 나라의 덕을 더 봤냐는 것이다. 물론 이는 경제발전의 기원을 따지자는 게 아니다. 누가 뭐래도 한국 경제발전의 가장 근본적인 요인은 박정희 정권이 경제발전을 1순위에 두고 정책을 집행하고, 이에 부응해 국민이 총력을 기울인 것이다. 아무리 일본과 미국의 도움을 많이 받았다 하더라도 한국 내에서 노력하지 않았다면 경제발전은 불가능했을 것이다.

그렇지만 외부의 영향을 완전히 배제할 수는 없다. 한국의 경우, 국가 차원의 노력만으로 경제발전을 다 설명하기는 어렵다. 1960년대에는 수많은 제3세계 국가가 박정희식으로 경제발전을 추구했다. 당장 북한의 김일성 역시 경제발전에 전력투구했고, 1970년대까지는 한국보다 훨씬 더 좋은 성과를 내기도 했다. 1960년대에 세계 경제학계에서 '코리아의 놀라운 경제발전'이라고 할 때, 여기서 코리아는 한국이 아니라 북한을 의미했다. 그뿐만 아니라 1960년대 아시아 신생 국가 중에는 우리보다 경제발전 속도가 빨랐던 나라도 여럿 있었다. 그런데 북한을 비롯한 많은 나라가 경제발전 과정 중에 속도와 성과를 내지 못하고 발전 도상에서 이탈하고 말았다. 한국처럼 꾸준히 경제발전을 이룬 경우는 드물다. 이런 한국의 경제발전을 두고 단순히 정부가 경제발전을 우선순위로 두고 노력했다는 것만으로는 설명이 되지 않는다. 다른 개발도상국도 모두 그 정도의 노력은 했기 때문이다. 그렇다면 뭔가 다른 요소가 있었던 것일까? 그때 가장 많이 언급되는 것이 일본과 미국이다.

일본의 영향을 이야기하는 사람은 한국 경제가 일제 강점기 때 근대화되었다고 이야기한다. 당시 조선은 사회 곳곳이 정체된 전근대 사회였다. 그런데 제국주의 열강의 한 축이었던 일본의 제도가 도입되면서 크게 변화하기 시작한다. 전국에 철도가 놓이고, 공장이 설립되면서 본격적인 공업화가 시작된 것이다. 그뿐만 아니라 전국에 소학교가 설치되면서 국민들이 일정 수준 이상의 교육을 받게 되었다. 1940년대 조선은 아시아에서 일본에 이어 2대 공업국이었다. 한국은 1960년대 공업화가 진전되기 전 이미 1930-40년대에 공장 노동자로 일한 경험을 가지고 있는 사람이 많았다. 일본의 영향을 중요시하게 생각하는 사람은 이때 경험이 이후 한국 근대화에 크게 이바지했다고 한다.

필자는 일본의 식민지 기여론에 크게 공감하지 않는다. 한국에 근대 법제도와 공장 노동자 경험이 생겼다는 점은 일정 부분 인정한다. 하지만 이런 제도가 한국에만 이식되었을까? 북한도 일본 식민 지배를 겪었고, 중국의 동북지방에 설립한 만주국도 마찬가지였다. 하지만 북한의 경제는 해방 이후 발전하다 어느새 멈추었다. 만주 지역도 1980년대 이후 중국이 개혁개방에 나서기 전에는 암흑의 시기를 보냈다. 일본의 식민지배 때문에 경제발전이 가능했다는 것은 북한과 만주의 경우만 보더라도 불충분한 주장임을 알 수 있다.

한국의 경제발전에 영향을 준 외부 요인으로는 미국도 있다. 한국은 미국으로부터 많은 원조를 받았다. 한국전쟁을 제외하고도 1945년, 1953년 이후에도 여전히 미국으로부터 많은 지원을 받았다. 그런데 미국의 도움을 받은 국가가 한국뿐이었을까? 미국은 아프리카, 아시아, 남아메리카 등 세계 각지에 많은 도움을 주었다. 그 나라들이 미국의 도움으로 굶주리지 않게 된 것은 사실이지만, 그렇다고 잘살게 된 것은 아니다. 원조는 어디까지나 굶어 죽지 않고 살 수 있을 정도로 돕는 것이기 때문이다.

그 당시 한국 사람이 굶어 죽지 않았던 것은 전적으로 미국의 도움 때문이다. 하지만 한국의 경제발전에 정말로 기여를 한 것은 '원조'가 아니었다고 본다. 미국이 의도와 상관없이 한국 경제에 가장 큰 영향을 미친 것은 1945년 10월 5일에 발표한 미군정의 '미곡 시장 자유화 정책'을 시작으로 한 시장주의 도입이다.

1945년 8월 15일, 일본은 미국에 항복한다. 이어서 9월 8일부터 한국에서 미군정이 시작되었다. 그런데 군정은 어디까지나 점령 지역의 치안을 보장하는 것을 목적으로 할 뿐이다. 군인들은 사회 개발이나 경제 정책에 대해서 별다른 관심이 없었다. 어떤 정책이 필요할 때도 자기 나라의 법을 그대로 적용할 뿐이었다. 현지에 맞는 정책을 고민하거나 새로운 정책을 모색하려 하지 않았다.

일본 식민지배 말기에는 모든 물자가 통제되고 있었다. 특히 식량은 배급제였다. 이런 상황에서 일본이 물러나자 곡물 시장은 혼란에 빠지고 만다. 식량은 구하기도 어려울뿐더러 가격도 극과 극으로 널뛰기를 계속했다. 이렇게 곡물 시장에 혼란이 발생하자, 미군정은 이와 관련된 정책을 시행해야 했다. 1945년 10월 5일, 미군정이 발표한 지침은 '미곡 시장에 대한 통제는 없고 자유로이 거래하라'는 내용이었다.

미군은 한국의 전통과 역사, 일제 강점기 당시의 관습을 고려하지 않았다. 단지 미국의 시장경제주의 정책을 그대로 도입해 상품 거래에 아무런 통제 없이 자유롭게 거래할 수 있도록 했다. 가격이 오르거나 말거나 자유로운 거래를 보장한 것이다.

이는 한국 경제에서 분명 획기적인 제도였다. 조선 시대에는 허가받은 시전(市廛)만 상품을 판매할 수 있었다. 1791년 금난전권이 폐지되어 자유롭게 판매할 수 있다고 발표하기는 했으나 실제로는 허가받은 사람만 상거래가 가능했다. 상품 가격 역시 통제가 심했다. 가격이 크게 오르거나 내리면 정부로부터 제재를 받아야했다. 일제 강점기 때도 마찬가지였다. 일본은 자국에 자유시장 경제체제를 도입했지만, 식민지 조선에는 해당 사항이 아니었다. 회사 설립의 경우 일본에서는 신고만 하면 되지만, 한국에서는 허가를 받아야 했다. 또 1920년대 이후 일본이 군국주의화되고 전시경제체제가 되면서 엄격한 통제경제가 도입되었다. 상품 거래도 마음대로 할 수 없었고, 가격도 내키는 대로 정할 수 없었다.

1945년 일본으로부터 해방되고 새로운 나라를 만들게 되었을 때, 한국에서는 민족주의, 사회주의, 민주주의 중 어떤 정치 이념을 채택할 것인지를 두고 격렬한 대립이 일어났다. 그러나 국가의 경제 모델에 대해서는 크게 논란이 없었다. 정치 이념에 대한 생각은 제각각이었지만, 경제를 국가가 통제해야 한다는 생각은 동일했기 때문이다. 당시만 해도 한국은 시장경제를 경험한 적도 없었고, 그게 무엇인지도 몰랐다.

이런 상태에서 미군이 한국에 자유 시장경제를 도입한 것이다. '시장 통제를 하지 않고 모든 면에서 자유롭게 거래하도록 할 것을 선언한다', '정부가 경제에 개입하지 않겠다'는 약속을 하는 시장경제 체제가 이때 처음 한국에 소개된다.

물론 이 조치만으로 한국이 완전히 시장경제 체제로 변화한 것은 아니다. 1948년 한국의 제헌 헌법은 경제적으로 사회주의의 통제경제를 택했다. 하지만 1950년 한국전쟁으로 미군이 다시 들어오고, 미국의 영향을 받으면서 미국의 시장경제주의라는 개념도 꾸준히 도입되었다. 한국 헌법에서 자유 시장주의 경제 체제를 지향한 것은 1962년 5차 헌법 개정 이후이다.

한국은 원래 시장경제에 대해 알지 못했고 관심도 없었다. 미군의 주둔으로 시장경제에 대해 알게 되고, 이후 시장경제를 점차 받아들이다가, 사회주의 통제경제가 아닌 시장경제주의를 주된 경제 시스템으로 도입하게 된다. 결국, 미군정의 1945년 10월 5일 미곡시장 자유화 조치가 한국이 시장경제로 전환하는 시발점이었다.

4

1949년 농지개혁

신분 차별의 종말을 예고하다

제1조 본법은 헌법에 따라 농지를 농민에게 적정히 분배함으
로써 농가 경제의 자립과 농업 생산력의 증진으로 인한
농민 생활의 향상 내지 국민경제의 균형과 발전을 기함
을 목적으로 한다.

제11조 본법에 따라 정부가 취득한 농지 및 별도 법령에 의하여
규정한 국유농지는 자경할 농가에 아래의 순위에 따라
분배 소유케 한다.

1. 현재 당해 농지를 경작하는 농가
2. 경작능력보다 과소한 농지를 경작하는 농가
3. 농업경영에 경험을 가진 순국열사의 유가족
4. 영농력을 가진 피고용 농가

농지개혁법, [시행 1950. 3. 10.] [법률 제108호, 1950. 3. 10. 일부개정]

1949년 4월, 농지개혁법이 통과된다. 토지가 없어 지주의 땅을 경작하는 소작인에게 농토를 주어 이들을 자작농으로 만드는 개혁법이었다. 1945년 해방 이후 정책 중에서 가장 중요한 것으로 이 농지개혁법이 거론된다.

농지개혁법의 주요 내용은 국가가 농지를 3정보 이상 가진 지주에게 땅을 사들여 농지가 없는 소작농에게 싸게 판매하는 것이다. 지주는 의무적으로 자신의 땅을 팔아야만 했다. 이때 국가가 농지를 구매해서 판매하는 가격은 그 농지에서 1년간 산출되는 금액의 약 1.5배였다.

당시 한국은 전 국민의 약 70%가 농업에 종사했다. 그런데 땅을 갖지 못한 농부가 많았다. 땅이 없는 농부는 지주의 땅을 빌려 농사를 짓고, 가을에 추수하면 생산량의 일부를 지주에게 주었다. 농지개혁 당시 땅이 있는 사람과 소작인의 비율은 3대 2 정도였다. 농부 중에서 60%는 농지가 있었고, 40%는 소작을 해야 했다. 지주에게 주는 생산량은 50%가 기본이었다. 반은 자기가 갖고 반은 지주에게 준다. 지금 부동산 월세를 받고 사는 건물주가 가장 대표적인 불로 소득자로 꼽히듯이, 이 당시에는 지주가 가장 대표적인 불로 소득자였다. 하는 일 없이 땅을 가지고 있다는 이유만으로 소작인의 생산량 50%를 가져갔던 것이다.

농지개혁법은 다른 사람에게 땅을 경작하게 하는 지주를 없애고, 소작인이 본인 땅을 소유하게끔 하는 법이다. 이는 불로 소득을 없애고 모두가 노동을 통한 정당한 소득을 얻게 하기 위한 조치였다.

근대 이전 한국 농업사회의 가장 큰 문제는 농촌 계층이 지주와 소작인으로 분리되어 있다는 점이다. 소작인이 먹고사는 것은 지주의 선택에 달려 있었다. 그 때문에 갑을관계가 분명했다. 심지어 불평등한 관계가 자식과 후손까지 이어졌다. 소작인의 자식과 후손도 지주의 땅을 받아 농사를 지어야만 먹고살 수 있었기 때문이다.

이처럼 한국 농업사회는 지주와 소작인 간 주종관계가 분명한 봉건 사회였다. 아무리 신분제가 폐지되었다 해도, 경제적으로 종속되어 있었기 때문에 실질적인 차별은 계속 남아 있었다. 그만큼 지주와 소작인의 불평등한 관계가 한국 사회 전체에 만연했다. 농지개혁은 이런 신분 차별의 종말을 예고했다. 소작인이 땅을 갖게 되면서 지주에게 굽신거릴 필요가 없어졌고, 지주 역시 더는 소작인 위에 군림할 수 없게 되었다.

물론 농지개혁만으로 지주와 소작인의 신분이 곧바로 평등해지지는 못했다. 그동안 뿌리내린 오랜 관습은 이후로도 한동안 이어졌다. 농촌 사회가 구성원 간 관계 면에서 그런대로 평등하게 된 것은 1970년대 이후라고 보아야 할 것이다. 하지만 그 싹은 1949년 농지개혁에서 뿌려졌다. 수백 년간 이어져 온 한국 농촌사회의 지주-소작인 간 주종관계가 이때 끊어진다.

현재 농촌에도 다른 사람의 땅에 농사를 짓고 소출을 나누는 소작인이 있다. 하지만 지금 소작인과 지주는 어디까지나 계약 관계일 뿐이며 소작인이 지주에게 예속되지는 않는다. 농사지을 사람을 구하는 것 자체가 쉽지 않기 때문에 오히려 소작인이 갑, 지주가 을인 경우도 많다. 농촌이 신분 차별 사회에서 계약 사회로 변동되는 것, 나아가 한국 전체에서 신분 차별이 약화되기 시작한 것, 그 계기가 농지개혁이었다.

소작인이 농지를 갖게 되면서 이후 산업사회 일꾼이 만들어졌다는 평가도 있다. 과거 소작인은 먹고사는 것만으로도 힘들었기에 자식 교육은 사실상 불가능했다. 한국이 계속 소작인의 사회였다면 이후 공장에서 일할 사람을 구하기 힘들었을 것이다. 농지개혁으로 소작인이 자작농이 되면서 자식 교육을 할 수 있게 된다. 자작농의 자식들이 중학교, 고등학교를 졸업했고, 이들이 공장에서 일하게 되면서 산업사회의 노동자가 만들어졌다.

농지개혁 때문에 한국전쟁에서 승리했다고 보는 시각도 있다. 한 사회가 공산화될 때 주요 기반 세력은 항상 소작인이었다. 땅이 있는 사람은 자기 땅을 빼앗으려 하는 공산화에 반대하기 마련이고, 반대로 땅이 없는 소작인은 땅을 공평하게 나누자는 의견에 찬성할 것이다. 1950년 북한군이 내려왔을 때, 북한은 수많은 남한 사람이 자기들을 환영하리라 생각했다. 가난한 민중이 북한군에 호응해서 남한 각지에서 반란을 일으킬 거라 기대한 것이다. 하지만 북한에 호응하는 민중의 반란은 일어나지 않았다. 이때 한국의 소작인은 모두 자기 땅을 소유하거나, 갖게 될 예정이었다. 만약 1949년 농지개혁이 없었다면, 전국의 소작인이 북한군에 호응했을지도 모른다. 그러면 북한군을 남한 땅에서 몰아내는 것은 훨씬 더 어려웠을 것이다.

농지개혁의 방법이 잘못되었다고 보는 의견도 있다. 당시 농지개혁의 기본원칙은 유상몰수·유상분배였다. 이 과정에서 넓은 토지를 소유한 지주는 보상금을 많이 받기 때문에 여전히 부자이고, 돈이 없는 소작인은 아무리 농지를 싸게 준다고 해도 땅을 살 돈이 없다. 그 때문에 무상몰수·무상분배를 했다면 보다 나았을 것이라는 입장이 있다. 유상몰수·유상분배를 했기 때문에 불완전한 개혁에 그치고, 여전히 농촌 사회에 빈부 격차가 남았다고 본다.

사실 1949년의 농지개혁은 굉장히 폭력적이었다. 수많은 연구에서 농지개혁을 긍정적으로 평가하고 있지만, 지금의 시각에서 보면 이러한 방식의 개혁이 정당한 것인지 간단하지 않다. 2020년 한국의 부동산 문제를 예로 들어보자. 1가구 다주택자에 대해서는 1가구만 제외하고 나머지는 국가에 의무적으로 팔도록 하고, 무주택자에게는 한 채씩 싼 가격에 준다고 하면 어떨까? 1가구의 월세가 한 달에 100만 원, 1년에 1,200만 원이라면, 이 가격의 1.5배, 1,800만 원에 정부가 다주택자에게 집을 구매하고, 집 없는 사람에게 이 가격으로 집을 공급하는 것이다. 이것이 농지개혁에서 사용된 방법이다. 이런 방식을 사용하면 분명 무주택자가 대폭 없어지고, 부동산 주택 문제도 사라질 것이다. 하지만 사회적 후유증과 부작용도 만만치 않을 것이다.

1949년에, 지금으로서는 상상하기 힘든 이런 방식이 사용된 것은 해방 후의 혼란기 속에서 강한 개혁이 필요하다는 사회 분위기, 또 북한이 1946년에 시행한 농지개혁과 중국에서 마오쩌둥 정권이 내전에서 승리한 뒤 전국적으로 실시한 농지개혁 등의 영향이 컸기 때문이다. 이런 분위기에서 당시 한국 역시 어떤 식으로든 농지개혁을 해야 한다는 분위기였다.

1949년 농지개혁은 한국 경제의 흐름을 바꾸었다. 지주는 몰락했고 소작인의 농지 소유권은 증대했다. 무엇보다 한국 사회에 만연했던 지주와 소작인 간 신분 차별이 끊어지고 당사자 간 계약이 중시되기 시작한 것은 농지개혁으로부터 시작되었다고 보아도 좋을 것이다.

5

재벌 후계자에게 내려진 특명!
상속세를 줄여라

증여세법이 18일의 국회에서 통과되어 앞으로 타인으로부터 증여, 유증, 기분 또는 기타 무상으로 재산을 양도받을 때는 이 법에 따라 국가에서 일정한 세금을 받게 되었다. 그런데 이 법률을 보면 현행 법률에 비하야 다소 세율이 높아져서 과세 가격을 16급으로 구분하여 최저 5만 원 미만의 15% 부과부터 누진하게 되어, 최고 5천만 원의 90%까지 징수하게 된다.

「최고 90% 부과, 통과된 증여세법 내용」, 『경향신문』 1950년 3월 22일.

2015년 삼성물산과 제일모직이 합병했다. 삼성물산 주식과 제일모직 주식을 1대 0.35 비율로 산정해서 합병하였는데, 외국계 사모펀드인 엘리엇은 합병 비율이 불공정하다며 이 합병에 반대했고, 국민연금은 합병에 찬성표를 던졌다. 이 합병 비율은 분명히 불공정했는데 왜 국민연금은 찬성표를 던졌을까? 이 사안은 금세 논란이 되었고 결국 박근혜 대통령 탄핵 후에 삼성 이재용-최순실-박근혜 대통령 관계까지 확대된다. 정부가 삼성물산-제일모직 합병을 인정하는 것을 대가로 삼성 이재용이 최순실과 박근혜에게 뇌물을 주었는가 아닌가를 두고 재판에서 다투고 있다. 또 사모펀드 엘리엇은 정부의 불공정한 간섭으로 삼성물산-제일모직 간 합병이 이루어졌다고 하여 국제중재기구에 제소해서 판결을 기다리고 있다.

사실 몇 년간 한국 경제를 떠들썩하게 만든 삼성물산과 제일모직의 이 합병은 합리적인 경제 논리로는 이해하기 어렵다. 삼성물산은 건설과 무역을 주로 하는 기업이고, 제일모직은 말 그대로 옷, 섬유와 관련된 기업이다. 합병은 사업상 서로 관련 있는 기업이 시너지효과를 얻기 위해 하는 것인데 사업 영역에서 아무런 관계가 없는 기업이 왜 합병을 한 것일까?

그런데 이런 이상한 합병이 이루어진 이유는 그렇게 복잡하지 않다. 바로 삼성그룹 상속 문제 때문이다. 이건희 회장은 몇 년간 사실상 식물인간 상태에 있다. 이건희 회장이 사망한 후 이재용이 기업을 물려받아야 하는데, 이 상속이 쉽지 않다. 법에 규정된 상속 원칙대로 시행하면 이재용은 삼성 경영권을 가질 수 없다. 경영권을 이재용이 원활히 물려받을 수 있도록 삼성물산-제일모직이 합병하고, 또 다른 계열사에 대한 기업공개, 구조조정을 하는 것이다.

한국 경제의 문제 중 하나는 일감 몰아주기이다. 대기업이 비상장 자회사를 만들고 그 회사에 일감을 몰아주는 것이다. 이런 회사는 대부분 재벌 총수의 자식 소유인 경우가 많다. 어차피 다 자기 회사인데 왜 자식들 명의로 회사를 만들어서 거래하는 걸까? 이 이상한 행태 역시 상속세와 관련이 있다. 재벌 총수가 사망하고 그 재산과 지분을 물려받으려면 상속세를 내야 하는데, 이때 상속세를 낼 돈이 부족하면 자기 지분을 팔아야 한다. 자칫 잘못하면 기업 경영권을 잃을 수도 있다. 그 때문에 상속세를 줄이거나 상속세로 낼 돈을 미리 마련하기 위해 자회사를 만드는 것과 같은 편법 행위를 하는 것이다.

이상한 건 여기서 끝이 아니다. 주식시장에 굉장히 조건이 좋은 기업이 있다. 주식 지표도 좋고 이익도 많은데 이상하게 주가가 낮게 잡혀 있다. 이렇게 저평가된 기업은 시간이 지나면 주가가 올라가야 하는데, 아무리 시간이 지나도 오르지 않는다. 알고 보면 기업이 주가가 오르는 것을 싫어해, 주가를 낮게 유지하려고 하는 것이다. 보통의 기업이라면 당연히 주가가 오르기를 원하고 주가가 오르도록 노력해야 하는데, 왜 오히려 주가를 낮게 가져가려고 하는 걸까? 이 일의 배후에도 상속 문제가 있다. 주가가 높으면 대주주의 자산 가치도 높아지고, 그만큼 상속세도 많아진다. 주가가 낮으면 상속세도 낮다. 때문에 대주주 총수가 사망해서 상속세 문제가 해결될 때까지 기업 주가는 오르면 안 되는 것이다.

한국 기업은 배당을 잘 안 주기로 유명하다. 그런데 갑자기 배당을 많이 주는 기업이 있다. 심지어 기업 실적이 안 좋을 때도 배당을 많이 한다. 이때는 이익으로 배당을 주는 것이 아니라, 외부에서 돈을 구해와서 배당을 주기도 한다. 이런 말도 안 되는 짓을 왜 하는 것일까? 역시 여기에도 상속 문제가 걸려 있다. 자식이 지분을 많이 가지고 있는데, 이 경우 배당을 많이 받아서 현금을 넉넉하게 가지고 있으면 나중에 원활하게 상속세를 낼 수 있다. 상속세 재원을 마련하기 위해 기업 차원에서 배당을 많이 주는 것이다. 이런 정보를 모르는 일반인이 배당을 많이 주는 것에 혹해서 주식을 샀다가는 낭패를 당할 수 있다. 총수가 사망하고 상속세를 낸 뒤 승계가 이루어지고 나면 그다음부터는 배당이 없어질 것이기 때문이다.

이처럼 한국 기업의 행동에는 이상한 점이 많다. 기업의 본질은 이익을 추구하는 것인데, 쓸데없이 기업을 합병하고, 또 기업을 분할하기도 한다. 회사 이익과는 아무 상관이 없는데 자회사를 만들고 자기들끼리 거래를 한다. 상장회사가 주가를 낮추기 위해 노력하고, 싸게 주식을 살 수 있는 유상증자 권리 포기 등 이해할 수 없는 일들이 벌어진다. 그런데 이렇게 겉으로는 이해하기 어려운 기업 활동의 이면에는 공통점이 있다. 바로 상속 문제다.

한국의 상속세율은 50%로 상속 세율이 높기로는 일본과 더불어 세계 1위이다. 100억 원의 재산을 물려받으려면 50%인 50억 원 정도를 상속세로 내야 한다. 기업의 경영권을 가진 경우에는 60%다.

1,000억 원어치의 주식을 가진 기업 대주주이자 경영자 가족은 경영자가 사망하면 60%, 600억 원 정도의 상속세를 내야 한다. 기업 활동을 열심히 하면 보통 10%~20% 정도 수익을 낼 수 있다. 그런데 상속세를 줄일 수 있다면 50%~60%의 수익을 올리는 것과 마찬가지 효과가 난다. 기업 활동을 열심히 하는 것보다 상속세를 줄이기 위해 노력하는 편이 훨씬 더 수익률이 높은 것이다. 기업은 수익을 위해 노력한다. 그래서 기업은 이익 증대가 아니라 상속세 감소를 위해 온갖 수를 다 쓰고 있다.

한국은 단순히 상속세율이 높은 것만이 아니라, 상속세를 부과하는 기준 금액 자체가 다른 나라에 비해 상당히 낮다. 미국의 경우 최고 상속세율이 40%지만 1,000만 달러(한화 약 116억 원) 이상의 재산에 대해서만 상속세를 부과한다. 하지만 한국은 5억 원 이상만 되어도 상속세가 부과된다. 한국에서 100억 원을 가진 사람은 50억 원을 상속세로 내지만, 미국은 한푼도 내지 않는다. 상속세율이 높은 것이 좋은지 낮은 것이 좋은지에 대해서는 많은 논란이 있다. 하지만 현재 한국에서 상속세 때문에 경제활동에 많은 왜곡이 발생하고 있는 것은 사실이다. 높은 상속세율을 고려하지 않으면 2020년 현재 기업의 이상한 행태를 설명할 수 없다.

한국의 상속세법은 일제 강점기부터 1945년까지는 일본의 상속세법이 그대로 적용되다가 1950년에 다시 제정됐다. 처음 상속세율은 최고 90%에 이르렀다. 90% 상속세라면 거의 모든 재산을 국가가 가져갔다는 것이다. 이후 상속세율은 최고세율 기준 1967년 70%, 1974년 75%, 1978년 67%, 1981년 60%, 1988년 55%, 1993년 50%, 1996년 45%, 1999년에 50%로 변했다. 지금 50%의 상속세율이 정해진 것은 1999년이었다.

사실 1999년에 상속세율을 정할 때는 상속세로 인해 이렇게까지 경제 왜곡 현상이 발생할 줄은 예상하지 못했을 것이다. 세율이 높기는 했지만, 상속자 가족이 이런저런 방법을 써서 공식적인 상속 재산 액수를 줄였기 때문이다. 차명계좌를 이용하기도 했고, 재산을 숨기기도 했다. 사실 한국의 세금 제도는 이렇게 빠지는 금액이 많다는 것을 고려해서 아예 높은 세율이 매겨진 측면도 있다. 그런데 금융실명제가 정착하고 전산화가 정비되면서 더는 상속 재산을 숨기는 것이 불가능해졌다. 이제는 가만히 있으면 정말로 원칙대로 50%의 상속세를 다 내야 하게 된 것이다. 그래서 기업은 기를 쓰고 상속세를 줄이기 위해 온갖 일을 다 하고 있다. 기업의 대주주 경영자 측면에서 보면 상속세를 줄이는 것이 가장 수익률이 높은 경영활동이기 때문이다. 좋든 나쁘든, 상속세는 현재에도 한국 경제에 큰 영향을 미치고 있다.

6

한국의 정치·경제·문화를 뒤바꾸다

본 조약의 당사국은, 모든 국민과 모든 정부가 평화적으로 생활하고자 하는 희망을 재확인하며, 또한 태평양 지역에서 평화 기구를 공고히 할 것을 희망하고, 당사국 중 어느 1국이 태평양 지역에 있어서 고립하여 있다는 환각을 어떠한 잠재적 침략자가 갖지 않도록 외부로부터의 무력 공격에 대하여 자신을 방위하고자 하는 공동의 건의를 공공연히 또한 정식으로 선언할 것을 희망하고, 또한 태평양 지역에 있어서 더욱 포괄적이고 효과적인 지역적 안전보장 조직이 발달할 때까지 평화와 안전을 유지하고자 집단적 방위를 위한 노력을 공고히 할 것을 희망하여 다음과 같이 동의한다.

제4조 상호적 합의에 의하여 미합중국의 육군, 해군과 공군을 대한민국의 영토 내와 그 부근에 배치하는 권리를 대한

1945년 8월 15일, 일본이 미국에 항복했다. 이후 미군은 일본 점령 지역에 차례로 들어가 일본군의 무장해제, 인수인계 등 후속 절차를 진행했다. 미군이 한반도에 들어온 것은 9월 8일이었다. 처음에는 인천으로 들어왔고, 이후 목포, 부산에도 미군이 들어왔다. 1945년 말에는 약 7만 7천 명의 미군이 한국에 들어왔다.

미군정은 한국의 정치와 이후 전개될 여러 정책에 막대한 영향을 주었지만, 미군 진주가 경제적으로 큰 영향을 미치지는 않았다. 미군은 한국에서의 일이 끝나면 바로 철수하려 했다. 따라서 장기적으로 진주할 때 필요한 일은 하지 않았다. 필요한 물품은 모두 미국과 일본에서 들여왔다. 한국에서 사서 사용할 만한 것은 거의 없었다. 1949년, 미군은 극소수의 군사 고문단만을 남겨두고 전면 철수했다.

1950년 6월, 한국전쟁이 발발했고 미군이 참전한다. 이때 미군은 연 30만 명 이상이 한국에 들어와 한반도 각지에서 전투에 참여했다. 전쟁이 끝나고 같은 해 10월 '한미상호방위조약'이 맺어지면서 미군의 4개 사단, 약 7만 명의 병력이 한국에 진주하게 된다. 군대의 '진주(進駐)'는 추상적인 개념이지만, 개별 병사의 차원에서 생각해보면 앞으로 계속 교대하면서 일정 기간 이상 한국 내에서 머물러야 한다는 의미이다. 바로 이때부터 주한미군은 한국 경제와 직접적으로 연관을 맺고, 나름대로 큰 영향을 미치게 된다.

주한 미군이 한국에 직접적인 영향을 미친 건 도로 부설이었다. 당시 미군은 한국 전역에 흩어져 배치되었다. 서울과 경기 지역에 70% 이상 주둔하기는 했지만, 대구와 부산 등 후방 지역에도 미군 기지가 들어섰다. 전국 규모로 따지면 60개의 부대가 배치된 것이었다.

미국은 해외에 주둔하는 군인이 본국에서와 같은 생활 수준을 영위할 수 있도록 한다. 그러기 위해서는 물자 공급이 필수적인데 이때 주된 운송수단이 트럭이었다. 미군은 전국에 있는 부대를 연결하는 도로를 만들어 물자와 인원을 교류했다. 이로써 한국 전역에 걸쳐 도로망이 만들어진다.

조선 시대에는 한반도에 도로라고 할 만한 길이 거의 없었다. 사람이나 가마가 다니는 길은 있었지만, 수레가 지나갈 만큼 넓은 길도 드물었다. 설사 수레가 지나갈 수 있는 길이라 하더라도 땅을 평평하게 다지지 않았기에 별 쓸모가 없었다. 일제 강점기 때 일본은 한국에 도로를 만들기 시작했지만, 당시에는 자동차가 흔하지 않았다. 그때 만든 길은 수레나 지나다닐 정도이지, 자동차가 오갈 길은 아니었다. 또한 일본은 기본적으로 철도 위주로 교통망을 구축했기에 자동차 도로는 우선순위가 높지 않았다.

하지만 미국은 자동차 국가였다. 미군이 진주한 국가에서도 커다란 대형 트럭이 오가야 했다. 해방 이후 미군이 본격적으로 주둔하면서부터 자동차가 다닐 수 있는 도로가 생겨난다. 그뿐만 아니라 한국전쟁 기간에도 군수품과 병력 이동을 위해 도로를 만들었다. 이후 한반도 전역에 미군이 배치되면서, 전국의 도로망이 만들어진다. 이 때부터 한국은 자동차 도로를 갖추게 되었다. 이후 한국에서 현대자동차 같은 대기업이 등장하고 관련 분야 산업이 급성장할 수 있었던 것은 이런 도로망이 이미 존재했기 때문이 아닐까.

실제로 주한 미군은 한국의 자동차 산업에 준 영향이 적지 않다. 당시 미군은 한국에서 트럭을 비롯한 막대한 양의 자동차를 운행했다. 자동차를 잘 사용하기 위해서는 계속해서 정비 작업을 거쳐야 한다. 이런 자동차 정비에 한국 인력이 투입되었다. 이로써 한국은 자동차를 소유한 사람은 많지 않았지만, 자동차에 대해서 잘 알고 정비도 잘하는 사람이 많은 국가가 되었다. 한국이 자동차 산업에 뛰어든 것은 무모한 도전이 아니었다. 이미 자동차에 대해서는 그 어느 개도국보다 훨씬 더 많이 알고 있었기 때문이다.

미군이 한국에 영향을 준 산업 중 하나는 엔터테인먼트 산업이다. 미국은 주한 미군에게 뭔가 볼거리, 즉 유흥거리를 제공해야 했다. 하지만 미국의 엔터테인먼트 팀이 한국에까지 와서 공연할 수는 없었다. 미국은 한국 사람이 이런 엔터테인먼트를 제공하도록 했다. '미 8군 밴드'라는 말이 있을 정도로 많은 밴드나 무용팀이 미군을 대상으로 만들어졌다. 돈이 없던 시절 미군에서는 출연료를 바로바로 달러로 지급했다. 더구나 미국은 미국 물가 기준으로 공연 출연료를 책정해 지급했다. 개도국인 한국으로서는 엄청나게 좋은 조건이었다. 이때는 미군에서 공연할 수 있다는 것 자체가 특혜였다. 그런데 미군은 아무나 와서 공연하게 하지 않았다. 미군을 대상으로 공연할 만한 수준이 되는가를 엄격하게 심사했다. 심사에 한 번 통과해서 끝나는 것이 아니라, 정기적으로 계속해서 심사를 받아야 했다. 이 심사에 통과하기 위해서 한국 공연 팀은 열심히 실력을 갈고닦아야 했는데, 한국가요만이 아니라 미군이 좋아할 만한 노래나 팝송 등을 익혀야 했고 악기를 다룰 줄도 알아야 했다.

1961년 KBS가 개국하고 1964년 TBC(현재 KBS2) 방송을 시작하면서 한국에서도 본격적인 TV 문화가 형성되었다. TV 방송이 다채롭기 위해서는 춤과 노래 등 다양한 끼를 보유한 스타, 연예인이 필요했다. 아니면 주구장창 뉴스나 다큐멘터리만 나오는 지루한 방송만 틀어야 했을 것이다. 지금 아이돌 양성과정도 마찬가지지만 이런 연예인이나 엔터테인먼트 팀이 만들어지기 위해서는 오랜 시간이 필요하다. 그런데 한국은 당시 경제 상황과는 무관하게 TV 방송을 충당하고도 남을 만큼의 엔터테인먼트 산업군이 이미 존재하고 있었다. 주한 미군 부대에서 공연하던 이들이 바로 한국의 연예인으로, 엔터테이너로 변신한 것이다. 결국 한국 연예 산업의 시작은 주한 미군 부대였다.

또한 주한 미군이 한국에 주둔하기 위해서는 제대로 된 건물이 필요했다. 이전처럼 임시로 머무는 가건물로는 오랜 시간의 기지 주둔을 버틸 수 없었다. 또 전에는 미군 부대원끼리 막사 생활만 해야 했지만, 이제는 미국에 있는 가족이 한국에 와서 같이 살 수도 있게 되었다. 이를 위한 주택과 생활 인프라도 갖춰야 한다. 미국은 한국 건설기업에 이런 일을 발주했다. 현대건설은 미군 부대의 일을 받아서 하면서 본격적인 건설 기업으로 성장한다.

호텔 리조트 산업도 주한 미군을 대상으로 처음 만들어졌다. 주한 미군은 휴가 때 주로 일본이나 동남아의 리조트로 떠나곤 했는데 이들이 외국이 아닌 한국에서 놀 수 있게끔 만든 게 워커힐 호텔이다.

미군이 쓰고 버린 물품도 한국 경제에 도움이 되었다. 대표적인 것이 탄피이다. 한국군은 지금도 탄피를 생명처럼 여기기 때문에 총을 쏘고 난 후에 반드시 탄피를 회수해야 한다. 그런데 미군은 탄피 정도는 그냥 버린다. 탄피는 구리로 만드는데 얼마든지 재활용이 가능하다. 미군 부대 근처 주민들은 미군이 훈련 때 발사한 총알과 탄피를 모아서 소득을 올렸다. 훈련 사격장에 몰래 들어가서 미군이 총을 쏘다가 휴식을 취할 때면 바로 달려 들어가 총알을 모으기도 했다. 잘못하면 목숨을 잃을 수도 있는 일이지만, 그만큼 수익도 컸다.

한국 군인은 특별한 일이 없으면 외박이나 외출을 할 수 없지만 미군은 업무 시간이 끝나면 얼마든지 부대 밖으로 나가 시간을 보낸다. 이들은 제대로 된 월급을 받는데다 씀씀이가 크다. 이들이 한국 땅에서 사용한 금액은 공식적인 외화 통계에는 잡히지 않는다. 하지만 세계에서도 손꼽힐 만큼 가난했던 대한민국에서 몇만 명의 미군이 해마다 그런 식으로 사용한 금액은 엄청났다.

1991년부터는 미군이 한국에 주둔하는 비용의 일부분을 한국에서도 부담하게 되었다. 그러나 1990년까지는 미군의 한국 주둔 비용은 모두 미국의 몫이었다. 이 돈의 많은 부분이 여러 영역에서 한국으로 흘러들었다. 지금은 주한 미군의 돈이 한국 경제에 별 의미가 없지만, 1950년대와 60년대에는 적지 않은 영향을 미쳤다. 공식적으로는 보이지 않는 한국의 돈줄이었고, 또 미군을 통해 흘러나오는 미국 물품은 여러 가지 면에서 벤치마킹의 대상이었다. 주한 미군의 존재는 정치적, 군사적뿐만 아니라 경제적으로도 대한민국에 큰 영향을 미쳤다고 볼 수 있다.

7

인맥이 아닌 실력을 보고 뽑겠습니다

40여 년 동안 기업을 일으키면서 사업보국(事業報國), 인재제일(人
才第一), 합리추구(合理追求) 세 가지의 경영 원칙을 갖고 일해 왔다.
… 1957년에는 처음으로 공개채용시험을 치렀고 이후 '기업은 사
람'이란 생각을 잊지 않고, 신입사원 면접에는 반드시 참석하고
있다.

「이병철 삼성 회장 경영자 연수회 강연 요지」, 『매일경제신문』, 1980년 7월 4일.

공채는 한국의 대표적인 채용 방법 중 하나다. 한 번에 몇백 명에서
몇천 명이 시험 성적에 따라 채용된다. 대기업, 공공기관 공채가 대표
적이고, 공무원도 시험을 통해 대규모 채용을 한다는 점에서 공채라
고 볼 수 있다. 대학 졸업자에게 취업 준비라고 하면 대개 공채 준비

를 의미한다. 공채에 합격하기 위해 시험과 적성검사 준비를 한다. 그리고 공채에 합격하면 '롯데 공채 46기' 이런 식으로 기수가 정해진다. 이 기수는 그 사람이 기업에 있는 동안 계속 따라다닌다.

다른 나라에서는 공채 제도가 일반적이지 않다. 한 번에 대규모 채용을 하는 나라는 일본과 한국뿐이다. 많은 나라에서 택하는 일반적인 채용 방식은 어떤 부서에서 인원이 부족할 때 그 부서 자체적으로 채용 공고를 내서 사람을 뽑는 것이다. A기업의 홍보부에서 사람이 부족하다 하자. 그러면 홍보부에서 직접 채용 공고를 내고(때에 따라서 인사 관련 부서가 공고를 내기도 하지만 주도권은 해당 부서에 있다), 해당 업무에 적합한 사람을 뽑는다. 여기서 채용되기 위해 중요한 것은 전문성이다. 홍보 일을 잘 아는 사람, 경험이 있는 사람, 이 분야에 관심이 있는 사람이 채용된다.

공채는 한 부서가 아니라 기업 전체 차원에서 사람을 뽑는 것이다. 공채에 합격한 사람은 처음에 자기가 어떤 부서에서 일하게 될지 모른다. 그러다 보니 해당 분야의 전문성보단 어떤 일을 맡겨도 어느 정도 해낼 수 있는 사람을 채용한다. 이때 중요한 것은 소위 말하는 '스펙'이다. 한국에서는 한 분야에서의 전문성보다 스펙이 더 중요하게 여겨진다. 이는 대기업과 공공기관에서 공채를 통해 사람을 뽑기 때문이다. 대학 때부터 열심히 공부한 직원이 선진국이나 다른 경쟁국의 직원보다 전문성이 떨어지는 이유는 바로 이런 공채 제도 때문이다.

한국의 공채 제도는 1957년 삼성에서 시작되었다. 당시 삼성물산공사가 신입사원 27명을 공개 채용하겠다는 신문광고를 냈는데 무려 1,200여 명이 지원했다. 직원을 이런 식으로 공개적으로 채용한 것은 삼성이 처음이었다. 이듬해 1958년에 현대가 공채를 시작했고, 이후 한국의 많은 대기업이 공채 제도를 도입했다.

그 이전에는 어떤 식으로 채용했을까? 그때까지는 한국에 지금 기준으로 대기업이라 할 만한 기업이 없었다. 따라서 사장은 직원을 구할 때 친척, 친구, 고향 사람 등 주변의 추천을 받아 채용했다. 현대그룹 창업자 정주영 회장은 8남매인데, 그의 동생부터 매제까지 식구들이 모두 현대에서 임원직을 했다. LG, 즉 럭키금성은 동네 친구인 구인회와 허만정의 공동 회사였다. 기업 역사가 1950년대 이전으로 거슬러 올라가는 회사는 대부분 비슷한 역사를 갖고 있다. 지금 시각에서 보면 친족과 친구를 데리고 회사를 운영했다고 비난할 수도 있다. 그런데 그 시절에는 가까운 사람 말고는 믿고 채용할 수 있는 사람이 없었다. 전쟁 이후 사회가 혼란스럽고 사람들은 서로 신뢰할 수 없었기 때문에 그나마 믿을만한 건 기존 인맥밖에 없었다.

공채 제도는 더는 가족과 친척, 동네 사람을 채용하지 않고, 실력 있는 사람을 채용하겠다는 것이었다. 공채 제도로 인해 기업은 우수한 인력을 끌어들일 수 있었고, 대학 졸업생은 일자리를 구할 수 있었다. 이전에는 주변에 기업과 이어지는 인연이 없으면 일자리를 찾기 어려웠다. 그렇지만 공채 제도를 통해 이제 자신의 노력으로 일자리를 찾을 방법이 만들어졌다. 삼성 공채 1기는 앞서 보았듯 27명 모집

오늘날 삼성그룹의 모태가 된 옛 삼성상회 건물. 대구 중구 인교동에 있었다. 1934년 건립된 지하 1
층 지상 4층 건물로, 1938년 삼성그룹 창업주 이병철 회장이 '삼성'이란 상호를 내걸고 처음 사업을
시작한 곳이다. 1997년 철거되었던 것을 2017년 새로 복원하였다.

에 1,200여 명이 지원해서 약 45대 1의 경쟁률이었다. 좋은 일자리가 없었던 당시, 공채는 그래도 기업에 취직할 수 있는 단 하나의 방법이었다. 공채는 당시 한국 상황에서 기업과 취업 준비생에게 혁명적인 제도였던 것이다.

공채는 동아시아 여러 나라에서 채택했던 인재 선발 과정인 과거 제도에서 기원한다는 견해가 있다. 중국, 베트남, 조선에서는 과거를 통해 관료를 뽑았다. 이는 많은 사람에게 열린 기회를 제공하는 시험이었고, 여기서 우수한 성적을 거둔 사람을 관료로 채용했다. 과거 시험에 합격하기 위해서는 문벌, 배경, 재산 등은 필요 없이 순전히 학문 실력만 필요했다(물론 이는 원칙이었을 뿐 실제로는 가문의 배경이나 돈으로 합격할 수 있었다). 이런 과거 제도를 본받아 공채 제도를 도입했다는 것이다.

삼성 이병철은 어디에서 공채 채용의 아이디어를 얻었을까? 조선 시대에 시행되었던 과거제도였을까, 아니면 기계, 제품 등을 도입하기 위해 계속 왕래가 잦던 일본 기업에서였을까? 1890년대에 폐지된 조선의 과거제도에서 따왔다기보다는, 당시 1년에 6개월 정도 거주하던 일본에서 따왔다고 보는 것이 더 합리적인 추측일 것이다. 일본은 1920년대부터 공채 제도가 실시되었다. 공채의 특징은 몇백 명, 몇천 명을 한꺼번에 뽑는 것이다. 당시 일본 기업은 청년 실업률을 낮추고 대량으로 일자리를 만들기 위해 정부 의도에 맞추어 공채 제도를 만들었고, 지금도 계속 공채를 시행하고 있다. 공무원 시험은 과거 제도에서 따왔다고 할 수 있을지도 모르겠지만, 역시 어디까지나 소수의 고급 공무원을 뽑는 사법고시, 행정고시 등과 관련이 있을 뿐이다.

그 당시 삼성이 공채 제도를 도입한 것은 이제 더는 주변 사람만으로는 기업을 발전시키기 힘들다는 인식 때문이었다. 이후 공채 제도는 소위 전문 경영인을 키우는 경로가 된다. 이전에는 창업자의 친인척만이 그룹 계열사의 사장이 될 수 있었는데, 1970년대부터 공채 출신 사장이 나오기 시작한다. 현재 대기업 사장은 대부분 재벌 친인척이 아닌 공채 출신이다. 물론 여전히 재벌 그룹의 실세는 소수의 친인척 임원진이지만, 그래도 공채 출신이 기업의 사장, 임원 대부분을 차지하고 있다.

공채 제도는 사적으로 동원할 수 있는 네트워크 바깥의 능력 있는 사람을 대규모로 채용할 수 있다는 점에서 장점이 있다. 하지만 일반적인 능력이 우선이다 보니, 아무래도 자기가 맡은 업무에 대한 전문성이 떨어진다. 또 다른 문제점은 기수 문화가 정착된다는 것이다. 공채 46기, 공채 52기 등으로 입사할 때 기수가 정해지고, 이 기수에 의해 동기, 선후배가 결정된다. 승진할 때 성과보다는 기수가 더 고려된다. 아무리 성과가 좋아도 기수가 낮으면 승진에서 막힐 수 있다. 실력에 따라 조직 구조가 정해지는 게 아닌, 기수로 상하 조직구조가 만들어진다. 자기보다 한참 낮은 기수 출신이 상사가 되면 안 되는 것이다. 직위에 의한 공식적인 위계질서 외에 기수에 의한 비공식적 위계질서가 따로 존재하는 것인데, 관료적 경향이 강한 조직에서 이런 비공식적 위계질서의 존재는 치명적인 영향을 미칠 수 있다. 또 공채에 드는 비용도 문제다. 삼성 같은 경우 공채 지원자가 1년에 20여만 명이나 되는데, 이들을 대상으로 시험을 치르고 면접을 하는 것만으로도 엄청난 비용이 소요된다.

2010년대에 들어서면서 공채의 장점만큼 단점도 같이 부각되고 있다. 그래서 현대 그룹은 2019년부터 공채를 폐지하고 부서별 소수 채용으로 방향을 전환했다. 그러나 2018년도에 대기업 공개 채용의 비중은 67% 정도였다. 여전히 공채는 기업과 취업 준비생에게 가장 중요한 제도로 남아 있다.

제2부 1960년대

8

재벌의 부정 축재, 처벌이냐 투자냐

박정희는 최고회의 법사위원장 이석제를 불렀다.

"경제인들은 이제 그만했으면 정신 차렸을 텐데 풀어주지."

"안 됩니다. 아직 정신 못 차렸습니다."

"이 사람아, 이제부터 우리가 권력을 잡았으면 국민을 배불리 먹여 살려야 될 것 아닌가. 우리가 이북만도 못한 경제력을 가지고 어떻게 할 작정인가. 그래도 드럼통 두드려서 다른 거라도 만들어 본 사람들이 그 사람들 아닌가. 그만치 정신 차리게 했으면 되었으니 이제부터는 국가의 경제 부흥에 그 사람들이 일 좀 하도록 써먹자."

「박정희-이병철의 만남」, 『뉴데일리경제』, 2010년 2월 1일.

재벌 그룹 회장이 처벌 대상이 아니라는 건 한국 경제의 불문율이다. 그동안 많은 재벌 회장이 횡령, 배임, 탈세 등의 죄목으로 검찰의 재판을 받았다. 하지만 대부분의 재벌 회장은 집행유예로 풀려났고, 위법 행위를 일삼아도 교도소 생활은 하지 않는다. 재벌 회장이 아니었다면 분명 징역 몇 년 이상은 받아야 할 죄를 지어도, 그들은 처벌에서 면제되었다. 법을 어긴 것은 분명했기에 처벌받기는 하지만, 벌금형, 집행유예까지만 받고 실형을 받는 경우는 드물었다. 설령 감옥에 가더라도 정부로부터 바로 사면을 받고 풀려났다.

재벌 그룹 회장에 대한 관용은 사법제도가 불공정하다는 것을 보여준다. 그들에 대한 실형을 면해달라고 하는 변호사의 주장에서 항상 빠지지 않는 이야기가 있다. 국가 경제에 대한 기여도이다. 그동안 그룹을 운영하면서 국가 경제에 기여한 바가 크고, 이런 그가 감옥에 있으면 투자 활동이 제대로 이루어지지 않아 경제가 어려워진다는 것이다. 실제로 이러한 주장이 최종 판결에 반영된다.

재벌 회장이 국가 경제에 기여한다는 이유로 그의 위법 행위를 눈감아주는 것, 이는 국가와 재벌 그룹 사이의 암묵적인 약속이나 다름없었다. 그렇다면 이러한 관행은 언제부터 시작된 걸까? 이는 1961년 6월 27일, 당시 국가재건최고회의 박정희 부의장과 삼성그룹 총수 이병철의 면담 이후부터였다.

1961년 5월 16일, 박정희를 대표로 군사 쿠데타가 발생한다. 군사 정권이 국민에게 제시한 것은 지금까지 사회에 만연한 부정부패

척결과 경제발전이었다. 국민이 생각하는 대표적인 부정부패·부정축재 세력은 재벌이었다. 5월 28일, 당시 군사 정권의 국가재건최고회의는 부정축재 처리 요강을 발표하고, 전격적으로 부정 축재자들을 구속한다. 재벌 순위 1위부터 12위까지의 재벌 회장이 그 대상이었다. 부정 축재자에 대한 처벌은 이승만 정부도, 장면 정부도 하지 못한 일이었다. 박정희 정권은 이를 통해 사회 개혁을 하고자 했고, 이는 국민에게 많은 지지를 얻었다.

이 과정에서 문제가 하나 있었다. 5월 16일 군사 쿠데타가 발생할 때 삼성 이병철 회장은 한국이 아닌 일본에 있었다. 이병철은 군사 쿠데타가 발생했다는 것을 알고 귀국을 미루고 있었다. 박정희가 부정 축재자를 모두 잡아 가두는 과정에서 일본에 있는 이병철은 잡아 올 수 없었다. 삼성은 재벌 순위 1위였다. 재벌 1위를 빼고 2위부터 12위까지 잡아넣은 것은 제대로 된 부정 축재자 처벌로 인정받기 어려웠다. 이러면 여러 의혹이 생길 수밖에 없었다.

정부는 이병철에게 당장 귀국할 것을 권했지만, 공항에 들어오는 순간 잡혀갈 것이 뻔한 상황에서 마냥 귀국할 리가 없었다. 결국 무조건 처벌이 아니라 협상의 여지를 두기로 하고, 이런 사전 협의에 따라 6월 26일 이병철이 귀국한다. 다음 날 6월 27일, 박정희와 이병철 간 면담이 이루어진다.

이병철의 주장은 두 가지였다. 우선 부정 축재자라고 비판하기 전에 세금 제도 자체의 문제를 살펴야 한다는 것이었다. 당시 정부는 국내 공업단지 시찰을 하고 있는 박정희 전 대통령(앞줄 왼쪽 두 번째)과 이병철 삼성그룹 창업주(앞줄 왼쪽 세 번째). 1962년 3월 30일 울산지구 시찰 때의 사진으로 추정된다. 당시 이병철 회장은 한국경제인협회 회장 자격으로 박정희 국가재건최고회의 의장을 영접하였다.

한국 전쟁 전비를 충당하기 위해 높은 세율을 매겼다. 상속세의 경우 세율이 90%였고, 기업은 거의 모든 이익을 세금으로 내야 했다. 실제 이익보다 세금을 더 많이 내는 경우도 있었다. 사실상 탈세하지 않고서는 기업 운영이 불가능했다. 이런 상황에서 세금을 제대로 내지 않았다고 무조건 부정 축재자로 몰아 처벌하는 것은 부당하다는 것이었다. 그는 세금 제도의 문제로 탈세한 것과 정말로 부정 축재한 것을 구별해야 한다고 했다.

또 하나는 부정 축재를 했다고 해서 한국의 대표적인 기업 경영자를 모두 잡아 가두면 경제 활동이 위축될 수밖에 없다는 것이었다. 그러면 국민 빈곤을 해결하겠다는 혁명 정부의 목적도 불가능해진다. 지금 잡혀간 부정 축재자를 풀어주고, 그 대신 기업인은 경제 개발을 위해 적극적으로 투자 활동에 나설 것을 제안한다.

박정희는 이병철의 의견을 받아들인다. 6월 30일, 부정축재 처리위원회는 기업인이 재산 목록과 재산 헌납 각서를 제출하면 바로 석방하겠다고 발표하고 기업인을 풀어준다. 10월 초에는 기업인과 군사 정권 사이의 교섭이 성사된다. 기업인은 처벌을 면제받는 대신에 벌과금으로 상당한 금액을 공장 건설에 투자하고, 돈이 부족하면 기업인이 직접 해외 차관 등을 들여와서 공장을 짓겠다는 것이 주요 내용이었다.

당시 재벌 회장이 탈세했던 것은 사실이다. 법대로라면 처벌해야 하지만, 공장 건설과 같은 투자 활동을 하는 조건으로 처벌을 면해

줬다. 투자해서 국가 경제에 도움이 돼라, 그러지 않으면 잡아가겠다는 협상이었다. 이후 기업인은 자기 돈을 들여 투자했다. 모자라면 외국에서 꾸어 와서라도 공장을 지어야 했다. 위법에 대한 처벌과 투자를 통한 경제 활동을 서로 바꾼 암묵적 협의였다.

이것도 정권과 재벌 간 유착이다. 하지만 이전의 정권-재벌 간 유착과는 차이가 있다. 이전 정권-재벌 간 유착은 재벌이 정권에 뇌물을 주고, 그 대가로 정권은 재벌 사업의 뒤를 봐주는 식이었다. 권력자의 목적도 돈이고, 재벌의 목적도 돈이었다. 그 목적이 서로 맞아떨어져 유착이 성사되었다. 그런데 5.16 직후의 재벌과 정권 간 유착은 다르다. 정권의 목적은 경제개발이었고, 재벌은 잡혀가지 않기 위해 경제개발을 위한 투자에 최선을 다한다는 것이었다. 물론 재벌로부터 각종 기여금 명목으로 돈을 계속 떼어가기는 했다. 하지만 주요 목적은 투자를 통한 국가 경제 기여였다. 이 투자는 한국 경제 성장의 여러 동력 중 하나였다. 투자는 하지 않고 뇌물을 주기만 하는 기업가는 박정희 정권에서 제대로 기업 활동을 해나갈 수 없었다. 투자 유발을 끌어냈고 그를 통해 한국 경제가 성장한 것도 사실이니 박정희와 이병철의 만남은 한국 경제에 있어 중요했다.

1960년대 초에 시작한 이 유착 관계에 최근 변화가 생기고 있다. 집행유예는 3년 이하의 징역인 경우에만 나올 수 있다. 횡령배임 액수가 50억 원 이상이면 5년 이상의 징역을 내리게 되어 있어 집행유예를 받을 수 없다. 재벌 회장이 아무리 경제에 크게 기여하고 투자

활동을 했다 하더라도 징역을 살아야만 한다. 2019년 현재 최순실-이재용 사건에서 이재용이 건네준 말이 뇌물이냐 아니냐가 중요하게 논의되는 이유도 여기에 있다. 말이 뇌물이면 액수가 커지고 그러면 징역형에서 벗어나기 힘들다. 최종적으로 말이 뇌물로 인정되고 이재용이 제대로 징역을 살아야 한다면, 1961년부터 암묵적으로 내려온 재벌 회장과 정부와의 암묵적인 계약이 깨지는 것이다. 이런 측면에서 최순실-이재용 말 사건은 단순한 뇌물 사건이 아니라, 향후 경제계에 큰 영향을 미치게 되는 사건이라 할 수 있다.

9

한국 금융이 국제 사회로부터
인정받지 못하는 이유

제1조   (목적)

　　　　본법은 금융기관의 독점을 배제하고 대주주의 횡포를
　　　　방지함으로써 금융의 정상화를 기하기 위하여 상법, 은
　　　　행법과 한국은행법의 규정에도 불구하고 대주주의 의결
　　　　권의 행사 제한, 주식의 양도 등에 관하여 임시조치를 함
　　　　을 목적으로 한다.

제2조   (의결권행사의 제한)

　①   금융기관의 대주주의 의결권 행사는 이를 제한한다.

　②   전항의 의결권행사 제한범위는 각령으로 이를 정한다.

　③   본법에서 대주주는 금융기관의 운영을 직간접 또는 사
　　　　실상 상당한 정도로 지배할 수 있는 자를 말하며 그 범위

는 각령으로 이를 정한다.

제3조   (역원의 신임 또는 개선 및 임면)

① 금융기관의 주주총회에서 결의한 취체 역 및 감사역의
선임 또는 개선을 한국은행 감독부장의 승인을 받아야
한다.

② 금융기관에 대한 업무감사의 결과 공익위배의 정도가
현저할 경우에는 한국은행 감독부장은 전항의 규정에도
불구하고 금융기관의 임원을 파면할 수 있다.

금융기관에 대한 임시조치법, [시행 1961. 6. 20] [법률 제626호, 1961. 6. 20, 제정]

한국 경제에서 위화감을 주는 것을 하나 꼽으라면 한국 금융의 국제
경쟁력을 들 수 있다. 한국에는 세계적인 경쟁력으로 활발하게 활동
하는 기업이 많다. 삼성, 현대, 포스코 같은 대기업 외에도 건설, 기계
산업에서도 세계적인 기업이 있다. 화장품이나 의류, 라면을 비롯한
일부 식품 부문, 그리고 CJ의 엔터테인먼트 영역 같은 건 어느 정도
국제 경쟁력을 갖췄다고 평가할 만하다. 이렇게 여러 부문에서 국제
경쟁력을 갖추거나 적어도 해외시장에 명함을 내밀 정도의 기업들을
볼 수 있는데, 유독 국제 경쟁력을 전혀 인정받지 못하는 산업이 하나
있다. 바로 금융이다.

한국 경제 내에서도 금융이 경쟁력 없고 규모가 작다면 해외에

서 경쟁력이 없는 것을 이해할 수 있다. 하지만 한국 내에서 은행이나 보험회사는 매출 규모도 크고, 직원 대우나 사회 평판도 좋다. 신한, 우리, 국민, 하나은행 등 국내 대표 은행은 국내에서는 삼성이나 현대 같은 대기업만큼 평가받지만, 국제적으로는 인지도나 영향력이 전혀 없다. 이유는 어렵지 않게 짐작할 수 있다. 1961년 은행 국유화 이후, 한국에서 은행의 금융 제도는 정부에 의해 운영되어 왔기 때문이다.

박정희 정권은 시중 은행을 국유화했다. 부정 축재 처리법을 만들고 그것을 근거로 은행 대주주들이 보유한 주식을 모조리 몰수했다. 이렇게 몰수한 은행 주식은 다른 기업에 팔지 않았고, 자연스레 모든 은행이 국가 기업이 되었다. 이 당시 시중 은행으로 상업은행, 조흥은행, 제일은행, 한일은행, 서울은행이 있었다. 이후에 국민은행, 중소기업은행, 외환은행 등이 생겼는데 역시 모두 국가 소유의 은행이다. IMF 이후 스탠다드차타드, 론스타 등 해외자본이 한국 금융 기관을 인수해 운영하기 전까지 한국의 모든 은행은 국가 운영 체제였다.

은행은 돈이 있는 사람에게 예금을 받고, 그 예금을 다른 사람이나 기업에게 대출해줘서 이자를 받는다. 은행의 수익은 이자를 받는데서 발생한다. 이 사업에서 어려운 점은 '돈을 떼먹지 않고 꼬박꼬박 이자를 낼 사람'에게 돈을 꾸어주는 것이다. 바로 사람이나 기업을 감별하는 능력이다. 돈을 빌릴 때는 누구나 다 꼭 갚겠다고 한다. 그런데 그렇게 빌려 간 사람 중에서 갚지 않는 혹은 갚지 못하는 사람이 나오기 마련이다. 이자만 갚지 않는 것이 아니라 원금도 갚지 않는다면 문제는 더 커진다.

100만 원을 빌려주고 1년에 5만 원의 이자를 받는다고 할 때, 20명에게 100만 원을 빌려주면 1년에 5만 원×20명=100만 원의 수익이 발생한다. 그런데 만약 이 중 한 명만 원금을 갚지 않아도 100만 원이 사라져버린다. 예금자에게 이자도 주어야 하고, 은행 업무를 위한 운영비도 있으니, 실질적으로는 100명 중 1~2명만 대출을 갚지 않아도 은행 수익은 없게 된다. 그래서 은행의 가장 중요한 업무는 이 사람에게 돈을 빌려주면 과연 돈을 갚을 수 있을까, 이 기업에 돈을 빌려주면 정말로 이자를 제대로 갚을 수 있을 만큼 수익을 낼까를 판단하는 것이다. 이 판단을 제대로 하면서 돈을 빌려주면 우수한 금융기관이 되는 것이고, 이 판단을 제대로 하지 못하면 경쟁력 없는 금융기관이 된다.

그렇다면 1961년부터 국유화된 은행은 누구에게 돈을 빌려주었을까? 은행의 주인인 정부가 돈을 빌려주라는 곳에 빌려주었다. 정부가 건설을 활성화하려고 하면 건설 회사에 돈을 빌려주고 사업을 확대하도록 했다. 정부가 중화학 공업을 키우겠다고 하면 중화학 공업을 하려는 회사에 돈을 빌려주고, 농부들을 지원하겠다고 하면 농부에게 대출해주었다. 반대로 정부가 대출을 막는 곳에는 돈을 주지 않았다. 정부에 밉보인 회사에 돈을 빌려주지 않고, 이미 빌려준 돈은 회수했다. 한국 금융은 모두 정부의 정책금융이었다. 은행이 자기 마음대로 돈을 빌려주고 회수할 수 없었다. 그러니 은행은 자기가 돈을 빌려주는 기업이 과연 계속 수익을 낼지 아닐지를 파악할 필요가 없었다. 빌려준 돈을 회수할 수 있을지 없을지 판단하는 것도 은행의 책임이 아니었다. 그냥 정부의 지시대로 돈을 나눠주고 모으기를 반복하면 충분했다.

한국 재벌 기업은 정부 지원으로 성장했다는 비판에 반발한다. 기업이 먼저 사업을 도전적으로 시작해서 성공했는데, 이후에 투자한 정부가 생색을 낸다고 보는 것이다. 한편으로는 맞는 말이지만, 여기에는 중요한 전제가 빠져 있다. 사업을 개발하고 실행한 것은 기업이 맞지만 자금을 댄 것은 정부이다. 공장을 짓고 제품을 생산하기 위해서는 막대한 자본이 필요한데, 당시 기업은 그만큼의 돈이 없었다. 은행이 돈을 빌려주었기 때문에 그 돈으로 공장을 세울 수 있었다. 그 돈은 모두 정부가 준 것이다. 당시 기업이 정부에 쩔쩔맬 수밖에 없었던 이유도 이것 때문이다. 기업은 기본적으로 부채가 많다. 정부에 밉보여 은행 돈줄을 막으면 어떤 기업이든 부도가 날 수밖에 없다.

기업의 해외 진출도 마찬가지이다. 건설 부문의 가장 유명한 해외 진출 사례인 현대건설 주베일항 공사를 보자. 이런 공사를 할 때는 공사가 제대로 끝나지 않으면 배상금을 지불하겠다는 각서가 붙기 마련이다. 그런데 당시 현대건설에는 이런 배상금을 지불할 돈이 없었다. 그러면 아무리 기술력이 있어도 수주를 할 수 없다. 이런 경우에 정부가 지불을 보증했다. 해외 투자를 받는 경우도 마찬가지이다.

한국 기업이 외국으로부터 기계를 들여와 공장을 만들려고 한다. 그런데 외국으로부터 기계를 들여온 후에 기계 대금을 지불하지 않으면 어떻게 될까? 외국 회사는 이럴 때를 대비한 지불 보증을 요구하지만, 한국 기업에는 그럴 여유가 없다. 이때도 국가가 모든 지불 보증을 했다. 실제로는 국가 이름으로 하지 않고 은행 이름으로 했지만, 한국의 은행이 모두 국가 소유라는 것은 외국에서도 잘 알고 있었다. 외국 회사 입장에서는 한국 시중 은행의 보증은 한국이라는 국가의 보증과 같았다. 이처럼 민간 기업의 사업에 국가가 지불 보증, 배상 보증을 했고 이런 보증 과정이 없었다면 한국 기업이 세계적으로 활발하게 사업을 벌이는 것은 불가능했을 것이다. 정부가 한국 경제개발에 큰 역할을 했다고 보는 주된 이유는 여기에 있다.

정부가 필요하다고 생각되는 부문에 돈을 투여하고 경제개발을 한 것은 좋다. 하지만 이런 과정이 몇십 년 계속되면서 은행은 이 사업이 정말로 수익성이 있는지를 판단할 수 있는 능력을 갖출 수 없게 되었다. 다른 부문에서는 세계적으로 경쟁력을 갖춘 기업이 계속 나타났지만, 금융 부문에서만은 세계적 경쟁력을 가질 수 없었던 이유이다.

금융 부문이 국가의 절대적인 지배를 받는 것은 지금도 마찬가지이다. 오늘날 주요 은행인 국민은행, 우리은행은 여전히 국가 소유이다. 신한은행과 하나은행 등은 국가 소유는 아니지만, 여전히 정부의 입김을 많이 받는다. 부동산에 대한 대출 한도, 중소기업에 대한 정책금융, 전세금 대출, 창업자금 대출 등 은행은 스스로 판단하는 게 아닌, 정부가 내린 지침을 기준으로 대출해야 한다. 1961년 은행 국유화 이후 한국의 은행은 대출 심사 능력을 제대로 기를 수 없었다. 이것이 오늘날 금융 경쟁력 없는 한국을 만들었다.

10

전 세계에 유례없는 한국만의 경제 전략

1. 장기수출목표 수립

  *경제장관회의안

  (가)   (생략)

  (나)   향후 5년 후(1969년도)에는 수출 목표액 3억 달러로 계
         획 수립하고 기필 달성케 하기 위하여 수출산업을 육성
         한다.

  *경제과학심의회의 의결내용

  (가)   (생략)

  (나)   수출 목표의 계획 수립은 종합경제발전계획과의 유기적
         연관을 유지하여야 할 것이므로 확실한 산출 표시가 필
         요할 것이다.

「수출진흥 종합시책의 검토 보고」, 경제과학심의회의, 1964년 6월 19일.

농사로만 먹고 살던 가난한 나라가 있다. 이 나라 사람들은 잘살고 싶었다. 어떻게 해야 가난에서 벗어나 잘사는 나라가 될 수 있을까? 좀 더 열심히 일하면? 모든 직업군 중에서 가장 열심히 일하는 사람은 농부이다. 가난한 국가는 결코 일을 안 해서 못사는 것이 아니다.

선진국 국민은 휴일을 모두 챙길 수 있을 만큼 풍족하고 여유롭게 살지만, 후진국 국민은 정말로 쉼 없이 열심히 일한다. 이렇게 열심히 일하면 잘 살아야 하지만 결과는 그렇지 않다. 19세기 말 20세기 초에 공산주의자들은 그 이유를 선진국이 후진국을 착취하기 때문이라고 보았다. 선진국은 생산력의 발달에 따라 공업 제품을 만들어서 후진국에 비싼 가격으로 팔았다. 한편으로는 무력을 동원하고 한편으로는 선전과 심리적 동조 과정을 통해서 후진국을 옭아매고 바가지를 씌운다. 후진국은 자기가 열심히 일해서 얻은 부를 선진국에 빼앗긴 것이다. 그것이 선진국은 잘 살고 후진국은 못 사는 이유이다.

진단이 이렇다면 해법도 그에 맞추면 된다. 선진국과 거래를 끊으면 된다. 선진국에서 공업제품을 비싼 가격에 사기 때문에 부가 빠져나간다. 그러니 선진국으로부터 공업제품을 사지 않으면 우리도 부자가 될 수 있다. 공업제품을 수입하지 말고 스스로 만들자. 그러면 선진국에 빼앗기는 것이 없으니 우리도 잘살 수 있을 것이다. 이것이 한 시대를 풍미했던 후진국, 개도국의 수입 대체 전략이다. 1945년 이후 차례차례 전 세계 식민지가 독립하면서 이 수입 대체 전략이 상식이 되었다. 신생 독립국은 더는 선진국으로부터 수입하지 않기 위해 공장을 짓고 스스로 공산품을 생산하려 했다.

1960년대 한국도 같은 목표를 가졌다. 공업제품을 스스로 만들고 외국으로부터 수입하지 않는 것이다. 하지만 그러기 위해서는 공장을 지어야 하는데, 정작 공장을 지을 돈이 없었다. 그러다 1960년대 초, 한국에서 이상한 일이 발생한다. 수출이 갑자기 급증한 것이다. 1950년대에도 수출이 증가한 적이 있었지만, 이때는 풍작이어서 일시적으로 농산물 수출이 증가한 것이었다. 하지만 1960년대 초의 수출 증가는 공산품에서 일어났다. 공산품 수출이 증가하자, 수출품을 만들기 위해 소규모 공장이 늘어나기 시작했다. 공장이 늘어나니 고용도 늘어난다.

이때 갑자기 왜 수출이 증가한 것일까? 당시엔 국제 무역이 어떻게 이루어지는지 잘 알지 못했다. 급격한 수출 증가의 원인은 원화의 환율 변화 때문이었다. 미국 달러 대비 환율은 1960년 초에 50원 = 1달러였다. 그런데 1961년 2월에는 130원 = 1달러로 바뀐다. 원화의 가치가 대폭 하락한 것이다. 이렇게 환율이 대폭 상승하면 수출이 급증한다. 지금은 이 정도 내용은 경제학에 갓 입문한 초보라도 알 수 있는 내용이지만, 당시엔 이런 내용을 잘 알지 못했다.

환율이 급증한 것은 미국의 압박 때문이었다. 당시 한국에 머무르고 있던 UN군은 한국에서 식자재나 물품을 구입해야 했다. 이때 필요한 돈을 먼저 한국 정부가 UN군에게 지불하면, 나중에 미국이

이 돈을 정산해서 한국 정부에 주었다. 이 경우에 한국은 환율이 낮을수록 유리했다. UN군이 100원어치 물건을 사야 한다고 생각해 보자. 한국 정부가 먼저 100원을 준다. 나중에 미국이 한국에 100원을 돌려주는데, 원화로 주는 것이 아니라 달러로 준다. 이때 만약 환율이 100원 = 1달러라면 미국은 한국에 1달러만 주면 된다. 하지만 환율이 50:1이라면 100원 = 2달러가 되어 미국은 한국에 2달러를 주어야 한다. 한국은 달러가 부족했고, 달러를 더 얻기 위해서는 환율을 낮게 책정해야 했다.

1960년대 초의 환율 상승, 원화 가치 하락은 낮은 환율 정책에 대해 미국이 이의를 제기하면서 일어난 것이다. 한국에서 사과 1개에 100원, 미국에서 사과 1개가 1달러라면 환율은 100원 = 1달러로 교환되어야 한다. 그런데 환율이 100원 = 2달러라면 미군은 미국에서 1달러에 살 수 있는 사과를 한국에서는 2달러를 주고 사는 식이다. 미국이 보기에 이런 환율은 비정상적이었다. 그래서 환율을 제대로 해달라고, 50원 = 1달러에서 100원 = 1달러로 요구를 한 것이다. 당시 미국은 한국의 목줄을 쥐고 있었다. 그러니 미국의 요구를 받아들일 수밖에 없었고, 그래서 환율을 1년 사이에 50원 = 1달러에서 130원 = 1달러로 올리게 되었다. 이렇게 환율이 오르면 한국 제품의 가격은 국제 시장에서 매우 낮아진다. 한국에서 100원에 수출하던 것이 미국 기준으로 이전의 2달러에서 70센트 정도로 3분의 1 가격으로 내려간 것이다. 수출이 갑자기 증가하게 된 원인이다.

박정희 정부는 이러한 사회적 변화를 바로 알아차렸다. 수출이 증가하면 공장이 늘어나고 고용도 증가한다는 것을 인지한 것이다. 이들은 수출 증대를 주요 경제 목표로 제시한다. 1962년만 하더라도 한국의 경제개발 전략은 수입 대체 전략이었다. 당시 대부분의 신흥국이 수입 대체를 발전 전략으로 삼고 있었으니 특별한 일도 아니었다. 그러다 1964년 2월에 수입 대체 전략이 수출 촉진 전략으로 바뀐다. 1964년 6월에는 수출 진흥 종합시책이 발표되고, 1965년 10월부터는 박정희 주재하에 수출 진흥 확대 회의가 정기적으로 열린다. 이때부터 수출 주도 전략은 한국의 기본적인 경제 방향이 된다.

수출 주도 전략은 해외의 석학이 주장하거나 외국의 성공 사례를 따른 게 아니었다. 당시 경제학에는 수출 주도 전략이란 것이 없었다. 수출 주도 전략은 한국에서 시작된 새로운 발전 모델이다. 그렇다고 수출 주도 전략을 한국 정부가 유능해서 새로 개발한 것이라 보기는 어렵다. 이는 1960년대 초, 정부가 수출이 경제에 영향을 끼친다는 사실을 인지하지 못할 때 이미 시장에서 발생했다. 그러나 당시 한국 정부의 역할을 깎아내릴 필요는 없다. 정부가 이러한 변화를 감지해서 그동안 고수해온 정책 방향을 바꾼다는 것은 절대 쉬운 일이 아니다. 보통은 알아채지도 못하고, 설사 알아챘다고 하더라도 정책을 바꾸기는 쉽지 않다. 이때 한국 정부는 사회 변화를 바로 인식하고 그것을 새로운 정책 목표로 제시하고 추진했다.

한국이 추진했던 수출 주도 전략은 정말 신의 한 수였을까? 수입 대체를 계속 추진해도 발전할 수 있지 않았을까? 그 해답은 수입 대체를 추진한 다른 나라의 사례를 보면 알 수 있다. 수입 대체는 자국 생산품으로 자급자족하는 걸 의미한다. 다른 선진국의 제품을 막고, 자기 나라에서 만든 물건만 쓰는 것이다. 수입을 하지 않으면서 선진국에 착취를 당하지 않는 것은 맞는데, 물건의 질이 나아지지 않는다. 어떻게 만들어도 국내에서만큼은 팔리기 때문에 잘 만들 필요가 없는 것이다. 결국 수입 대체를 택한 국가는 국제 경쟁력이 뒤처지는 상품만 만들어냈다.

수출 주도 전략은 한 나라에서 만든 물건을 자국민뿐만 아니라 외국인도 구매해야 한다. 외국에서 팔리기 위해선 그냥 아무렇게나 만들면 안 된다. 신제품을 끊임없이 개발하고, 제품 하나의 품질과 디자인도 높여야 한다. 그래서 수출 주도 전략을 추진한 나라는 국제 경쟁력을 가진 제품을 만들어낸다. 경제학계에서는 분명한 답을 찾았다. 수입 대체로는 발전할 수 없고, 수출 주도를 해야 한다는 것이다. 한국은 1960년대 수출 주도 경제 추진 전략을 발판으로, 여전히 수출 드라이브로 경제를 유지하고 있다.

11

목숨 걸고 얻어낸 해외 진출의 기회

본인은 대한민국의 안전과 발전에 있어서 우리의 공동이익에 비추어 합중국은 한국 방위의 안전이 유지되고 강화되어 또한 한국의 경제적 발전이 더욱 증진되기 위하여 다음과 같은 조치를 취할 용의가 있다는 것을 말씀드릴 권한을 부여받았습니다.

가. 군수협조

1) 한국에 있는 대한민국 국군의 현대화 계획을 위하여 앞으로 수년 동안에 상당량의 장비를 제공한다.

2) 월남공화국에 파견되는 추가병력에 필요한 장비를 제공하며 또한 파월 추가병력에 따르는 일체의 추가적 원화 경비를 부담한다.

3) 월남공화국에 파견되는 추가병력을 완전 대치하는 보충

병력을 정비하고 훈련하며 수효 재정을 부담한다. …

5) 대한민국에서 탄약 생산을 증가하기 위하여 병기창 확
   장 시설을 제공한다. …

7) 파월 대한민국 부대를 지원하기 위하여 대한민국 공군
   에 C-54 항공기 4대를 제공한다. …

9) 파월 한국군 전원에 대하여 1966년 3월 4일 비치 장군
   및 김성은 국방부 장관 간에 합의된 율에 따라 해외 근무
   수당을 부담한다.

10) 월남에서 발생하는 전 사상자에 대해서는 최근 한미 합
    동 군사위원회에서 합의된 액수의 2배 비율로 보상금을
    지불한다.

주한 미국 제8대 대사 윈스럽 길먼 브라운, 「브라운 각서」, 1966년 3월 4일.

한국 경제 주요 사건을 이야기할 때 빠지지 않고 반드시 거론되는 것
중 하나가 베트남 전쟁이다. 베트남 전쟁 참전에 대한 옳고 그름 논란
은 여전하지만, 한국 경제의 발전이라는 관점에서 큰 도움이 된 것은
인정할 수밖에 없다.

미국은 1964년 통킹만 사건을 통해 베트남 전쟁을 일으킨 뒤,
1973년 파리평화협정 체결 후에 베트남에서 철수한다. 한국은 전쟁
초반부터 비전투 부대를 보내기 시작했고, 1965년부터 전투부대를

파병한다. 미군이 베트남에서 철군할 때까지, 파병된 한국군은 8년 동안 연인원 35만 명 정도였다.

베트남 전쟁에서 미국은 한국 군대의 인건비를 부담했는데, 이때 전쟁에 참여한 미국 병사가 받는 금액과 동일한 금액을 한국 군인들에게 주었다. 한국 군인이 미국으로부터 월급과 수당을 받으면서 베트남 전쟁에 참여했다는 점에서, 실제 한국군이 미국의 용병이었다고 해도 할 말이 없다.

한국 군인의 인건비는 두 개로 나뉘어 지급되었다. 하나는 월급이고 다른 하나는 전쟁터에서 근무하는 것에 대한 수당이었다. 그런데 한국 군인은 이미 한국 정부로부터 받는 월급이 있었다. 그렇기에 미국이 주는 월급 부분은 한국 정부가 가져가고 한국 군인은 미국 정부의 수당만 받게 되었다. 정부는 미국이 지불하는 한국군 월급으로 경부고속도로 등 사회기반시설을 건설했다.

한국 군인은 미국이 주는 월급을 받지 못했지만 수당은 챙길 수 있었다. 당시 신흥 개도국인 한국에서는 이 수당만으로도 엄청난 돈이었다. 베트남에서 1년 정도 전투병으로 근무하다가 한국에 돌아오면 그 수당을 모은 돈으로 가게를 낼 수 있을 정도였다. 한국 군인의 베트남 참전은 한국 정부 측면에서도, 참전군인들 측면에서도 경제적으로 큰 도움이 되는 일이었다.

그런데 더 큰 경제적 이익은 전쟁에 참여한 군인이 아닌 기업들로부터 나왔다. 한국은 베트남 전쟁에 참여하는 대신, 베트남 전쟁과 관련된 전쟁 무역에 참여할 권리를 얻었다. 베트남에 미군들이 진주해서 전쟁하고 있으면 그들이 먹을 음식, 입을 옷, 기타 생활용품이 계속 공급되어야 했다. 미군 부대는 베트남 전역에 퍼져 있으니, 이런 물품들을 베트남 각지로 나르고 이동시켜야 한다. 미군들이 거주하는 막사 등도 지어야 한다. 미군은 이런 일들을 주로 민간 기업들에 외주를 주었는데, 한국 기업도 이런 외주 입찰에 참여했다.

전쟁 관련 사업은 돈이 되기 때문에 전 세계 다양한 기업이 참여하고 싶어 한다. 하지만 이런 사업은 기업이 참여하고 싶다고 맘대로 들어올 수 있는 게 아니다. 전쟁하는 국가와 밀접한 관계가 있는 국가의 기업만 참여할 수 있다. 한국은 전투 군대를 파견했고, 그 자격으로 한국 기업이 베트남 관련 사업에 참여할 수 있었다. 미국은 사업 대금을 '한국 물가'가 아니라 '미국 물가'로 지불했다. 당시 신흥 개도국 수준인 한국 기업들이 선진국 수준의 서비스 요금을 받는다는 것은 정말 말 그대로 돈벼락을 맞은 것이었다.

그 결과 베트남 전쟁을 통해 한국에는 많은 재벌이 탄생했다. 가장 대표적인 것이 한진 그룹이다. 한진은 한국에서 트럭 운수 회사였다가 베트남 전쟁에서 물자 운송에 참여하게 된다. 이때 미국 운송회사도 참여했는데, 미국의 민간 회사는 안전 지역에만 운송하려 했다. 전투가 한창인 지역에서 운송하다가는 언제 죽을지 모르기 때문이다. 그래서 이들 미국 기업은 전투 지역은 들어가지 않으려 했다. 하지만 한진은 목숨을 걸고 전투 지역에도 운송 서비스를 제공했다. 여기에서 번 돈으로 한진은 나중에 대한항공을 국가로부터 인수할 수 있었다. 일개 운수 회사였던 한진이 대한항공을 보유하면서 한국의 대표 재벌 중 하나로 성장할 수 있었던 것은 베트남 전쟁 덕분이었다.

현대나 대림 같은 건설 기업도 베트남에서 미군 막사를 지으면서 큰돈을 벌었다. 이때 베트남 전쟁에 참여한 한국 기업이 번 돈은 10억 달러가 넘는 것으로 추정된다. 1965년 한일 국교 정상화를 하면서 일본으로부터 받은 돈이 5억 달러였던 걸 생각하면, 베트남에서 한국 기업이 번 돈 10억 달러는 정말 엄청난 규모였다.

그런데 베트남 전쟁이 한국 경제에 미친 영향은 단순히 베트남 전쟁을 통해서 돈을 벌었다는 것에 한정되지 않는다. 베트남 전쟁이 한국 경제에 미친 보다 큰 영향은, 베트남 전쟁을 통해 한국 기업들이 본격적으로 해외에 진출할 수 있게 되었다는 점이다.

한국 기업의 초기 해외 진출을 이야기할 때, 가장 유명한 사례는 1970년대의 중동 건설 사업 진출이다. 1973년 석유파동으로 석유 가격이 급등하면서 산유국은 전례 없는 호황을 누렸다. 중동 국가들은 이때 벌어들인 돈으로 도로 건설과 같은 사회기반시설 공사를 벌였고, 한국 건설 기업이 여기에 진출했다. 1970년대에는 중동 진출이 당시 주요한 외화 획득 경로였다. 무역적자가 계속되면서도 국가 경제가 지탱될 수 있었던 것은 이런 식으로 여기저기에서 돈을 벌어들였기 때문이다.

어떻게 한국 기업은 중동에 진출할 수 있었을까? 한국 기업이 낮은 가격을 제시했기 때문에? 한국 기업의 기술이 좋아서? 이런 요소 때문에 한국 기업이 낙찰을 받을 수 있었던 것은 사실이다. 하지만 낙찰되기 위해서 가장 중요한 것은 일단 입찰에 참여하는 것이다.

지금 한국에서 대규모 공사를 발주한다고 가정해 보자. 그러면 아프리카, 동남아시아, 남미의 여러 건설 회사가 입찰할 수 있을까? 그중에서 가장 낮은 가격을 제시한 기업에 공사를 맡길까? 국제 거래는 그런 식으로 이루어지지 않는다. 일단 가까운 우호국의 기업만 입찰에 참여할 수 있다. 그리고 일정 수준 이상의 경험이 있는 기업들만 입찰 자격을 가진다.

베트남 전쟁 당시만 해도 냉전 시대였다. 미국의 파워가 센 중동 지역 공사에 참여할 수 있는 것은 미국과 밀접한 관계가 있는 국가뿐이었다. 한국은 베트남 전쟁을 통해서 미국과 밀접한 우방으로 인정되었다. 결국 베트남 참전 기업이라는 것 때문에 중동 지역의 공사 입찰에 참여할 수 있었던 것이다.

중요한 것은 그동안의 실적과 경험이었다. 아무리 낮은 가격을 제시해도 아무런 실적이 없는 곳에 공사를 맡기지는 않는다. 그런데 이처럼 그동안의 실적이 경쟁에 반영될 때는 개도국의 국내 실적만으로는 어려울 수밖에 없다. 지금 한국에서 대규모 공사 발주를 할 때 아프리카에서의 공사 실적만 있는 기업에 맡기지 않는 것과 같은 이치다. 같은 외국 기업이라도 미국이나 유럽 국가에서의 실적이 있는 기업에 공사를 맡긴다. 당시 한국 기업은 세계 최강국인 미국을 상대로 오랫동안 공사를 한 실적이 있었다. 바로 베트남 전쟁 기간 미국을 대상으로 한 사업들이다.

1960~70년대에 신흥 개도국이었던 한국이 해외에 진출해서 선진국과 경쟁한 것은 현실적으로 어려운 일이다. 그런데도 한국 기업이 해외에 진출할 수 있었던 것은 베트남 참전으로 인한 미국의 인정과 양해, 그리고 베트남 전쟁을 통한 미국과의 대규모 사업 실적 덕분이었다. 지금까지 이어지는 한국 기업의 해외 진출에 가장 근원적인 영향을 미친 것 중 하나가 바로 베트남 전쟁이다.

12

이 돈의 명목보단 공장부터 짓겠다

대한민국과 일본은, 양국 국민 관계의 역사적 배경과 선린관계
와 주권 상호 존중의 원칙에 입각한 양국관계의 정상화에 대한 상
호 희망을 고려하며, 양국의 상호 복지와 공동 이익을 증진하고 국
제평화와 안전을 유지하는 데 있어서 양국이 국제연합 헌장의 원
칙에 합당하게 긴밀히 협력함이 중요하다는 것을 인정하며, 또한
1951년 9월 8일 샌프란시스코시에서 서명된 일본국과의 평화조
약의 관계 규정과 1948년 12월 12일 국제연합 총회에서 채택된 결
의 제195(III)호를 상기하며, 본 기본관계에 관한 조약을 체결하기
로 하여, 이에 다음과 같이 양국의 전권위원을 임명하였다. …
이들 전권위원은 그들의 전권 위임장을 상호 제시하고, 그것이 양
호 타당하다고 인정한 후, 다음의 제 조항에 합의하였다. …

제2조　　1910년 8월 22일 및 그 이전에 대한제국과 대일본제국

　　　　간에 체결된 모든 조약 및 협정이 이미 무효임을 확인

　　　　한다.

「대한민국과 일본 간의 기본관계에 관한 조약」, 1965년 12월 18일 발효.

일용직 노동자 A는 음식점을 내고 싶어 한다. 고급 식당은 아니더라도 최소한 분식집이라도 하면 돈을 벌 자신이 있다. 이전에 다른 분식집에서 일한 경험도 있어서 분식집을 하면 지금보다는 잘 살 수 있을 것 같다. 하지만 분식집을 할 부동산을 임대하려면 보증금이 필요하고, 주방 기구 등 장비를 마련할 돈도 필요하다. 못해도 1억 원 가까이 있어야 손님들이 찾아올 만한 제대로 된 분식집을 마련할 수 있다.

　하루에 10만 원을 버는 A에게 그만한 돈이 있을 리 없다. 저축하면 된다고 하지만, 한 달에 100만 원씩 저축한다고 해도 1억 원을 만들려면 10년이 걸린다. 주위 사람에게 빌려달라고 부탁을 해보지만, 일당 노동자에게 1억 원이란 돈을 빌려주는 사람은 아무도 없다. 사실 이 경우 아무리 뭔가 해보려는 의욕이 있어도 일당 노동자의 삶에서 벗어나는 것은 불가능하다.

　이때 누군가 3억 원이란 돈을 주었다고 하자. 그 3억 원으로 분식집을 열고, 편의점, 치킨집도 만들었다. 잠도 줄여가며 열심히 일하고 돈도 아껴 썼다. 나중에는 고급 레스토랑을 만들 정도로 성공했다. 이

때 본인이 열심히 일한 것, 기술을 계속 배우고 장사를 잘한 것은 분명히 이 사람이 성공하는 데 큰 공헌을 했을 것이다. 하지만 처음에 가게를 열 수 있게 해준 3억 원이란 돈이 없었다면 일당 노동자가 레스토랑 주인으로 바뀌는 일은 없었을 것이다.

1965년 한일협정이 한국 경제발전에 미친 영향은 이런 비유와 같다. 한국은 잘 살고 싶었다. 산업화해서 선진국의 길을 가려면 공장을 지어야 하는데 마땅히 돈이 없었다. 공장을 짓지 않으면 농사를 지을 수밖에 없다. 그런데 한국에서 농업은 모든 국민을 제대로 먹여 살리기에는 힘에 부치는 산업이었다. 한국이 농업을 통해 가난에서 벗어나는 것은 불가능했다.

1961년 군사 쿠데타로 정권을 잡은 뒤 박정희 정권은 국가를 잘 살게 하겠다는 목표를 세웠다. 처음에 박정희 정권은 국민의 돈을 모두 모으면 공장을 지을 돈 정도는 나오리라 생각했다. 그래서 '환'을 '원'으로 바꾸는 화폐개혁을 실시했다. 화폐개혁을 하면서 '환'으로 표시된 자기 재산을 모두 신고하게 했다. 신고하지 않으면 '원'으로 바꾸어주지 않았다. 원으로 바꾸지 않으면 기존 재산은 모두 무효화가 되니 돈을 숨겨둔 사람들은 신고할 수밖에 없는 구조였다.

그런데 막상 화폐개혁을 시행해보니 현금을 많이 숨겨둔 부자가 없었다. 100만 환 이상 현금을 신고한 사람은 0.2%밖에 없었고, 이들의 돈을 모두 모아도 예상보다 많지 않은 금액이었다. 매일 생활을 해나가야 하는 서민의 돈은 장기적인 산업자금으로 쓸 수 없었다. 돈을 묵혀두고 있는 부자들의 재산을 산업자금으로 사용해야 하는데, 한국에는 부자들이 돈을 숨기고 있는 것이 아니라, 부자 자체가 별로 없었던 것이다.

그래서 박정희 정부가 그다음 방법으로 생각하고 추진한 것이 한일협정이다. 사실 한일협정 말고는 공장을 지을 돈을 마련할 방법이 없었다. 세계 어느 나라에서도 공장을 지을 돈을 빌려주는 곳은 없었다. 한국 사람이 굶어 죽을 것 같으면 인도상 지원했지만 어디까지나 먹고사는 데 필요한 지원뿐이었다.

한일협정은 1951년부터 시작되었지만, 국민의 반발로 10년이 넘게 체결되지 않았다. 한국 국민도 반발했고 일본 국민도 반발했다. 돈을 얼마나 주어야 하는가, 그 돈의 명목이 무엇이어야 하는가를 둘러싸고 합의가 되지 않았다. 한국은 불법 식민지배에 대한 배상금 형식을 원했고, 일본은 불법에 대한 배상이라는 명목은 절대 받아들일 수 없었다. 양국의 입장 차이가 워낙 크고 국민의 반발도 심해서, 제대로 된 절차와 방법으로는 한일협정이 체결될 가능성이 낮았다. 아마 그때 협정을 체결하지 않고 기다렸다면 한일협정은 영영 이루어지지 않았을지도 모른다.

박정희 정부는 강압적으로 한일협정을 체결하였고, 무상 3억 달러, 유상 2억 달러로 5억 달러 이상의 상업 차관 자금이 한국에 들어온다. 이제 공장을 지을 목돈이 마련된 것이다. 이중 무상 3억 달러는 원래 일제로부터 손해를 받은 개개인들에게 배상금으로 주어야 하는 돈이었지만, 정부는 이 돈도 기간산업의 터를 닦는 용도로 사용했다. 이 돈으로 포항제철 등 국가기간산업을 만들었고, 경부고속도로, 소양강댐 등 사회간접자본을 만드는 데도 이 돈을 사용하였다. 이 당시 한일협정으로 인한 목돈의 유입이 그 후 한국 경제에 커다란 영향을 미친 것이다.

그런데 한일협정은 단지 공장 지을 목돈의 유입으로 끝난 것이 아니었다. 한일협정으로 국교가 정상화되고 이후 민간 기업 차원에서 한일 간 교류가 급증하였다. 한일 간 교류라고 했지만 대부분 일본의 기계를 들여와 한국에서 생산하는 시스템이다. 일본의 기계를 수입해 설치하고, 그 기계로 물건을 만들어서 수출한다. 이것이 1960년대 이후 지금까지 한국 제조업의 패턴이 되었다.

상품을 만드는 것과 기계를 만드는 것은 차원이 다르다. 상품은 기계만 있으면 누구나 만들 수 있지만, 기계를 만드는 것은 몇 단계 높은 기술이다. 그 당시 제대로 된 기계를 만들 수 있는 국가는 미국과 독일, 일본뿐이었다. 지금은 한국도 기계를 만들어 수출하지만, 국제적으로 경쟁력 있는 기계, 정밀 기계에는 여전히 한계가 있다.

2019년 한일 간 외교 분쟁이 발생하면서 일본이 반도체 만드는 데 사용하는 포토리지스트, 에칭가스, 플루오드 폴리이미드에 대한 수출 규제를 했다. 이때 한국의 많은 사람들은 반도체 강국인 한국에서 반도체 공정에 필요한 주요 재료들이 모두 일본에 의존한다는 것에 크게 놀라와했다. 그런데 이런 반도체 장비만 일본에 의존하고 있는 것은 아니다. 한국의 대부분의 공장은 일본 기계를 사용한다. 완성품은 한국제라고 하더라도 많은 부품이 일본제이다. 한일협약 이후 초기부터 일본의 기계를 들여왔기 때문에 한국의 공장들은 일본의 기계 기술을 기반으로 하게 된 것이다.

보통 한국에서 애용하는 일본 제품을 생각하면 유니클로, 스시, 라면, 만화, 애니메이션 등 우리가 주변에서 쉽게 접할 수 있는 소비재를 생각한다. 하지만 한국 경제에서 일본이 중요한 위치에 있는 것은 공장 기계 때문이다. 생산은 한국에서 하지만 생산 도구는 일본에 의존하는 것, 그것이 한일협정 이후 한국 제조업의 기본 형태였다. 한일협약 자금으로 인한 경제발전은 1970년대에 마무리되었다고 본다. 그러나 일본의 기계 장비를 이용한 한국 제조업 운용은 아직 계속 유지되고 있다.

13

자유로운 무역 거래의 시작

오랫동안 추진해오던 GATT(관세 및 무역에 관한 일반협정) 가입
이 확정되어 이제 우리나라는 국제 교역에서 크게 활기를 띠게 됐
다. 정부는 GATT 가입에 있어 이미 70개 가맹국 중 2/3선이 넘는
47개국의 찬성표를 받았고, 10일 국회에서 비준에 동의, GATT 사
무 당국과 의정서에 서명만 하면 된다. …

우선 우리나라는 GATT를 통해 ▲일본과는 제한되어 오던 해태
수출 증가의 길이 트일 것이며 ▲앞서 제한 조치를 취한 스웨덴에
대한 쉐터 수출이 재개될 것이고 ▲영국에 직물 ▲카나다에 직물
및 합판 수출이 늘어날 것이다. ▲그리고 프랑스에는 아프리카 연
해에서 원양어업을 하는 우리나라 어선들의 수산물 수출이 용이하
게 될 것으로 기대된다.

조휘석, 「GATT 가입 그 전망」, 『경향신문』, 1967년 3월 10일.

중국의 급속한 경제 발전은 전 세계의 주목을 받고 있다. 1980년대까지 세계 경제 바깥에 있던 중국이 불과 40여 년 만에 미국에 맞설 만한 힘을 가지게 되었다. 아직 미국을 능가할 수는 없다는 이야기도 많지만, 최소한 미국을 제외한 다른 선진국 경제보다 더 큰 힘을 가지고 있다는 것은 분명하다. 중국 경제가 이렇게 성장하는 데 있어서 중요한 사건은 무엇일까? 무엇보다 경제 개방이 가장 먼저 거론된다. 중국은 1940년대 후반 사회주의 혁명에 성공한 뒤 다른 나라와 거래하지 않았다. 그러다 절대 권력자였던 마오쩌둥이 사망하고 실용주의자인 덩샤오핑이 권력을 잡으면서 개방 정책을 시작한다. 1978년 12월 중국공산당 제11기 중앙위원회 제3회 전체 회의에서 개방 정책이 제안되었고, 이후 중국 경제는 급속하게 성장하였다.

그다음 중요한 사건은 1992년 개혁, 개방의 확대를 주창한 덩샤오핑의 남순강화이다. 1989년 베이징에서 민주화 투쟁이 폭력적으로 진압당하는 사건이 발생했다. 이때 중국 정부의 발표에 의하면 공식 사망자가 931명이지만, 이 수치를 믿는 사람은 아무도 없을 것이다. 천안문 사건 이후 중국은 앞으로 계속해서 개방 정책을 추진할 것인지에 대해 혼란에 빠졌다. 당시 중국의 권력자 덩샤오핑은 우한, 선전, 주하이, 상하이 등 남부의 주요 도시들을 방문했다. 덩샤오핑이 개혁개방의 주요 도시인 이 도시들을 방문했다는 것은 개혁개방을 인정하고 계속 추진하겠다는 의미였다. 이때부터 중국은 다시 외국과의 관계를 본격화한다.

마지막은 WTO 가입이다. 중국은 2001년 12월 11일부로 WTO 회원국이 되었다. 그 이전에도 중국 경제는 빠르게 성장했지만, WTO 가입은 중국에 날개를 달아주었다. 중국은 WTO에 가입함으로써 150여 개 국가와 자유자재로 거래를 할 수 있게 되었다. 중국이 WTO에 가입하지 않았다면 지금처럼 '세계의 공장'으로 불리며 전 세계에 상품을 판매하는 중국은 불가능했을 것이다. WTO 가입은 한 나라의 경제에 중요한 역할을 한다. 이는 한국도 마찬가지였다. WTO에 가입하지 않았다면 수출 강국이 되는 것도 불가능하고, 전 세계 어디를 가나 삼성, LG 로고를 보는 것도 불가능하다. WTO 가입으로 인하여 세계 무역 강국 한국이 성립할 수 있는 것이다.

한국이 WTO 체제에 가입한 것은 1967년이다. 이때에는 WTO가 아니라 GATT였다. GATT는 '관세와 무역에 관한 일반협정'으로, GATT에 가입한 국가들 사이에서는 일률적으로 이 협정이 적용되었다. 이 협정에 가입한 국가끼리는 별도의 협정 없이 자유롭게 무역 거래를 할 수 있었다. 1967년 당시 GATT 가입국은 71개국이었다. 한국은 72번째로 가입을 했다. 여기서 중요한 것은 단순히 71개국이라는 수치가 아니다. 전 세계 주요 국가는 이미 모두 GATT에 가입되어 있었다는 현실이다.

한국은 GATT에 가입하기 전에는 미국이나 일본 등 개별적으로 무역 협상을 맺은 국가와만 거래가 가능했다. 일본은 바로 옆에 있는 나라이지만, 1965년에 일본과 조약을 체결하면서 비로소 일본과 거래를 할 수 있었다. 하지만 GATT 가입 이후 71개국과 거래를 할 수 있게 되었다. 이때 한국은 수출 주도형 경제를 내세울 때였다. 수출하려는 나라한테 GATT 가입은 굉장한 의미를 가지고 있다. 아무리 좋은 자동차, 선박, 반도체, 핸드폰을 만들어도 무역협정이 없는 나라에는 팔 수 없기 때문이다.

GATT에 가입하는 것이 꼭 좋기만 한 것은 아니다. 우리나라가 외국에 자유롭게 수출할 수 있다는 이야기는 외국도 한국에 자유롭게 수출할 수 있다는 뜻이기 때문이다. 이러한 무역협정은 국내에 엄청난 반발을 일으킨다. 하지만 1967년 당시 한국에서는 GATT 가입에 대해 별다른 반대 목소리가 없었다. 이후 1990년대 우루과이 협정, 한미 FTA 체결 등에서는 많은 반대 논쟁이 일어났지만, 1967년 GATT 체결은 별 반대나 저항 없이 진행되었다. 이때만 해도 이런 국제무역 협정이 어떤 효과를 발생시키는지 한국 사람들이 잘 몰랐기 때문이다. 다행히 이때는 GATT 가입으로 수입이 크게 증가하지는 않았다. 한국은 개도국에 대한 예외 조항이 적용되었는데, 개도국이면서 무역적자국은 수입금지 조치를 내걸 수 있었다. 당시 한국은 한 번도 무역흑자를 내지 못했고, 그래서 수입 증가를 통제할 수 있었다. 결과적으로 이때 GATT 가입은 특별한 부작용 없이 한국에게 굉장히 유리하게 작용되었던 호재였다.

1967년 GATT 가입은 한국의 무역과 수출에 결정적 역할을 한다. 그리고 1993년 체결된 제8차 GATT 협정이 또 한 번 우리의 삶을 바꾸어 놓았다. 제8차 GATT 협정은 소위 '우루과이 라운드'로 불린다. 이때 GATT를 WTO로 바꾸기로 결정한다. GATT는 물리적 실체가 아니라 국제협정, 조약이었는데, 이를 WTO라는 국제무역 기구 조직으로 변화시킨 것이다. 우루과이 라운드는 농산물, 저작권에 대한 무역 협정이었다. 원래 GATT는 공산품만을 대상으로 했는데, 이때 농산물이 GATT 체제로 들어온다. 그러니까 우루과이 라운드는 농산물에 대해서도 자유무역이 이루어져야 한다는 국제조약이다. 1993년에 우루과이 라운드가 체결되었지만 1994년부터 당장 농산물에 대해 자유무역을 한 것은 아니다. 해마다 조금씩 변화하게 하였고, 궁극적으로 농산물에 대한 무역규제를 없애도록, 혹시 규제하더라도 관세 조치만 취하도록 했다. 수입금지 조치가 취해지면 상품은 전혀 들어올 수 없다. 쿼터제를 하더라도, 일정 수량 이상은 절대 들어오지 못한다. 하지만 관세 조치는 가격만 문제 될 뿐이다. 물량은 얼마든지 들어올 수 있다. 공급하는 측에서 싸게만 공급하면 얼마든지 수입이 가능하다.

우루과이 라운드가 체결된 지 30년 가까이 지났다. 이제는 우루과이 라운드로 인한 변화를 모든 사람이 분명 느낄 수 있다. 현재 한국의 먹거리 중 쌀 등 몇 개만 제외하고 많은 것들이 중국산이나 외국산으로 채워지게 된 것은 이 우루과이 라운드 때문이다. 사실 원래는 쌀도 외국산이 주로 사용되어야 하는 것이었는데, 정부가 어떻게든 쌀만은 지키려고 노력한 결과 쌀은 아직 국내산이 각광받는다. 하지만 다른 식량들은 대부분 외국산이다. 현재 한국의 음식 산업, 먹거리는 외국 농산물이 아니면 유지될 수 없다.

원래 한국은 저작권 개념이 없었다. 저작권과 관련된 사항도 우루과이 라운드로 인한 변화이다. 그때는 한국과 대만 등이 대표적인 저작권 문제 국가에 들어갔었다. 우루과이 라운드에서는 저작권에 대해서도 국제기준을 만들고 이를 따르도록 했다. 한국에서 저작권 개념이 강화되고 저작권을 보호하기 시작한 것은 이런 추세에 따라서였다. 현재 한국은 저작권을 온전히 보호한다고 하기는 어려울지 몰라도, 최소한 모든 사람이 저작권을 보호해야 한다는 것, 돈을 내지 않고 콘텐츠를 이용하거나 프로그램을 쓰는 것이 좋은 일은 아니라는 정도는 알고 있다. 이처럼 저작권에 대한 의식이 바뀐 것도 GATT와 WTO에 의한 것이다.

14

지역 간 경제 격차가 시작되다

종합제철소 입지를 선정하는 단계에서 쟁쟁한 여러 핵심인사가 후
보 지역을 추천했고, 그 후보지들에 대한 평가를 들을 겸해서 박 대
통령이 실무 책임자인 황병태 국장을 승용차에 태우고 시내 드라
이브에 나섰다.

"그때 종합제철소의 후보지로 올랐던 지역은 충남 서천군의 비인,
경남의 울산과 삼천포 등 세 곳이었고 정작 포항은 빠져 있었다"
고 그는 말했다. 40년 전의 일이다.

문제는 이들 후보 지역 추천에 정치적 입김이 다분히 작용했다는
사실이다. 입지의 경제성이 전혀 고려되지 않은 것은 아니겠지만,
경제적 타당성보다는 추천 인사들의 지역 연고가 훨씬 앞서 있었
다. 역대 정부에서 대규모 지역개발 공약이 나올 때마다 논란이 빚
어지던 실력자 연고 위주의 정책 움직임이 이미 경제개발 계획 추

진 과정에서부터 나타나고 있던 것이다.

허영섭, 「황병태의 회고 〈중〉 박정희 대통령과 나」, 『월간조선』, 2011년.

현재 한국에서 1인당 소득이 가장 높은 지역은 울산이고, 그다음은 서울이다. 2017년 기준, 울산의 1인당 소득은 5,223만 원이고, 서울은 4,671만 원이다. 그리고 지역별 소득을 보면 서울-경기가 가장 높고 그다음이 경남-부산-인천-경북 순이다.

서울은 수백 년간 한국의 수도이고 경제의 중심지였으니 소득이 가장 높은 지역인 것을 인정할 수 있다. 그런데 경상남도가 소득이 높은 지역이 된 것은 1970년대 이후의 일이다. 그 전만 하더라도 전라도와 큰 차이가 없었지만, 1970년대 이후로 경상도와 전라도 사이의 소득 격차는 크게 벌어졌다. 70~80년대에 계속 대통령을 배출한 경상도의 소득이 높고, 야당이었던 전라도의 소득이 낮은 것에 대해 정치적으로 큰 문제가 되기도 했다.

1970년대 이후 발생한 이러한 지역 간 소득 격차는 지금까지 이어지고 있다. 무엇보다 경상도 인구가 전라도보다 훨씬 많다. 원래 전라도 인구와 경상도 인구가 비슷했는데, 경상도의 소득이 높아지면서 지금은 경상도 인구가 전라도보다 1.6배 정도 더 많다. 인구에 따라 지급되는 정부의 지방정부 보조금 역시 경상도가 전라도보다 훨씬 많다. KTX 같은 교통편도 경상도 지역이 훨씬 더 노선도 많고 운행 편수도, 이용 승객도 많다. 전라도에도 KTX가 만들어졌지만, 운행 편수 등에서 큰 차이가 난다.

이러한 지역 격차 발생은 1967년 7월부터 시작되었다. 1967년 7월, 한국의 기간산업인 제철소의 입지가 포항으로 결정된다. 그리고 석유화학 단지의 입지는 울산으로 결정된다. 이 두 결정은 동시에 같이 이루어진 것은 아니다. 제철소의 입지 선정과 석유화학 입지 선정은 따로 진행되었다. 1967년 7월, 이 두 기간산업의 입지가 포항과 울산, 경상남도 지역에 결정되면서 한국의 지역 간 경제력 차이도 결정된다. 물론 그 당시 이런 결정이 차후 몇십 년간 이어질 지역 격차를 발생시킬 거라고는 아무도 생각하지 못했다.

한국은 1963년부터 제철소와 석유화학단지를 만들고 싶어 했다. 하지만 자금과 기술력 부족 때문에 사업이 잘 진행되지 않았다. 다른 나라의 돈과 기술을 들여와야 했다. 당시에 한국 제철 산업을 지원하고자 하는 5개국이 모인 대한국제제철차관단(KISA)이 결성되었는데 여기서 제철소 건설이 논의되었다. 제철소 입지 역시 KISA와 계속 협상하면서 정하는 것이었는데, 결과적으로 포항으로 결정되었다. 철광석이 나지 않는 한국에서 제철소를 운영하려면 원료를 해외에서 수입해야 하기 때문에, 큰 배가 들어가기 쉬운 곳이 주요 후보지였다. 한국의 남해안과 서해안은 다도해 지역이라 바닷길이 복잡하다. 동해안은 해안선이 굉장히 단조롭다. 배가 안전하게 입항하고 정박하려면 굴곡진 만이 필요한데, 동해안에는 커다란 만이 별로 없다.

하늘에서 바라본 포스코(옛 포항제철) 전경. 형산강과 영일만 사이에 길고 촘촘하게 뻗어 있다. 1967년 6월 30일 포항을 종합제철 입지로 선정한 이래, 같은 해 10월 3일 기공식, 이듬해인 1968년 4월 1일 포항종합제철주식회사 설립, 1969년 8월 연 103만 톤 생산 규모로 확정되는 등의 역사를 거쳐 현재는 포항과 광양 두 곳에서 연 4,100만 톤의 조강생산체제를 갖추고 있는 세계 일류 철강 기업으로 성장했다.

포항 영일만은 동해안에서 몇 안 되는 커다란 만으로 제철소 입지로 적합했다.

석유화학의 입지로는 울산, 인천, 여수, 비인 등이 후보지였다. 석유화학 공장이 들어서기 위해서는 넓은 땅과 공업용수가 필수적이다. 공사비는 울산이 가장 낮았고, 인천과 여수는 땅값이 높은 편이었다. 울산은 1960년대 초에 한국에서 첫 번째로 산업단지로 지정되어 이미 정유 공장이 들어서 있었다. 또 울산은 동해안에서 영일만과 더불어 가장 큰 울산만이 있어 수출입에 유리한 환경이었다. 결국 1967년 7월, 울산이 석유화학단지 입지로 결정된다.

포항의 포항제철(포스코), 울산의 석유화학단지 이전에도 큰 공장은 여러 곳에 있었다. 울산에는 정유 공장, 부산에는 제일제당 공장이 있었다. 그러나 이런 공장이 들어섰다고 해서 그 도시 전체 소득이 급격하게 상승하지는 않는다. 하지만 포항제철과 울산석유화학은 달랐다. 제철과 석유화학은 기간산업이어서 관련 공장과 산업이 주변에 몰리기 시작했다.

제철소 주변에는 철을 사용하는 업종이 몰리게 된다. 공장이 다른 곳에 있으면 무거운 철을 이동하는 데 비용이 많이 들기 때문이다. 철을 많이 사용하는 자동차 공장, 배를 만드는 조선소 등은 제철소에서 가까운 곳에 있는 게 좋다. 제철소가 포항에 지어질 것이니만큼 자동차 공장, 조선소도 포항에서 가까운 곳에 만들어야 한다. 경상도 지역 해변에 공장을 만드는 것이 유리하고, 전라도, 충청도, 경기도 해변까지 갈 필요는 없다. 현대자동차, 현대조선소, 대우조선해양 등 대한민국을 대표할 만한 주요 공장이 모두 경상남도 해안가에 만들어진 것은 모두 이 때문이다.

석유화학은 주요 생산물인 나프타를 이용해서 여러 화학제품을 만든다. 그래서 모든 공장이 한 곳에 입지해야 한다. 기본적으로 12개의 공장이 한 번에 들어서야 했다. 여기에서 합성수지, 합성고무, 합성섬유 원료 등이 생산된다. 그러면 이런 원료들을 이용하는 나일론, 페인트, 펄프, 타이어 공장 등도 이 주변에 입지하면 운송비용을 낮출 수 있다. 이로써 울산은 국내 최대의 산업 클러스터로 발전한다.

포항의 제철소, 울산의 석유화학 공장은 단순히 제철소가 만들어지고 석유화학 공장이 들어서는 것으로 그치지 않았다. 관련 산업이 모두 이 지역을 중심으로 자리 잡았다. 그리고 한국 전체가 아직 농업 국가일 때 유일하게 공장 일자리를 많이 제공하는 지역이 되었다. 농업보다 부가가치가 높은 제조업이었기에 높은 임금을 받을 수 있었고, 그래서 이 지역의 소득은 크게 증가한다. 일자리를 찾는 사람들이 이 지역에 몰려들면서 인구도 증가했다.

1970년대 중반이 되면서 지역 격차 문제가 사회적 논란이 된다. 현직 대통령을 배출한 경상도는 발전하고, 야당 지역인 전라도는 소외되었다는 비판도 그때 생겨났다. 그 이후부터 주요 공장을 세울 때 지역적 배분을 고려하였다. 지역의 고른 발전을 위해 경상남도 지역이 아닌 다른 지역에 공장을 짓도록 유도한 것이다.

1978년에는 포항제철의 성공을 바탕으로 제2의 제철소를 만들기로 한다. 이때 제철소를 어디에 지을 것인가가 큰 이슈가 되었다. 포항에 제철소를 지은 후 어떤 변화가 가능했는지 모두 목격했기 때문이다. 입지 선정에 많은 논란이 있었지만, 제철소는 전라도 광양만에 만들기로 했다. 광양만에 입지한 가장 주요한 이유 중 하나는 지역 배분이었다. 또 경상도 지역에 제철소를 만들 수는 없었다. 경제발전 소외지역이라는 정치적 고려가 많이 작용했다.

하지만 광양에 제2의 제철소가 들어섰다고 해서 전라남도가 경상남도처럼 되지는 않았다. 주요 자동차 공장, 조선소 등은 이미 포항제철 주변인 경상남도에 자리를 잡았기 때문이다. 신규 진입자가 아닌 한, 일부러 광양 근처로 이주할 필요는 없었다. 경상도와 전라도간 지역 격차는 그대로 남았다. 대신 광양 제철소가 만들어진 전라남도와 별도 기반 공업 시설이 없는 전라북도 간에 지역 격차가 발생했을 뿐이다.

1967년 7월, 제철소와 석유화학단지의 입지는 당시에 공장 운영에 적합하고 비용이 적게 드는 곳으로 선정했다고 볼 수 있다. 분명 합리적인 선택이었다. 하지만 이 둘이 모두 경남에 자리 잡으면서 이후 지역 간 경제 격차가 크게 발생하게 된다.

제3부 1970년대

15

1970년 새마을운동

우리 농촌 마을 잘 살아보세!

오늘날 우리가 말하는 지역 사회 개발이 여기저기서 벌어지고 있기는 합니다만, 문제는 그 부락, 그 고장에 사는 사람이 자발적으로 우리 고장을 어떻게 하면 살기 좋은 고장을 만들까 하는 노력이나 열성이 없다는 것입니다. 살기 좋다는 건 산에 나무가 많고, 꽃나무가 많고 경치가 좋다는 것만으로는 안 될 것입니다. 우선 먹어야 하고 입어야 하겠지만, 좀 더 부지런히 일해서 사는 집도 깨끗이 하고, 결국 거기서 소득도 더 많이 올리도록 하고, 동시에 산이나 하천의 환경도 정리하고 경지도 정리하고 도로도 닦고, 더 여유가 생기면 부락 공동의 오락이나 교양 시설을 만든다든지 이런 걸 그 고장 사람들이 자발적으로 모여 연구하고, 찬반 의견이 있겠지만 모두 같이 일을 하자고 이끌어 나가며, 사람들의 의욕을 북돋우도록 해서 이러하면 우리 고장도 잘 살 수 있다, 이웃에 어느 부락은 벌써 이렇게 하고 있지 않느냐, 이 정도는 우리가 하고, 이 정도는 우리 부락의 힘만으로는 안 되니까 정부에 도와 달라 요청을 하자, 이런 의욕이 밑에서 끓어오르면 그 농촌은 불과 2, 3년 이내에 전부 일어설 수 있습니다.

「박정희 대통령 지방 장관회의(가뭄 대책 회의) 훈시」, 행정안전부 국가기록원, 1970년.

새마을 운동은 1970년대에 이루어진 한국의 대표적인 농촌 운동이었다. 한국은 1960년대에 산업화를 본격적으로 추진했다. 한국은 1960년대의 산업화를 통해서 소득이 증가하고 생활 수준도 분명히 나아졌다. 하지만 그런 변화는 어디까지나 도시에 한정된 것이었다. 농촌 지역은 여전히 예전과 똑같은 생활을 했다. 도시 지역의 변화에 발맞추어 농촌 지역도 변화하자는 목적으로 시작된 것이 새마을 운동이다.

새마을 운동을 시작하게 된 여러 요인 중 하나는 시멘트 과잉 생산에 있다. 건설 경기가 좋아서 시멘트 공장을 많이 건설했는데 막상 시장에서는 시멘트가 잘 팔리지 않았다. 그러다 건설 경기가 축소되면서 남아도는 시멘트가 더 늘어났다. 시멘트 회사를 대표하는 쌍용양회의 회장 김성곤은 당시 권력 실세로서 여당 국회의원이기도 했다. 그가 생각해낸 것인지 누가 비위를 맞추기 위해 기안한 것인지, 어쨌든 남아도는 시멘트를 소화하는 방법으로 정부가 시멘트를 싼 가격에 사서 농촌 마을마다 시멘트를 나눠주는 안이 나왔다. 이에 따라 농촌 마을마다 시멘트 몇백 부대씩을 나누어주었는데, 정부에서 공짜로 준 것이니만큼 이 시멘트를 각각 개인적으로 사용하는 것은 곤란했다. 동네 공용의 일에 사용하라는 조건이 붙은 시멘트였다.

농촌의 마을은 이 시멘트를 사용하기 위해서 공동 빨래터, 공동 우물, 마을 회관 등을 지었다. 이것들은 그동안 필요하다고는 생각했지만 누가 나서서 만들지는 못했던 시설들이었다. 시멘트 등 재료를 정부가 공짜로 나누어주니, 그것을 이용해서 공동 시설을 만든 것이다. 이것이 굉장히 호평을 받고 효과도 좋았다. 그래서 1972년부터 본격적으로 새마을 운동을 시작한다.

농촌마다 새마을 지도자를 남녀 각각 한 명씩 두 명을 선발하게 하고, 정부가 적극적으로 지원했다. 마을에서는 자율적으로 어떤 일을 할 것인지 정하고 사람들이 힘을 모아 마을을 바꾸어 나갔다. 먼저 길을 닦고 다리를 놓았다. 그리고 마을을 가로지르는 개울과 천을 정비하고, 전통적인 초가지붕을 슬레이트 지붕이나 기와지붕으로 바꾸었다. 초가집을 기와지붕으로 바꾸기 위해서는 단지 지붕의 짚더미를 기와로 바꾸기만 해서는 안 된다. 이전 집을 헐고 완전히 새로운 집을 지어야 했다. 그렇게 초가집 마을은 슬레이트 마을, 기와 마을로 바뀌었다. 조선 시대 때부터 내려온 가옥 구조인 초가집이 이때 양식집 구조로 바뀐다.

농업 현대화도 같이 이루어졌다. 어떻게 하면 농촌 소득을 증가시킬지를 고민했고, 통일벼, 비닐하우스 등을 도입해서 실제 농가의 소득도 증가했다. 새마을 운동 이전에는 도시의 소득은 많이 증가했지만, 농촌의 소득은 거의 제자리걸음이었다. 새마을 운동 이후 농촌 지역의 소득 증가율도 높아졌다. 도시보다는 못했지만, 이전보다 훨씬 나아진 것은 사실이었다.

새마을 운동은 전 세계적으로도 대표적인 농촌 개발 모델로 거론된다. 한국의 대표적인 개발 모델로 소개되고, 전 세계 많은 개도국에서 새마을 운동을 견학하러 오기도 했다. 무엇보다 농촌의 자발적인 운동이었다는 점에서 획기적이다. 물론 정부의 지원도 있었지만 마을을 개선하기 위한 노동력을 제공한 것은 마을 주민들이었다. 따로 보수를 받지도 않으면서 자발적으로 마을 개선에 참여하고 일했다. 자치 거버넌스 관련해서도 새마을 운동은 모범 사례로 꼽힐 만하다.

하지만 새마을 운동이 완전히 성공작이었다고 보기는 힘들다. 새마을 운동의 목적은 잘사는 농촌을 만들어서 도시 생활과 별 차이 없는 소득과 생활 수준을 누리게 하는 것이었다. 새마을운동이 농촌의 생활 수준을 나아지게 한 것은 사실이지만, 농촌 사람들이 도시로 이동하는 추세를 막지는 못했다. 특히 1970년대 박정희 유신 정권과 연관되는 정책이었기에, 1980년대에 들어서면서 새마을 운동은 급속히 쇠퇴했다.

이러한 성과와 한계를 보면서 새겨두어야 할 것이 있다. 바로 새마을 운동이 만든 농촌이 오늘날 농촌의 모습이라는 사실이다. 새마을 운동은 1970년대 이후 더 변화가 없었다. 그런 측면에서 새마을 운동은 현재까지 가장 큰 영향을 미치고 있는 농촌 정책이라 할 만하다.

필자의 고향 집을 이야기해보면, 1970년대 초까지 고향 동네는 한두 집 빼고 모두 초가집이었다. 초가집에 부뚜막, 나무로 만든 대문에, 화장실은 전통적인 '푸세식'이었다. 1960년대 도시에서는 아파트가 등장하고, 높은 건물이 들어서기 시작했지만, 시골 농촌은 변한 게 없었다. 그러다 1970년대 중반, 새마을 운동이 본격적으로 진행되면서 변화가 생겼다. 초가집이 없어지고 현대식 양식 구조의 집으로 바뀌었다. 동네 부자는 이층집을 짓기도 했다. 초가집이었던 이전 동네 모습은 완전히 사라졌다.

농촌의 도로가 넓어져서 자동차도 다닐 수 있게 되었다. 개천에는 다리가 생겼다. 이전에는 나무로 얼기설기 이어 만들어 비가 오면 떠내려갔던 다리가 콘크리트로 바뀌었다. 다리 건너 안쪽에서 살던 주민들에게는 엄청난 변화였다. 마을 회관이 생기고, 가로등도 생겼다. 최소한 동네 안에서는 칠흑 같은 밤이 사라진 것이다. 이런 변화가 1970년대 중반부터 1980년대 초에 걸쳐 이루어졌다.

그후로는 어떤 변화가 있었을까? 1980년대 초부터 2020년까지 40년이 지났다. 그 사이 동네 모습은 하나도 변한 게 없다. 지금 필자의 할아버지 동네는 그때 이후로 지금까지 정말 아무것도 달라지지 않았다. 동네 사람이 나이가 들면서 이제는 할아버지, 할머니만 남았 다는 것이 변화라면 변화이다.

도시는 어땠을까? 1980년대 초의 서울과 2020년의 서울은 일부분만 빼고 완전히 바뀌었다. 1980년대 한국만 알던 사람에게 2020년대의 서울은 완전 다른 도시이다. 다른 지역도 마찬가지이다. 부산, 대구, 대전 같은 대도시만이 아니라, 천안이나 속초, 전주 같은 중소 도시도 완전히 달라졌다.

물론 농촌에도 달라진 곳이 있긴 하다. 관광지로 개발되어서 음 식점이나 숙소가 많이 들어선 곳도 있다. 도시에서 적당한 거리에 있 는 곳은 전원주택이 들어서고 펜션이 많이 생긴 지역도 있다. 또 도시 주변의 농촌 지역에는 뜬금없이 고층 아파트가 들어서기도 했다. 읍 이나 면사무소 소재지 정도만 해도 분명히 변화했다. 그렇지만 그 정 도의 도시화와도 관련이 없는 진짜 농촌 지역, 대부분의 농촌 마을은 새마을 운동 이후 거의 달라진 게 없다.

새마을 운동은 농촌을 근본적으로 잘 살게 하지는 못했다. 하지 만 그나마 새마을 운동이라도 없었다면 지금의 농촌은 과연 어떤 모 습이 되었을까? 아무리 농촌 지역이라 해도 집을 새로 짓는 것은 많 은 돈이 들었고, 그 돈을 한 번에 댈 수 있는 집은 드물었다. 농촌 지역 에 엄청난 지원을 해야 그나마 집을 새로 지을 수 있는데, 새마을 운 동 이후에는 농촌에 그런 지원이 미친 적이 없다. 그런 걸 고려하면 농촌의 집은 아직 계속 초가집이었을지도 모른다.

대부분 농촌 마을의 현재 모습을 만든 것은 새마을 운동이다. 그 후에는 농촌 마을이 거의 변하지 않았다. 농촌 지역은 아직 새마을 운동의 연장선상에서 살고 있다.

16

부동산 투기 문제의 원천

제21조   (개발제한구역의 지정)

① 　건설부장관은 도시의 무질서한 확산을 방지하고 도시주
변의 자연환경을 보전하여 도시민의 건전한 생활환경을
확보하기 위하여 또는 국방부장관의 요청이 있어 보안
상 도시의 개발을 제한할 필요가 있다고 인정되는 때에
는 그 도시의 주변지역에 대하여 도시개발을 제한할 구
역(이하 "개발제한구역"이라 한다)의 지정을 도시계획으로
결정할 수 있다.

② 　전항의 결정에 의하여 지정된 개발 제한 구역 안에서는
"주택지조성사업" 공업용지조성사업과 기타 그 구역지
정의 목적에 위배되는 도시계획사업을 시행할 수 없다.

도시계획법, [시행 1971. 7. 20] [법률 제2291호, 1971. 1. 19, 전부개정]

2018년, 부동산값이 폭등한다. 서울 아파트 재건축 규제를 강화하면서 아파트 공급이 줄어들 것으로 예상하고 서울 아파트 가격이 오르기 시작한 것이다. 정부는 아파트 공급을 늘리기로 하고 남양주 왕숙 1, 2지구, 하남 교산, 인천 계양, 과천, 고양 창릉, 부천 대장 등 서울 주변 7곳에 미니 신도시를 만들 것을 발표한다. 신도시 계획 발표가 나자 일산 주민들이 들고일어난다. 고양 창릉은 서울과 일산 사이에 있다. 일산보다 서울에서 가까운 지역에 아파트가 들어서면 일산 아파트 가격이 내려가기 쉬우므로, 주민들이 반대 시위를 벌인 것이다. 서울 우면동에는 계속해서 정부 부동산 정책을 비난하는 플래카드가 붙었다. 토지 수용 반대, 개발 반대, 보상금 문제 등의 문제가 끊임없이 제기되고 반대 시위가 일어난다.

몇 년을 주기로 서울 주변은 투기 열풍에 휩싸인다. 10년 전 판교가 개발되면서 투기 열풍이 불었고, 하남, 미사 지구가 개발되면서 또 투기 열풍이 불었다. 위례 지역이 개발되면서 역시 투기가 극성을 부린다. 그러면서 백만장자들이 계속해서 탄생한다. 꼭 투기꾼이 아니더라도, 그 지역에 오랫동안 땅을 가지고 있으면서 농사를 짓고 산 사람은 이런 신도시 개발이 시작되면 모두 백만장자들이 된다. 토지 보상금으로 몇십 억의 돈을 받기 때문이다.

사실 현재 한국에서 부자를 만들어내는 가장 쉽고 확실한 방법은 이런 개발에 따른 토지 보상금을 받는 것이다. 그동안 개발되지 않은 곳이 신도시로 바뀌면서 엄청난 보상금이 지급되고, 이 보상금 문제로 또 싸운다. 이래저래 잡음이 그치질 않는다.

이렇게 한국에서 부동산, 아파트 단지 개발과 관련해서 계속해서 문제가 끊이지 않고 투기와 분쟁이 발생하는 주요 원인은 바로 그린벨트 때문이다. 그린벨트를 개발해야 하느냐 마느냐의 문제, 그린벨트를 풀어야 하느냐 마느냐의 문제, 그린벨트 개발 시 보상금을 얼마나 주어야 하느냐의 문제가 끊임없이 분쟁의 대상이 되고 있다.

한국에서 그린벨트는 1971년에 처음 설정되었다. 전국 도시 주변에 5,397km²의 넓이가 그린벨트로 지정되었는데, 전 국토의 5.4%에 해당하는 엄청난 넓이이다. 이때 그린벨트는 도시 중심지로부터 15km 거리 지점에서 2~10km 내에 있는 동심원 지역을 대상으로 했다. 서울시 경계로부터 약 20km 떨어진 지역에 원형 그린벨트가 만들어졌고, 이 지역은 모든 개발이 금지되었다. 심지어 개개 주택이 지붕을 수리하는 것까지 금지될 정도이다. 이때는 박정희 군사정권 시기라서, 그린벨트 개발 금지는 엄격히 지켜졌다.

사실 그린벨트 지정 초기에는 큰 문제가 없었다. 도심지역과 그린벨트가 시작되는 지역 간에 공간이 많았기 때문이다. 그런데 도시는 계속 성장해갔다. 결국, 도심지와 그린벨트가 만나게 되고 이때부터 분쟁이 시작된다. 도심지는 계속 확장해야 하는데 그린벨트 때문에 더는 개발이 안 된다. 그러면 그린벨트는 그대로 두고 그린벨트가 끝나는 지역에서 개발을 하면 되지 않나? 그래서 분당, 일산 등 1기 신도시는 서울에서 멀리 떨어진 지역에 만들어진다. 그 지역이 특별히 우수해서 신도시가 위치한 것이 아니다. 그린벨트를 건드리지 않고 개발을 하려다 보니 멀리까지 나간 것이다.

하지만 주요 대도시는 계속 성장한다. 수지, 동탄 등 1기 신도시보다 더 먼 지역도 개발한다. 하지만 그 이상 멀어지는 것은 힘들다. 신도시는 서울을 기반으로 구성된다. 서울에 출퇴근해야 하는데 더 멀어지면 출퇴근이 불가능하다. 한정 없이 넓어질 수 없는 것이다. 어디에도 아파트를 지을 땅이 남아 있지 않다면 어쩔 수 없다고 포기하고 방법을 찾을 수 있다. 하지만 서울에 가까운 지역에 아직 개발이 안 된 넓은 땅, 그린벨트가 있다.

그린벨트는 김대중 정권 때부터 해제된다. 도시는 계속 성장하는데 아파트를 공급하지 않으니 집값이 폭등한다. 집값 폭등을 막기 위해서 그린벨트를 풀어 집을 짓기 시작했다. 중소 도시의 그린벨트는 모두 해제되었다. 7개 대도시권은 원래 그린벨트 면적 4,294km^{2}에서 2018년까지 453km^2 면적이 해제되었다. 서울시의 경우 이런 그린벨트 해제로 인해 서초구 우면동 아파트촌, 강남구 세곡동 아파트촌, 위례 신도시, 경기도 하남 신도시, 미사 신도시, 별내 신도시, 마곡지구 개발 등이 이루어진다. 부동산과 관련해 새로 뜬다고 소문이 나는 지역은 사실 모두 그린벨트 지역이 새로 개발된 것이다.

그린벨트 지역은 개발하지 않고 계속 보전해야 한다는 목소리도 크다. 도심 주변 지역에 녹지를 계속 두어야 한다는 주장이다. 녹지를 보전해야 한다는 주장에는 반대하기 힘들다. 문제는 그린벨트가 이름은 그린-녹색 지역이지만 실제 녹색 지역은 아니라는 점이다. 처음 그린벨트가 만들어질 때, 숲이나 나무가 많은 지역을 그린벨트로 지정한 것이 아니다. 서울 중심지에서 15km 지역에 동심원을 그리고, 거기에서 좌우 2-10km 내를 그린벨트로 지정했을 뿐이다. 사실 그린벨트 문제는 여기에서 시작한다. 보전할 만한 가치가 있는 녹지가 아니라, 그냥 아무 곳이나 그린벨트로 지정한 것이다. 녹지가 아니라 농지, 잡종지, 공터 등도 그린벨트에 포함되어 있다. 그동안 그린벨트가 많이 해제되었지만, 정말로 나무가 많은 숲이 파헤쳐지고 개발된 적은 없다. 그린벨트라고는 하지만 나무, 숲이 없는 일반 토지가 해제되고 개발된 것이다. 그린벨트를 반대하는 사람은 바로 이런 이유로 반대에 나선 것이다. 대부분의 그린벨트는 녹색 지대가 아니고, 실제 녹색 지대를 보전하는 효과가 거의 없다.

어쨌든 그린벨트일 때는 개발이 불가능하기 때문에 땅값이 싸다. 그러다 그린벨트가 풀려 집을 지을 수 있게 되면 땅값은 서울 도심 가격에 준한다. 엄청난 시세 차익이 발생하고, 땅 주인은 하루아침에 갑부가 된다. 그동안 그린벨트에서 엄청나게 많은 백만장자가 탄생했다. 그리고 그때마다 그린벨트를 풀어야 하느냐 말아야 하느냐, 그린벨트를 어떻게 개발할 것이냐, 그린벨트 토지 소유주에게 얼마나 보상을 해야 하느냐 등등의 분쟁이 계속 발생했다. 서울시 주변 어딘가에서는 이런 분쟁이 계속 진행되고 있다.

문제는 아직도 그린벨트가 굉장히 많이 남았다는 점이다. 그동안 많은 지역에서 그린벨트가 해제되었다. 서울만 하더라도 판교, 미사, 하남, 별내, 우면동, 세곡동, 마곡, 위례 등 많은 지역이 그린벨트에서 해제된 뒤 새로 개발되었지만, 해제된 지역은 원래 그린벨트에서 단지 10% 정도일 뿐이다. 진짜 녹지는 건드리지 않는다고 해도 아직 개발할 수 있는 땅은 굉장히 많이 남아 있다.

서울은 이미 다 개발되어서 아파트 지을 땅이 없다고 하지만 그렇지 않다. 정확히 말해 그린벨트를 제외하고 개발할 땅이 없는 것이다. 그린벨트 해제를 고려한다면 아직 서울 주변에 아파트를 지을 땅은 충분히 여유가 있다.

그린벨트는 현재 서울 외곽 도시인 분당, 판교, 일산보다 서울 도심에서 더 가까운 곳에 있다. 어떤 곳이든 개발이 된다고만 하면 이런 도시보다 더 입지가 좋다. 지금은 그린벨트라 땅값이 싸지만, 개발된다면 판교, 분당, 일산보다 더 비싼 가격이 형성될 것이다. 그러니 투기 세력이 몰릴 수밖에 없다. 이번에는 어디에 신도시가 만들어질 것이냐, 어디가 아파트 단지로 개발될 것이냐에 많은 관심이 집중된다. 그리고 그 지역이 개발되면 실제 큰돈을 번다.

그린벨트가 풀리지 않고 개발이 진행되지 않으면 이런 투기는 이루어질 수 없다. 하지만 서울 집값이 계속 오르고 아파트 지을 땅은 없는데, 서울에서 가까운 공터를 그냥 두기는 쉽지 않다. 녹지를 보전해야 한다는 것은 찬성하지만, 단지 공터를 보전해야 하는 것이라면 반대 목소리도 크다. 결국 개발은 이루어질 것이고 그때마다 투기는 계속될 것이다. 또 그와 관련된 분쟁도 계속될 것이다. 부동산 투기는 그린벨트가 모두 다 개발될 때까지 멈추지 않을 것이다. 현재 투기 문제의 원천은 1971년 그냥 아무 곳이나 그린벨트를 지정한 것에서 비롯된 것이다.

17

한국 재벌 그룹의 형성

매년 예산을 심의할 때마다 번번이 그 부실화가 논란되어 온 국영기업이 올해 들어서는 더욱 경영이 부실화되었다고 한다. 최근 재무 당국에 의해서 밝혀진 것으로 보도된 20개 정부 투자기관의 1971년도 상반기 결산 결과를 보면 한국은행을 제외하고 거의 모든 국영기업의 경영실적이 작년보다 더욱 악화함으로써 이들 공기업의 경영 부실이 날로 심화되고 있는 것으로 풀이되고 있다.

이미 우리는 국영기업이 민간기업보다 비능률적이고 비생산적이라는 사실을 그동안 누차 보아왔다. 그 때문에 우리는 기회 있을 때마다 국영기업의 민영화를 주장했고, 또 몇 개 기업은 민영화되기도 했다. 순수한 경영이론으로 볼 때 경영 주체가 정부일 경우 부실화하고 민간일 경우 경영이 합리화된다는 것은 도저히 있을 수 없는 일임에도 불구하고 그것이 현실이라는 점에 생각이 다다를 때

새삼 아연할 따름이다.

「국영기업의 부실화」, 『매일경제신문』, 1971년 11월 4일.

한국은 1950~60년대에 걸쳐 많은 공기업을 만들었다. 이 당시는 전 세계적으로 사회주의 경향이 강했다. 민간 기업은 자기 이익만 챙기기 때문에 공공의 이익을 생각하지 않았다. 그래서 사회적으로 영향이 큰 기업, 많은 사람에게 공평하게 서비스를 제공해야 하는 기업은 공기업으로 해야 한다는 목소리가 컸다. 이때 많은 공기업이 나타났다. 포항제철, 한국석유공사, 한국통신, 한국 이동통신, 대한통운, 대한항공공사, 조선호텔, 워커힐호텔, 한국기계, 대한조선 공사 등 각 산업을 대표하는 기업은 모두 공기업이었다. 삼성, 현대 등 민간기업보다 사실 국가 기업의 비중이 더 컸다.

세계적으로 공기업 민영화가 유행한 것은 1980년대 이후이다. 영국의 대처, 미국의 레이건 정부가 신자유주의 경제 정책을 내걸면서 공기업 민영화를 추진했다. 공기업은 대부분 엄청난 적자를 내고 있었다. 공기업을 계속해서 세금으로 연명하게 할 수 없다는 비판이 컸고, 그래서 공기업을 민영화해서 자력갱생의 길을 걷게 했다.

한국은 공기업 민영화를 서구 국가보다 훨씬 더 일찍 시작했다. 1968년부터 공기업 민영화를 시작해서 1970년대에 이미 많은 공기업이 민영화되었다. 이 당시 한국의 공기업은 대부분 적자였다. 경제

발전이 본격적으로 궤도에 오르면서 많은 민간 기업이 생겨나고 상승세를 보이는데, 국가가 운영하는 공기업은 적자를 내고 있거나 성장하지 못하고 있는 것이었다. 박정희 정부는 이런 공기업을 대거 민영화하기 시작했다.

공기업 민영화는 쉽지 않다. 일단 민영화하는 공기업에서 반대가 크다. 그동안 공기업은 안정된 신분과 충분한 보수를 보장받으면서 경영을 해왔다. 공기업이 민영화되면 시장에 대한 압박도 생기고, 내부 구조조정과 비용 합리화 등 이전에 없던 여러 조치들을 거치게 된다. 그래서 민영화 대상인 공기업은 강력히 반발한다.

사회적으로도 공기업 민영화는 반대가 심하다. 일단 공기업 민영화를 해서 기업을 팔면 낮은 가격이 책정된다. 흑자 기업을 파는 것이 아니라 적자 기업을 파는 것이기 때문이다. 민간 기업이 인수해도 적자를 벗어나는 것이 어렵다고 생각될 때, 인수 기업에 각종 지원금을 줘서라도 팔아야 한다. 이것이 일반인에게는 특혜로 보인다. 장부 가격보다 낮은 가격으로 팔고, 지원금까지 주니 헐값 매매이다. 공기업을 인수하는 민간 기업에 특혜를 준다는 비판이 계속 나온다.

2000년대 이후 한국에서 공기업 민영화는 더는 이루어지지 못하고 있다. 공기업을 민영화해야 한다는 필요성이 계속 제기되고 정책적으로 추진하지만, 해당 공기업의 반발과 사회 여론의 반대 때문에 공기업 민영화가 실현되지 못하고 있다. 무엇보다 민간보다 정부가 더 공정하고 서비스를 잘 제공할 것이라는 국민의 인식 때문에 공기업 민영화가 어렵다. 1970년대에는 국민들 눈치를 보지 않았다. 흑자인 공기업, 정말로 국가가 해야만 하는 서비스를 제공하는 공기업은 계속 공기업으로 남아도 되지만, 적자인 공기업은 민간에게 팔아치운다는 원칙을 적용했다. 반발이 있었지만, 그래도 1970년대에 많은 공기업이 민간에게 팔려나갔다.

공기업 민영화는 한국의 재벌 그룹 형성에 크게 기여한다. 한국 재벌은 주로 두 가지 방법으로 형성되었다. 우선 자신의 힘으로 성장한 기업이 있다. 삼성이나 현대그룹의 경우는 삼성전자, 현대중공업, 현대자동차 등 주요 기업을 자기 스스로 만들었다. 다른 하나는 다른 기업을 매수해서 성장한 기업이 있다. 그런데 다른 기업의 규모가 작은 경우, 아무리 매수 합병을 해도 자산 규모가 크게 달라지지는 않는다. 큰 기업을 매수해야 덩치가 갑자기 커지는데, 기업 순위가 달라질 만큼 큰 기업은 이 당시 공기업밖에 없었다. 그래서 공기업을 인수한 회사가 재벌 그룹으로 성장한다.

대표적인 기업이 SK이다. SK는 원래 섬유 회사였다. 그런데 1980년, 대한석유공사(현재 SK에너지)를 인수해서 주요 재벌그룹으로 성장한다. 이후 한국 이동통신(현재 SK텔레콤)을 인수하면서 명실상부한 한국의 주요한 재벌 그룹이 된다. 정부가 해외 관광객과 주한미군 휴양지로 만든 한국 최초의 최고급 호텔인 워커힐호텔도 SK가 인수했다. 한진 역시 원래 트럭 운송업 회사였는데 1969년 대한항공인 KAL을 인수한다. KAL은 1988년 아시아나 항공이 운항을 시작할 때까지 한국의 유일한 항공사이고 국적기였다. KAL을 인수하면서 한진도 한국의 주요 재벌이 되었다.

대우는 한국중공업과 대우조선을 인수하면서 주요 대기업이 되었고, 동아는 대한통운을 인수하면서 재벌 순위가 대폭 상승했었다 (이후 대한통운은 금호그룹의 산하로 바뀌었다가 현재는 CJ그룹 산하에 있다). 정부의 공기업 민영화는 많은 경우 이렇게 재벌 그룹 산하 기업이 되어 재벌 그룹 형성에 크게 기여하는 쪽으로 흘러갔다. 정부의 공기업 민영화가 없었다면 현재의 여러 재벌 그룹이 지금처럼 성장하는 것은 불가능했을 것이다.

다른 쪽으로 진행된 공기업 민영화도 있다. 주식을 민간에게 나누어주어 겉으로 보기에는 공기업 민영화가 되었지만, 실질적으로는 정부가 계속 지배권을 가지고 있는 경우이다. 지금 한국전력은 민영화되었다. 정부가 직접 보유하고 있는 한국전력 지분은 18.2%이다. 하지만 실질적으로 한국전력은 정부 소유의 공기업과 같다. 정부가 인사권을 가지고 있는 건 물론 실질적인 결정권자이기 때문이다. 법적으로 정부는 특별한 권한이 없다. 한전의 경우 민영화를 했는데 경영권을 가지고 있는 민간 주체가 없다. 민간의 아무도 경영권을 가지지 못하니, 그동안 관습대로 정부가 주요 결정권을 가진다. 원자력으로 발전을 하느냐, 석탄으로 발전을 하느냐, 전기 요금은 얼마로 해야 하느냐는 원래 한국전력이 알아서 해야 하는 일이다. 하지만 한국에서 이런 것들은 한국전력이 스스로 결정할 수 없다. 정부 지분이 하나도 없는 포스코의 경우에도 경영자 임명 등에 정부의 입김이 들어간다. 정부의 정책 방향에 따라 경영의 방향을 정해야 하는 한계도 가진다.

공기업 민영화가 좋은 것이냐 나쁜 것이냐는 단편적으로 말할수 없다. 한국에서는 공기업 민영화가 재벌 그룹 형성에 기여한 것에 대해서 비판하는 목소리도 높다. 그런데 한국에서 그 당시 공기업 민영화를 하지 않았다면 어떻게 되었을까를 생각하면, 공기업 민영화로 인해 재벌 그룹이 만들어진 것에 대해 비판만 할 수는 없다. 민영화에서 빠진 많은 공기업 중에는 아직도 적자에서 헤매는 기업들이 많다. 공기업 적자는 결국 세금으로 메꿔야 한다. 이렇게 세금을 계속 투여하느니, 일찍 민영화하고 손을 떼는 것이 나았을 수도 있다. 또 한국전력에서 보듯이, 민간 주인을 정해주지 않는 민영화는 계속해서 정부의 입김을 받는다. 회사 이익을 위해 일하지 않고 정권 입맛에 맞는 일을 한다. 회사의 적자가 아무리 쌓여도 상관없이 정부 정책 방향대로 간다. 1970~80년대에 민영화된 공기업들도 이때 민영화되지 않았다면 지금 이런 식으로 경영되었을 것이다. 1970년대 공기업 민영화가 없었다면 지금 한국 경제는 분명히 다른 모습일 것이다.

18

한국 재벌 문제의 시작

고도성장을 이룩하는 과정에서 미약한 자본으로 출발했던 기업은 단기고리의 차입금에 의존하지 않을 수 없어 기업의 재무 상태가 취약하여 건실한 성장의 저해 요인이 되고 있어 경제성장과 안정에 관한 긴급 명령에 의하여 기업의 채무관계의 의법조정 및 차주 기업에 대한 출자전환이 이루어졌으나 지속적인 경제성장을 이루기 위해서는 기업의 장기자금조달방법의 확충이 필요하므로 주식 공모발행에 의한 자금조달방법을 개선함으로써 생산성을 제고하고 국제경쟁력을 강화하며 민간투자활동을 유발하는 한편, 기업과 국민의 일체감을 조성하여 경제의 안정과 지속적인 성장에 기여하려는 것임.

① 기업의 공개를 심의·의결하기 위하여 국무총리를 의장으로 하는 기업공개심의회를 두도록 함.

② 기업을 공개하여야 할 대상법인은 외자도입법인, 조정 사채 1억 원 이상인 법인, 금융기관으로부터 10억 원 이 상 여신을 받은 법인과 기타 국민경제상 필요하여 따로 대통령령으로 정하는 법인으로서 자본금, 재산상황, 배 당능력, 거래전망 및 증권시장 동향 기준에 합치하는 법 인에 한하여 심의회의 의결을 거쳐 공개할 것을 명하도 록 함.

③ 공개지명법인이 공개를 이행하지 않을 때에는 법인세와 소득세면에서 다른 법인과 차등 대우하도록 함.

「기업공개촉진법」, [시행 1973. 1. 5] [법률 제2420호, 1972. 12. 30, 제정]

한국 재벌과 관련해 고질적으로 제기되는 문제가 있다. 재벌이 한국 의 경제발전에 기여한 부분이 있는 것은 사실이다. 하지만 재벌가는 기업을 완전히 자기 소유로 생각하고 마음대로 운영한다. 주요 재벌 그룹 회사는 모두 주식시장에 상장된 회사이다. 상장 회사는 개인의 것이라기보다는 사회적 기업의 성격이 강하다. 상장 회사는 대주주 를 위해 존재하는 게 아니라, 주주들을 위해 존재해야 한다. 많은 일 반인도 주식을 갖고 있고, 따라서 상장 회사는 대주주만의 이익을 위 해서가 아니라 모든 주주를 위해서 노력해야 한다. 회사에 이익이 있 으면 주주에게 배당하고, 모든 주주에게 이익이 되도록 의사결정을 해야 한다.

하지만 한국의 재벌가는 그렇지 않다. 일단 한국의 재벌 그룹은 배당을 제대로 하지 않는다. 최근 외국인 주주의 비중이 높아지고 배당 요구가 거세지면서 배당이 증가하기는 했지만, 1970년대 이후 2010년경까지 한국의 상장회사는 배당을 거의 하지 않았다. 2020년 현재도 배당이 늘었다고는 하지만 그래도 세계 기준으로 보면 아직 최저 수준이다.

또 재벌가는 회사를 자기 대주주를 위해서만 경영하고 소수 주주는 무시한다. 자기 재벌가 관련 회사가 어려움에 부닥치면 자금 지원을 한다. 관련 회사의 대주주이기도 한 이들에게는 이익이 되지만, 소수 주주에게는 손실이다. 일감 몰아주기 등 대주주 재벌가에게는 유리하지만, 소수 주주에게는 불리한 경영 활동도 아무렇지 않게 하고 있다. 이런 재벌가의 폐단—상장 회사를 자기 마음대로 운영하는 것—이 한국 재벌의 주요 문제점 중 하나이고, 정부, 시민단체가 재벌을 공격하는 주요 이유 중 하나이다.

이런 식으로 다른 주주를 고려하지 않고 자기 마음대로 운영하려면 주식 시장에 상장해서는 안 된다. 대주주와 관련자, 특수 이해관계자들만이 주식을 가지고 있는 비상장 회사라면 마음대로 운영해도 된다. 회삿돈을 자기 마음대로 가져다 쓰는 횡령, 배임만 하지 않으면 자기 마음대로 해도 특별히 문제가 안 된다. 그래서 회사의 경영권에 대해 아무런 간섭을 받고 싶지 않은 기업은 대기업이라 하더라도 주식시장에 상장하지 않는 것이다.

대주주의 경영권에 제약이 따름에도 불구하고 상장하는 이유는 상장하면 주식을 팔아 일반인으로부터 투자금을 받을 수 있기 때문이다. 회사에는 큰돈이 들어오고, 또 상장을 하면 대주주는 자기가 가지고 있는 주식을 현금화할 수 있다. 그때까지는 주식만 있고 현금은 없지만, 이제는 현금화를 할 수 있는 진짜 부자가 된다. 이렇게 상장회사는 돈을 받고 주식을 일반인에게 판다. 돈을 받고 주식을 판 이상, 일반 주주의 이익도 존중해야 한다. 비상장회사와 달리 회사의 운영을 일반 주주에게 다 공개하고 사회적 감시를 받아야 한다. 주식 상장으로 돈은 돈대로 챙기고, 회사 운영은 대주주 마음대로 해서는 안 되는 것이다. 창업주, 대주주가 마음대로 회사를 운영하려면 주식 공개를 하지 말고 비상장 회사로 운영해야 한다. 주식을 공개하고 상장회사가 되었다면 모든 주주를 위한 경영을 하고 사회적 책임을 다해야 한다. 그런데 한국의 재벌은 상장회사임에도 불구하고 대주주만을 위한 경영을 한다. 그래서 한국의 재벌 회사가 문제라고 하는 것이다.

사실 재벌도 할 말이 있다. 상장회사임에도 불구하고 대주주만을 위한 경영을 유지하려 하는 나름의 이유가 있다. 한국의 재벌 상장 회사는 사실 스스로 주식을 공개해서 일반인에게 주식을 팔고 상장 회사가 된 것이 아니다. 상장하기 싫은데 정부에 의해서 억지로 주식을 공개하고 상장회사가 된 것이다. 재벌 회사는 상장하지 않고 자기 마음대로 회사를 운영하고 싶어 했다. 주식을 일반 사람에게 나누어주지 않고 자기만 갖고 있으려 했다. 하지만 정부가 강제로 주식을 공개해서 상장회사로 만든 것이다. 그렇게 대기업을 억지로 상장회사로 만든 것이 1972년의 기업공개촉진법이다.

한국은 1956년에 증권거래소가 만들어졌다. 이때 주식시장에 상장된 기업은 12개뿐이었다. 12개 중 순수 민간 회사는 경성방직 등 4개밖에 없었고, 8개는 은행과 공기업이었다. 1970년 초에는 42개의 상장회사만 있었다. 주식시장이 개설된 지 14년이 지났는데, 그 사이 단지 30개만 증가했다. 1년에 두 개꼴로 상장된 것이다. 주식시장에 42개의 회사만 있다면 주식시장이 제대로 굴러간 것이라 보기 힘들다. 명목상의 주식시장이었을 뿐이다.

기업을 많이 상장시켜 주식시장을 활성화하려 했지만, 기업은 상장에 별로 관심이 없었다. 주식을 상장하면 돈은 생기지만 주식을 나눠주어야 하고 회사의 지배권, 운영권에 간섭을 받는다. 그래서 상장하느냐 아니냐는 대주주가 신중히 결정할 사항이다. 이 당시 많은 기업은 상장에 관심이 없고, 자기 회사의 경영권을 유지하고자 했다.

주식시장을 활성화해야 하는데 기업은 상장하려 하지 않는다. 그래서 특단의 조치가 만들어진다. 1973년부터 시행된 기업공개촉진법은 대기업들에 주식을 공개하고 상장할 것을 정부가 지시할 수 있도록 했다. 외국으로부터 10억 원 이상 자본을 도입한 기업, 10억 원 이상 은행 대출이 있는 기업, 기업 공개가 국민 경제발전을 위해 필요하다고 인정된 기업은 상장 명령 대상 후보 회사가 되었다. 이렇게 상장 명령을 하면서까지 공개하라고 했는데도 기업은 상장하지 않으려 했다. 그래서 1974년 5월 29일, 대통령 담화가 나온다. 당시 박정희 대통령이 기업 공개에 대한 특별 지시문을 담화문 형식으로 발표했고, 1975년에는 기업공개 대상 명단을 발표하기까지 했다. 이 때는 군사독재 시절이다. 대통령까지 나서서 담화를 발표하는데 계속 따르지 않았다가는 어떤 일을 당할지 모른다. 한국의 대기업은 이 때 대규모로 상장을 하게 되었다. 삼성, 한화, 쌍용, 현대건설, 선경 (SK), 금성(LG 및 LS), 농심 등 현재 대표적인 재벌 대기업이 이때 기업 공개를 한다. 이렇게 공개기업이 늘어나면서 1978년에는 상장기업의 수가 356개로 늘었다. 아직 많은 수라고 하기는 힘들지만, 1970년 초에 42개였다는 것을 고려하면 8년 만에 9배나 늘어난 것이다. 엄청난 증가세라 할 수 있다.

이 당시 대기업은 지금 재벌 그룹의 모태로, 이때 대부분 기업 공개를 했다. 그렇지만 기업 공개를 하고 싶어서 한 것이 아니라, 독재 정권의 명령에 따라 어쩔 수 없이 한 것이다. 상장 기업이 되면 대주주 위주의 경영, 가족 경영은 하지 않는 것이 원칙이다. 하지만 대기업은 대주주 위주의 경영을 포기하려 하지 않았다. 기업공개를 하라고 해서 상장은 하지만, 회사는 어디까지나 창업자 개인의 것이었다. 상장기업이 되었음에도 불구하고 재벌 기업은 그냥 전처럼 가족 경영 위주 체제로 나아갔다. 소수 주주를 위한 배당은 없었고, 소수 주주를 위한 경영은 생각하지도 않았다.

정부나 사회에서도 경영 체계를 바꾸라고 요구하지 않았다. 경영권을 나눠 갖지 않으려고 기업 상장을 하지 않겠다는 기업을 강제로 기업공개 시켰다는 것을 정부에서도 알고 있기 때문이다. 그렇게 재벌기업은 상장기업이 되었음에도 계속해서 비상장기업인 것처럼 경영했고, 정부와 사회도 재벌 기업이 비상장기업이나 가족 기업처럼 운영되는 것을 용인했다. 결국 이런 편법은 지금까지 이어져 오고 있다. 재벌 그룹에서 2세, 3세가 경영권을 물려받는 것, 가족과 친척들이 쉽게 경영진 자리를 가지는 것, 그룹 내에서 서로 자기들끼리 도와주는 것 등등 한국 재벌그룹의 문제점들은 사실 상장기업이 아니라 비상장기업이라면 특별히 문제 될 것은 아니다. 그런데 한국은 상장기업이면서도 이런 행태가 이루어지는 왜곡이 존재한다. 그런 문제들의 시작이 1972년 기업공개촉진법이었다.

19

루이스 전환점을 넘어선 경제 발전

우리나라 공업은 이제 바야흐로 중화학 공업 시대에 들어갔습니다. 따라서 정부는 이제부터 중화학 공업 육성의 시책에 중점을 두는 중화학 공업 정책을 선언하는 바입니다.

80년대 초에 추이가 100억 달러의 수출 목표를 달성하려면, 전체 수출 상품 중에서 중화학 제품이 50%를 훨씬 더 넘게 차지하는 것입니다. 그러기 위해서, 정부는 지금부터 철강, 조선, 기계, 석유화학 등 중화학 공업 육성에 박차를 가해서 이 분야의 제품 수출을 목적으로 강화하려고 추진하고 있습니다.

참고로, 80년대 초에 가서 우리 정부가 구상하고 있는 중요한 중공업 부문의 생산 시설 능력을 몇 가지만 예를 들어서 말씀드린다면, 제철 능력은 지금의 100만 톤에서 80년대 초에 가서는 약 1,000만 톤까지 끌어올리고, 조선 능력은 현재 약 25만 톤 되는데, 이것을

약 500만 톤까지 끌어올리며, 정유 시설은 일산 39만 바렐에서 약
94만 바렐까지 끌어 올릴 계획입니다.

「박정희 대통령 1973년 연두 기자회견」, 행정안전부 국가기록원, 1973년.

2010년대 후반 중국 경제에서 가장 중점적으로 화두가 되었던 것 중
하나가 루이스 전환점이다. 루이스 전환점이란 1979년 노벨 경제학
상을 수상한 아서 루이스가 제시한 개념이다. 이는 개도국이 경제발
전 초기에는 급속히 성장하다가 일정 수준에 도달하면 둔화되는 걸
의미한다. 1950년~60년대에는 많은 개도국이 높은 성장률을 보이
며 크게 성장했다. 이대로 계속 성장하면 선진국을 따라잡을 듯했다.
그런데 시간이 지날수록 선진국은커녕 오히려 후퇴했다.

　개도국은 농촌 사회의 비중이 크고 많은 젊은이가 농업에 종사
한다. 사실 많은 노동력이 필요해서 젊은이들이 농사를 짓는 게 아니
다. 1,000평의 농지에서는 한두 명만 농사를 지어도 충분히 수확이
가능하다. 그런데 이 농지에 10명이나 되는 사람이 몰려들어 농사를
짓는다. 8명은 농사 외에 다른 일자리가 없고, 집에서 놀고 있을 수는
없기에 같이 농사를 짓는 것이다. 하지만 한두 명이 해도 충분할 일을
10명이 하면 1인당 생산량과 소득은 낮아질 수밖에 없다. 또 겉으로
는 모두 일을 하고 있어 실업률이 낮지만, 경제에 별 도움은 되지 않
는다. 이때 8명을 유휴 노동력이라 한다.

이때 도시에 다른 일자리가 생긴다고 하자. 한두 명이 도시로 이동해서 다른 일을 한다. 그들이 농촌에서 빠져나가도 농촌 생산량은 아무런 영향을 받지 않는다. 농촌 생산량은 그대로인데 농촌 인구가 다른 일자리를 얻으면 그만큼 경제 전체의 생산량은 증가한다. 또 농촌의 유휴 노동력은 낮은 임금을 주더라도 일을 한다. 농촌에서 버는 돈보다 많기만 하면 된다. 이때 도시 노동자는 낮은 임금만 주어도 된다. 낮은 임금으로도 농촌에서 유입되는 풍부한 노동력을 이용할 수 있기 때문이다. 그러니 공장을 짓기만 하면 돈을 벌 수 있다. 국가 GDP가 급속히 증가하는 이유이다.

그런데 이 유휴 노동력 8명이 모두 도시로 나가 노동자가 되면 이야기가 달라진다. 더는 농촌 노동자가 공장으로 이동할 수 없다. 그러면 사회 전체가 먹고 살 음식이 부족해진다. 새로 공장을 지어도 이제는 노동자를 구하기가 어렵다. 노동력이 필요하면 다른 공장에서 사람을 빼와야 한다. 당연히 사람을 구하려면 더 높은 임금을 주어야 한다. 또 다른 부문에서 사람을 스카우트해 생산량을 증가시키면, 그 사람이 빠져나온 부분에서는 생산량이 감소한다. 이전처럼 일하기만 하면 GDP가 증가하는 것이 아니라, 한 부분에서 GDP가 증가하면 다른 부분에서는 GDP가 감소한다. 더는 GDP의 급속한 성장은 어렵다.

이렇게 농촌 유휴 노동자가 모두 도시로 나가 더 이상 유휴 노동자가 없는 상태, 이것이 루이스 전환점이다. 많은 개도국이 농촌의 유휴 인력을 흡수할 동안은 고성장을 했다. 하지만 더 이상 유휴 노동자가 없게 되는 루이스 전환점을 지나면 일정 수준 이상 성장하지 못했다. 중진국의 함정이다.

중국은 2010년대 초반에 루이스 전환점을 통과했다고 본다. 지금까지는 농촌의 인력을 이용해 저임금 중심의 경제발전이 가능했다. 이제 앞으로는 어떻게 해야 할까? 지금까지의 경제 성장 모델로는 안 된다. 앞으로 어떻게 경제를 운용해나가야 하는가가 중국에서 크게 논의되었다.

한국은 언제 루이스 전환점을 지났을까? 한국은 1976년에 루이스 전환점을 지난 것으로 보고 있다. 당시 루이스 전환점은 한국에는 아직 알려진 개념이 아니었다. 그래서 오늘날 중국처럼 루이스 전환점을 맞이하여 어떻게 해야 하는가에 대한 논의가 없었다. 하지만 한국은 루이스 전환점의 함정을 이겨낼 수 있었다. 한국이 루이스 전환점을 지나 계속 선진국으로 발전해나갈 수 있었던 것은 1970년대 중화학 공업 정책 때문이었다.

한국이 중화학 공업 정책을 본격적으로 추진한 것은 1973년부터였다. 1973년 1월 12일, 박정희 대통령은 중화학 공업화 정책 선언을 했다. 사실 중화학 공업을 일으켜야 한다는 말은 1950년대부터 있었다. 하지만 공장을 짓기 위해서는 엄청난 돈이 필요했다. 원한다고 할 수 있는 일이 아니었다. 그러나 1973년 이후, 국가의 모든 돈을 동원하고 외국으로부터 막대한 돈을 빌려와서 중화학 공업 공장들을 짓기 시작한다.

중화학 공업화를 추진한 것은 곧 닥칠 루이스 전환점을 고려해서 경제 체제를 바꾸려 한 것은 아니었다. 1970년대 초에는 1980년에 수출 100억 달러를 달성하는 것이 목적이었다. 당시 주요 수출품은 섬유였다. 그런데 아무리 계산해도 섬유만 수출해서는 100억 달러를 달성하기가 어려워 보였다. 싼 제품을 아무리 많이 팔아도 매출 증가에는 한계가 있는 것이다. 단가가 높은 제품을 팔아야 매출액이 높아진다. 비싼 제품을 만들어 팔아서 국가 총매출액을 높이자는 것이 중화학 공업화를 추진한 주요 원인이다.

당시 중화학 공업화 정책이 옳은가 그른가에 대해서는 말이 많다. 중화학 공업화 정책이 잘못되었다고 보는 사람은 그 당시 한국 실정에서 중화학 공업화는 너무 무리였고, 부작용이 컸다고 이야기한다. 사실 지금 시점으로 보아도 당시 중화학 공업화는 지나친 정책으로 보인다. 돈이 없는 상태에서 너무 많은 돈을 빌려서 급속히 규모를 키웠다. 1억 원밖에 없던 사람이 9억 원을 빌려서 10억 원짜리 사업을 하면 언제 망할지 모르는 것이다. 잠깐 삐끗하면 망하고 만다. 국가 경제 운영을 그런 식으로 위험하게 하면 안 되는 것이다.

중화학 공업화를 찬성하는 사람은 결과적으로 그 선택을 통해 한국이 중화학 공업 수출국으로 전환하는 데 성공했다는 점을 높이 평가한다. 한국은 자동차, 선박, 반도체, 정유 제품에서 세계적 경쟁력을 보유하고 있고, 이것들이 현재의 주요 수출품이다. 다른 개도국은 이런 제품에 대해 경쟁력을 가지지 못한다. 중화학 공업화 추진은 현재 한국을 만든 주요 공신이다.

하지만 당시 중화학 공업은 다른 이유로도 필요한 것이었다. 앞에서 이야기한 루이스 전환점 때문이다. 당시 중화학 공업을 반대한 사람은 한국은 낮은 임금 중심의 경공업에 경쟁력이 있으니 경공업 중심 체제가 옳다고 보았다. 경공업 중심으로 계속 발전할 수 있었다면 이 반론도 일리가 있었을 것이다. 하지만 그때는 알아차리지 못했어도 루이스 전환점이 가까워지고 있었다. 낮은 임금 중심의 경공업 중심 체제는 아직 잘 나가고 있었지만, 머지않아 한계에 부딪히는 상황이었다. 뭔가 다른 방향이 필요했다. 이때 한국은 중화학 공업화를 선언했다. 이 중화학 공업화로 한국은 자기도 모르는 사이에 루이스 전환점을 넘을 수 있었다. 낮은 임금의 경공업 중심 체제를 계속 고수했다면, 무난히 발전을 계속해나간 것이 아니라 루이스 전환점에서 결국 중진국의 함정에 빠질 수밖에 없었을 것이다. 중화학 공업화는 한국이 루이스 전환점을 넘어 현재의 경제를 만들 수 있게 한 신의 한 수였다.

20

중동 인부의 땀방울로 이룬 경제 발전

이유가 어디에 있는가? … 조국의 번영과 발전을 앞당긴다는 큰
뜻 … 아니겠는가. … 77년도 한국의 경제성장의 수십 %를 해외건
설수입이 담당(했다) … 이처럼 우리의 작은 힘이 … 선진국을 향
한 … 힘찬 밑거름이 되고 있음에 더 없는 위안과 자부를 느낀다.
… 산업 전사로서 … 민간외교관으로서 … 우리는 먼 훗날의 영광
을 위해 … 비지땀을 기분 좋게 흘리고 있는 것이다.

이승영, 「땀을 흘리는 의미」, 『해외건설 취업자의 수기』, 1979년.

한국 경제는 1961년부터 최근까지 꾸준히 성장했다. 수출 주도 경제,
중화학 공업화가 계속 진행되면서 현재 한국의 수출 규모는 2019년
기준 5,422억 달러에 이르고, 수출품 중 중화학공업 비중은 약 80%

144

나 된다. 최소한 1960년대의 신흥 개도국 중에 이렇게까지 발전한 국가는 한국과 대만 정도밖에 없다.

그렇다면 한국경제는 큰 기복이나 변동 없이 지속해서 성장해온 것일까? 그렇지는 않다. 경제성장률 추세를 보면 1980년 대흉년, 1997년 IMF 외환 위기, 2008년 세계금융위기 등 특별한 경우 외에는 문제없이 성장해온 것 같지만, 내부적으로는 그렇지 않았다. 계속되는 위기가 있었고, 예상하지 못한 행운 때문에 그 위기가 극복되었다.

열심히 일해서 월급이 계속 오른다고 가정해보자. 월급이 오르니까 아무 문제 없이 생활 수준도 올라갈까? 그런 경우는 드물다. 주변에 뭔가 일이 생겨서 큰돈이 들어가는 일이 생기기 마련이다. 월급은 오르지만, 목돈 들어갈 일이 있어 고생하기도 한다. 이럴 때 예상하지 못한 큰돈이 들어오면 가계에 정말로 큰 도움이 된다. 나중에 돌이켜보면, 월급을 계속 받아왔던 것도 중요하지만 이렇게 가끔 큰돈이 들어온 것이 가계의 성장에 큰 역할을 했다는 것을 알게 된다.

산업화의 길을 계속 걸어온 한국에도 예상 못 한 목돈이 몇 번 들어왔다. 마치 로또가 당첨된 것처럼 일순간에 경제적 어려움이 해소되는 행운이 몇 번 있었던 것인데, 그중 가장 대표적인 것이 1960년대의 월남전 특수이다. 지금부터 이야기할 1970년대 중동 건설도 그런 행운 중 하나였다.

1973년에 석유파동이 발생했다. 세계 유가는 1배럴당 3달러에서 12달러로 상승했다. 휘발유 가격 변화가 중요하지 않은 건 아니지만, 세계 에너지 시장에서 더 중요한 것은 석유의 소유 구조 변화였다. 이전에 유전을 소유한 곳은 기본적으로 세계 유수의 에너지 기업이었다. 엑슨이나 쉘 등 서방 선진국의 에너지 기업이 유전을 소유하고 있었고, 이들이 이익금 중 일부를 산유국에 주는 방식이었다. 에너지 기업이 주이고, 산유국이 보조였다. 하지만 석유파동을 계기로 그 위치가 바뀐다. 이전에는 에너지 기업이 더 많은 이익을 가져갔지만, 석유파동 이후에는 산유국이 이익의 대부분을 가져가고, 그 일부를 에너지 기업이 가져가는 형태로 바뀌었다. 석유파동 이전에는 석유가 나온다고 해도 그 나라가 큰 부자는 아니었다. 하지만 석유파동 이후에 산유국들은 모두 현금 부자가 된다.

그동안은 돈이 부족했는데 이제 돈이 남게 되었다. 이 돈으로 무엇을 하면 좋을까? 원래 돈이 많았던 사람은 돈이 더 들어온다고 해서 갑작스러운 지출을 하지 않는다. 하지만 돈이 없었던 사람은 갑자기 많은 돈이 생기면 그 돈을 금세 다 써버린다. 석유파동 이후 산유국인 중동 국가에서 벌어진 일이 바로 이것이었다. 석유 시설을 지배하면서 엄청난 돈이 들어왔고, 그 돈을 아낌없이 사용했다. 흔히 로또에 당첨되면 집이나 자동차 등 남에게 보여줄 수 있는 데 돈을 쓴다. 중동 산유국도 마찬가지였다. 보여줄 수 있는 것, 즉 건설 사업에 돈을 쓰기 시작했다. 중동 국가는 도시, 고속도로, 항만 등 각종 건설 사업을 시작했다. 그런데 자국에서는 이러한 건설을 할 능력이 없었다.

그래서 다른 나라 기업에 돈을 주고 발주를 했다. 이로써 전 세계에 중동 건설 시장이 열렸다. 소위 중동 특수의 시작이다.

중동 특수가 전 세계에 열렸다고 하지만, 모든 국가가 적극적으로 참여한 것은 아니었다. 중동 건설 사업에 적극적으로 참여할 수 있는 국가는 몇 되지 않았다. 한국보다 건설 기술이 훨씬 더 좋은 선진 외국 건설 기업도 많았다. 하지만 선진 건설 기업이 중동 특수에 적극적으로 참여하는 것은 한계가 있었다. 중동 지역에서 건설하려면 건설 기술자와 인부를 동원할 수 있어야 한다. 중동 사람은 이런 경험이 없었고, 이런 힘든 일을 하지 않고도 적당히 지낼 수 있었다. 그 때문에 건설 참여 기업이 직접 인부를 데리고 가야 했다. 그런데 기술력 높은 유럽이나 미국 기업은 기술, 기계는 몰라도 인부까지 자국에서 동원하기는 힘들었다. 서양에서는 중동에 가서 건설 인부로 일하는 고생을 하려 드는 사람이 드물었다. 제3국에서 인부를 모집해 중동에 가야 해서 많은 건설에 참여하기엔 한계가 있었다. 반면 개도국은 인부는 동원할 수 있어도, 해외에서 건설 사업을 진행할 기술은 없었다. 한국은 건설 기술이 있으면서, 돈을 벌기 위해 중동에 가려고 하는 사람이 많았던 몇 안 되는 국가 중 하나였다.

지금도 중동과 아프리카에서는 건설 사업이 계속 진행된다. 그런데 이제는 한국 근로자들이 거기까지 가서 돈을 벌려고 하지 않는다. 지금은 중국이 그 역할을 하고 있다. 한국은 해외 건설에 참여하기는 하지만 어디까지나 프로젝트 매니저 역할을 하는 것이고, 직접 한국인이 공사 인부로 일하는 경우는 드물다.

한국이 당시 중동 건설에 참여할 수 있었던 것은 한국의 경제 실정이 해외 건설에 직접 참여할 수 있는 근로자를 동원할 수 있는 수준이었기 때문이다. 한국의 건설 기업은 중동 특수에 적극적으로 참여한다. 이 중동 특수는 예상할 수 있었던 것이 아니었다. 우연이 만들어 낸 것이었고, 운이었다. 어쨌든 적은 소득과 계속되는 적자로 쪼들리던 한국 경제에 중동 특수는 컸다. 그동안 아버지만 돈을 벌어오던 집안 살림에, 큰형이 돈을 벌어와 보태기 시작한 것과 같은 효과였다.

1973년 삼환기업이 사우디아라비아 고속도로 공사를 따낸 것이 중동 건설 진출의 시초였다. 1974년 중동 국가의 오일 머니 지출이 본격화되면서 중동 건설도 본격화된다. 1974년 수주액은 8,900만 달러였다. 1975년 건설 수주액은 7억 5천만 달러였고, 이후 해마다 70% 이상씩 성장한다. 1980년에는 82억 달러에 달했다. 1976년부터 1981년까지 한국 수출액의 반 정도를 중동 건설이 차지했다. 1970년대 세계적인 경제 불황을 한국이 무사히 넘기면서 계속 성장할 수 있었던 것은 중동 건설로 인한 외화 유입이었다.

물론 기업이 중동 건설에 참여했다는 것만으로 한국에 돈이 많아지는 것은 아니다. 해외에서 아무리 큰돈을 벌어도 그 돈을 외국에서 그냥 써버리면 한국의 돈은 늘어나지 않는다. 당시 정부는 한국이 외국에서 번 돈을 한국에 들어오기 쉽게 만들기 위해서 많은 조치를 했다. 중동 건설 현장의 기술자와 인부들은 자기가 받은 돈의 80%를 의무적으로 한국으로 송금해야 했다. 중동 인부들은 자기가 번 돈을 중동에서 흥청망청 쓸 수가 없었다. 지금도 '중동 인부의 희생으로 발전했다'라는 말이 나오는 이유이기도 하다. 또 정부는 중동 진출 기업에 대해 정부가 직접 나서 지급 보증을 했고, 기술자에게는 군 복무 면제 등의 혜택을 주기도 했다. 그만큼 국가가 전방위적으로 중동 건설을 지원했고, 국민들도 호응했다.

한국 기업이 세계적으로 이름을 알린 데도 중동 건설 효과가 컸다. 이전에는 한국 기업이 수출한다고 해도 한국 브랜드가 있었던 것은 아니다. 한국 기업명이 앞에 나서지도 않았다. 브랜드 없이 단순히 저렴한 제품이었을 뿐이다. 그런데 중동 건설에서는 한국 기업 이름으로 수주를 받는다. 1978년『포춘』지가 선정한 세계 500대 기업 명단에 현대가 98위로 이름을 올리는데, 이것이『포춘』지에 한국 기업이 명단에 올라간 최초의 사례였다. 역시 중동 건설로 인한 효과였다. 중동 건설이 없었다면, 현재 한국 경제는 분명히 다른 모습을 하고 있었을 것이다.

21

1973년 현대 vs. 포드 협상 결렬

현대 자동차 세계로 뻗어가다

현대자동차를 걱정해주고 배려해주셔서 감사하지만 저는 대사님의 제안을 받아들일 수 없습니다.

몇 년 전 우리 현대건설은 경부고속도로를 건설했었습니다. 한 나라의 국토를 인체에 비유한다면 도로는 혈관이고 자동차는 혈관을 흐르는 피라고 생각합니다. 우리 손으로 혈관을 만들었으니 이제 우리 손으로 건강한 피를 공급해야 우리나라가 더 빨리 성장할 수 있을 것입니다. 그렇기 때문에 우리 현대자동차는 어떤 어려움이 있더라도 독자 기술을 통한 자동차 산업을 포기하지 않을 것입니다.

물론 제 판단이 틀릴 수도 있습니다. 하지만 제가 건설을 통해 번 돈을 모두 쏟아붓고 현대자동차가 실패한다고 하더라도 저는 후회하지 않을 것입니다. 단지 이것이 밑거름되어 우리 후대에는 대한

민국에 자동차 산업이 자리 잡을 수 있다면 그것을 보람으로 삼을
것입니다.

정주영, 『시련은 있어도 실패는 없다』, 제삼기획, 2001년.

한국 경제를 이끌고 가는 주요 수출품은 반도체와 자동차, 일반 기계,
석유화학 등이다(1984년에서 2019년 7월까지 누적 데이터에서 1위는 압도적으
로 반도체, 2위는 자동차였다). 한국에서 매출 1위 기업은 삼성전자이고
2위는 현대자동차이다. 자동차는 한국에서 가장 크고 중요한 산업 중
하나이다. 자동차 산업은 수많은 부품 및 연관 업체를 통해 제조업,
기계 공업의 발달을 이끌며, 고용 측면에서도 제조업 중 자동차 관련
업종 종사자 수가 9%를 차지하고 있다.

　한국의 주요 자동차 회사로는 현대-기아, 한국 GM, 르노 삼성
등이 있다. 그러나 자동차 회사라 해서 모두 같은 자동차 회사는 아니
다. 한국 GM과 르노 삼성은 미국 GM과 프랑스 르노 회사의 자회사
이다. 자회사는 어떤 차를 얼마나 생산할지, 그리고 얼마에 판매할지
스스로 결정하지 못한다. 각각 GM과 르노 본사에서 물량을 따와야
하고, GM과 르노 본사에서 인정하는 지역에만 수출이 가능하다.

　GM의 자회사 자동차 공장은 전 세계에 퍼져 있다. 이들은 모두
GM으로부터 물량을 받아 생산한다. 자회사 공장들은 내부적으로
경쟁을 해서 본사 GM으로부터 물량을 배정받는다. 그러지 못하면

아무리 GM 자회사라 해도 문을 닫는다. 2020년 현재 한국 GM과 르노 삼성이 어려운 가장 큰 이유가 여기에 있다. 한국 GM과 르노 삼성의 공장 경쟁력이 다른 나라 GM이나 르노 공장보다 낮아 물량을 배정받지 못하고 있는 것인데, 아무리 자동차 제조 능력이 뛰어나고 기술력이 높아도 소용없다. 본사로부터 낙점을 받지 못하면 회사를 유지할 수 없다.

스스로 자동차 생산과 판매에 대한 결정권을 가지려면 글로벌 자동차 회사의 본사가 되어야 한다. 그런데 국제 시장에서 글로벌 자동차 회사가 되는 것은 굉장히 어렵다. 세계의 주요 자동차 회사는 토요타, GM, 르노 닛산, 폭스바겐, 포드, 혼다 등밖에 없다. 벤츠, BMW, 포르쉐, 페라리 등도 있지만 이런 브랜드는 대중적인 차가 아니라 고급차를 지향한다. 대량 생산으로 일반 소비용 자동차를 만드는 브랜드는 세계에서 몇 개 되지 않는다.

그런데 이런 글로벌 자동차 브랜드 중 하나가 바로 현대자동차이다. 2017년 기준 판매 대수 순위로 폭스바겐, 르노 닛산, 토요타, GM에 이은 5위이다. 현대자동차 아래로 포드, 혼다, 크라이슬러, 푸조가 있다. 이 9개가 각각 연간 400만 대 이상을 생산하는 세계 주요 자동차 회사들이다. 전 세계에 자동차 공장이 많이 있지만, 그 공장은 대부분 이 9개 회사의 자회사 또는 합작회사들이다.

현대자동차가 세계 글로벌 자동차 업체로 세계 5위의 생산량을 가지는 것은 엄청난 일이다. 한국 현대자동차 이외에는 미국, 일본,

독일, 프랑스 등 주요 공업 선진국 회사들만 글로벌 자동차 업체로 살아남았다. 단순히 자동차를 만드는 것과 독자적인 브랜드를 가지고 자동차를 만드는 것은 완전히 다른 차원의 일이다. 현대자동차와 한국의 자동차 산업은 현재 그 위치에 있는 것이다. 다른 개도국도 자동차에서 독자적 브랜드를 만들고 싶어했다. 하지만 모두 실패했다. 개도국 자동차 회사가 글로벌 자동차 회사로 자라난 것은 현대가 유일하다.

당연한 얘기지만 현대가 처음부터 글로벌 자동차 회사였던 것은 아니다. 현대자동차는 1967년에 설립되었다. 자동차는 만들기도 어렵고 타는 사람의 안전과 밀접한 관련이 있어서 경제 발전 초기에 아무나 아무렇게 자동차를 만들지 못하도록 했다. 국내 자동차 회사는 반드시 다른 선진국 자동차 회사와 합작이나 제휴 등을 맺어야만 했다. 그 당시 주요 자동차 회사인 신진자동차(후의 대우자동차)는 GM과 합작 관계였고, 기아는 일본의 마쓰다와 합작을 맺었다. 현대는 포드사와 기술 협약을 한 관계였다.

현대는 1968년부터 포드 코티나를 생산하기 시작했다. 포드사로부터 부품 등을 받아 조립해서 판매하는 형태였다. 엔진은 만들지도 못했고, 디자인을 할 수도 없었다. 한국에서 생산한 자동차를 외국에 판매할 수 있는 것도 아니었다. 완전한 자회사로서, 그저 본사의 생산 조립 공장일 뿐이었다. 다른 개도국 자동차 회사, 한국의 다른 자동차 회사와 다른 점이 없었다.

그런데 1972년, 포드와 갈등이 일어나기 시작한다. 당시는 수출 주도 드라이브가 강력히 진행될 때였다. 현대는 수출하고 싶어했다. 하지만 포드는 수출을 반대했다. 해외 판매량은 다른 나라 포드 공장에서 생산되는 것으로 충당하려 했기 때문에, 현대자동차가 포드 자동차를 다른 나라에 수출하는 것은 받아들일 수 없었다. 현대는 직접 엔진 등도 만들고 싶어 했다. 하지만 포드 입장에서 자동차 엔진은 자동차 기술의 핵심이다. 개도국에서 핵심 부품을 만들게 할 수는 없다. 기술 유출의 문제도 있고 품질이 유지될 것인가 하는 문제도 있다. 포드는 전 세계에 걸쳐 자회사 공장이 있으니 아쉬운 것이 없고, 특별히 현대의 요구 사항을 들어주어야 할 이유도 없었다. 계속 갈등이 발생하자 포드는 현대와의 기술 협력을 끝내기로 한다.

기술 협력 관계의 종료는 포드로서는 별것 아닐 수 있지만, 현대 입장에서는 회사 존립과 관련되는 것이었다. 여태껏 포드 자동차를 만들어 왔는데 포드가 떠나면 현대는 만들 수 있는 자동차가 없어진다. 현대가 할 수 있는 방법은 세 가지였다. 포드에게 항복하고 매달리는 방법, 다른 기술 협력 회사를 찾는 방법, 아니면 스스로 독자적인 모델을 개발하는 방법. 그런데 독자적인 모델 개발은 적절한 대안이 될 수 없었다. 일단 엔진 등 만들 수 없는 부품은 외국에서 따로 사온다고 하더라도, 독자적인 모델을 만들면 마케팅과 판매도 스스로 책임져야 했다. 게다가 독자적인 모델로 자동차 공장이 돌아갈 수 있으려면 최소 5만 대 이상이 팔려야 했다. 그런데 1970년대 중반에 한국의 자동차 판매량은 총 1만 대밖에 되지 않았다. 5만 대를 생산해야 최소 견적이 나오는데 1만 대밖에 팔 수 없다면 어떻게 할 수가 없다. 그런데 정주영과 현대자동차는 이 대안을 선택한다. 당시 상황으로는 무모한 결정이라고밖에 말할 수 없다. 하지만 이 결정이 지금의 현대자동차 그리고 현재의 한국 경제를 만들었다.

현대자동차는 이탈리아에 디자인 설계 의뢰를 하고, 미쓰비시로부터 엔진, 기어, 하체 등 주요 기술 도움을 받았다. 이런 과정을 거쳐 한국 최초의 고유 모델인 포니를 세상에 선보였다. 물론 포니를 온전히 한국 기술만으로 만들어진 국산차라고 할 수는 없다. 하지만 현대가 저작권을 가지고, 생산과 판매 등 모든 것을 책임지고 만든 최초의 국산차다. 포니는 현대가 마음대로 생산하고 마음대로 외국에 팔 수 있는 차였다.

현대가 고유 모델을 개발하면서 가장 중요하게 여긴 과제는 수출이었다. 원래 4만 대 이상은 수출해야 했는데, 다행히 한국에서 자동차 수요가 많이 늘어나고 포니가 대히트를 치면서 당장은 수출을 하지 않아도 먹고 살 수 있었다. 하지만 고유 모델을 개발한 이상, 국내 수요만으로는 절대 회사가 유지될 수 없다. 수출해야만 한다. 단순히 수출 주도로 경제를 발전시키는 정도가 아니라, 수출해야만 살아갈 수 있는 체제가 된다.

이는 지금도 마찬가지이다. 2020년 현재 기준으로 자동차 회사가 글로벌 대중차 메이커로 살아남기 위해서는 400만 대 이상을 생산해야 한다고 얘기한다. 그래야 규모의 경제로 비용 절감을 해서 국제적으로 경쟁력 있는 가격에 판매할 수 있다는 것이다. 비용과 관계없이 높은 가격을 받을 수 있는 고급차라면 그 정도 규모가 필요 없지만, 대중적인 가격에 맞추어야 하는 자동차라면 400만 대 이상의 공급 능력이 필수이다. 현대도 400만 대 이상의 공급 능력을 갖추고 있다. 그런데 국내 자동차 판매량은 1년에 100만 대 수준이다. 한국의 모든 사람이 현대차만 사더라도 현대차는 살아남을 수 없다. 300만 대 이상을 수출해야 한다. 해외 시장을 바라봐야만 하고 계속 해외 진출을 해야만 하는 절대적인 이유이다. 현대에게는 국내 시장보다 해외 시장이 더 중요하다.

국내 시장이 작아 해외 시장에 의존해야 하는 문제는 있지만, 어쨌든 그 덕분에 현대는 세계 글로벌 자동차 회사로 자라났다. 자동차 산업은 지금 한국이 세계에 자랑해도 될 만한 주요 산업 중 하나가 되었고, 한국의 수출 등 경제적 비중에서도 큰 비중을 차지하고 있다. 1973년 포드와의 결렬, 그리고 그에 대한 현대자동차의 공세적 대응에서 한국 자동차 산업의 운명이 결정되었다.

22

1975년 압구정 현대아파트 건설

강남 문화의 시작

1973년 석유파동 이후부터 아파트가 단독주택에 대한 주거의 우위성보다 투기대상물로서 전환되는 추세 속에서 현대건설은 주택사업부를 신설, 현대맨션 2차분 착공과 동시 강남구 압구정동에 거대한 단지 형성의 기틀을 마련했다.

민간 건설업체가 단독으로 이룩한 최대 규모의 현대아파트는 올 1/4 분기를 분기점으로 각광을 받기 시작했다. 압구정동 369번지 벌판에 아파트가 들어서기 시작한 후 지난해까지는 교통 불편, 원거리의 국민학교에다 불황이 겹쳐 30평형 이상의 2단지는 현대그룹 사원 등에 대한 할인 판매 등을 감수해야만 했다. 그러나 완공된 1천3백92가구가 하나의 중앙공급체제 속에서 나타난 저렴한 관리비, 인접지역의 구정 국교 개교 등의 환경 변화와 전반적인 아파트 공급 부족 현상은 과거의 양상을 달리하면서 제2의 여의도를 꿈꾸게 하고 있다.

『매일경제신문』, 1977년 4월 9일.

한국에서 가장 큰 영향력을 지니고 있는 곳 중 하나는 서울, 그중에서 도 강남이다. 일단 전국에서 부동산 가격이 가장 비싸다. 강남 집값이 오르느냐 그대로 있느냐에 따라 전국의 집값도 달라지고, 그래서 강 남 집값은 정부 부동산 정책의 핵심을 이룬다.

전국의 사교육을 좌지우지하는 곳도 강남이다. 명성 있는 대학 입시 학원이 몰려 있어 방학이나 주말에는 전국에서 좋은 대학에 가 고자 하는 중고생들이 몰려든다. 무엇보다 강남은 부유층이 사는 지 역이라는 이미지가 강하게 형성되어 있어 강남에 산다는 것 자체가 최소한 중산층 이상이라는 것을 말해주는 하나의 신분 지표가 된다.

실제로 서울 강남은 전국에서 가장 평균 소득이 높고, 또 지출 도 큰 지역이다. 문화 시설도 가장 많이 몰려 있고, 지하철역도 촘촘 히 깔려 있다. 한국 경제에서 강남이 차지하는 위치는 절대 무시할 수 없다.

과거 강남은 숲과 논, 과수원이 펼쳐진 시골 동네였다. 그랬던 곳 이 서울 강남 개발 정책에 의해 지금의 '강남'으로 바뀐다. 강북의 과 밀을 피하고 새로운 도시를 만든다는 차원에서 시작한 강남 개발은 1960년대 후반부터 시작되었다. 한남동과 신사동을 잇는 제3한강교

(현재 한남대교)가 1969년에 개통되었고, 이어서 바둑판 형태의 시가지가 만들어진다. 강남에 사람들을 이주시키기 위해 경기고, 서울고, 휘문고 등 명문고를 강남으로 이전했다. 명문 학교가 이주하면서 그 학교에 진학하고자 하는 학부모와 학생들도 이주했고, 그렇게 해서 인구가 점차 늘어나기 시작했다.

그러나 필자가 보기에 현재 강남 문화가 만들어지는 데 가장 중요한 사건은 압구정 한강변을 따라 만들어진 현대아파트의 건설이었다. 옆에 한양아파트가 세워지고 압구정 거리가 생기면서 현대적 의미의 강남 문화가 비로소 시작된다.

현대아파트는 현대 정주영 회장의 작품이었다. 1960년, 정부는 한강의 홍수 대비, 수위조절을 위해서 춘천에 소양강댐을 짓기로 했다. 그래서 건축, 건설 관련자를 불러 소양강댐 건설 계획을 이야기했는데, 정주영 회장은 그 계획을 듣고 서울 압구정 주변의 땅을 사들이기 시작했다. 다른 건축업자는 소양강댐 건설에 어떻게 참여할 수 있을까 고민하는데, 정주영 회장은 소양강댐 건설 준비를 하면서 압구정의 땅을 사들인 것이다. 이때까지 압구정 지역은 여름마다 홍수가 나면 침수되곤 했다. 그래서 집이나 건물이 들어설 수 없던 지역이었다. 소양강댐을 지으면 압구정 지역은 침수되지 않을 것이고 따라서 주택을 지을 수 있다. 이때만 해도 아직 강남 개발 초기로, 사람들이 강남을 꺼려 이주를 잘 하려 하지 않았고 아파트가 팔릴지도 의문이었다. 현대는 당시 기준으로 최고급 아파트를 지었다. 그리고 주요 권력층, 사회 인사에게 이 아파트를 싸게 분양했다. 자연스레 부유층이 이 지역에 몰리게 되었는데, 그러면서 압구정과 청담동 지역에서는 소위 부유층을 위한 상권이 형성되기 시작했다.

부유층을 위한 상권은 다른 상권과 어떻게 다를까? 일반적으로 음식점을 연다고 하면 우선 생각하는 것이 '다른 음식점보다 싸게'이다. 가격보다 맛을 더 중요하게 생각한다고 해도 '적정한 가격으로 맛있는 음식을 제공' 정도일 것이다. 아무리 맛이 있어도 가격이 비싸면 사람들이 오지 않는다.

하지만 부유층 상권에서는 그렇지 않다. '가격과 상관없이 맛이 있으면' 사람들이 찾아온다. 가격은 높지만 그래도 다른 데서는 볼 수 없는 음식을 제공한다면 손님을 끌 수 있다. 정말 좋은 요리를 만들어서 팔고 싶은 요리사는 이런 부유층 상권에서만 가게를 유지할 수 있다. 그동안 한국에서는 이렇게 가격과 상관없이 품질만으로 대결할 수 있는 곳이 고급 호텔 외에는 없었다. 특히 지역 상권에서는 불가능했다. 그런데 현대아파트, 한양아파트의 부유층 단지 지역이 형성되면서 '가격은 높지만 품질이 좋은 상품'을 공급하는 상점들이 자리를 잡을 수 있게 된다.

가격은 비싸도 된다. 대신 무언가 차별화되는 것, 더 좋은 것을 공급해야 한다. 그래서 강남에는 다른 곳에서 볼 수 없는 레스토랑, 바, 옷 등을 파는 가게가 들어서고, 다른 지역 사람도 다른 곳에서는 보기 힘든 이런 가게를 찾게 되면서 소위 강남 문화가 만들어진다.

1977년 초, 지금의 현대아파트 5차 아파트 단지쯤에서 찍은 것으로 추정되는 서울 압구정동 현대아파트 모습. 사진 안쪽의 고층 아파트들이 1976년 가장 먼저 지어진 1~2차 아파트이며, 옆에 짓고 있는 5층짜리 아파트인 4차 아파트는 1977년 7월에 완공되었다. 일반 단독 주택들이 있던 곳은 1977년 9월부터 철거되었다.

이런 경향은 지금도 마찬가지이다. 지금 강남 대치동에는 대입 학원이 많다. 그럼 다른 지역에는 대입 학원이 없을까? 대입 학원은 전국 어디에나 있다. 하지만 강남 학원은 더 나은 서비스와 정보를 제공한다. 그 대신 더 높은 가격을 받는다. 다른 지역에서는 왜 그런 서비스와 정보 제공을 하지 못할까? 하려면 할 수 있다. 그러나 그런 서비스를 제공하려면 더 높은 가격을 불러야 한다. 하지만 다른 지역에서는 그런 가격을 지불하면서까지 좋은 서비스를 받으려고 하지 않는다. 물론 있기는 있다. 하지만 소수이다. 학원이 유지되기 위해서는 높은 가격을 지불하고자 하는 사람들이 몇백 명은 있어야 하는데 그 인원수가 나오지 않는다. 그런 수요층은 강남에만 있다. 강남에 고급 입시학원이 몰리는 이유이다.

사실 강남이라고 해도 다 같은 강남이 아니다. 그중에서도 문화를 선도하는 지역과 평범한 중산층이 사는 지역이 분명히 갈린다. 강남의 고급문화를 선도하는 곳은 현대, 한양아파트를 중심으로 하는 압구정 지역이었다. 강남 문화의 변화는 이 지역의 인구와 나이 분포와도 깊은 연관이 있다.

처음 현대아파트가 생겼을 때 노인층은 이곳으로 이사 오지 않았다. 한창 활발히 활동하던 중년층이 이곳에 입주했다. 그 자식들이 10대~20대가 되면서 소위 압구정 문화가 젊은 층의 문화를 지배했다. 이들이 나이가 들어서 더 젊은 문화를 향유하지 않게 되고, 그러면서 압구정 로데오 거리도 따라서 쇠퇴하였다. 한편으로는 이곳에 사는 중년 여자들이 명품 소비를 하면서 소위 압구정 명품 거리가 활성화되었다. 하지만 더 나이가 들면서 명품 소비가 줄고, 압구정 명품 거리도 쇠퇴한다. 그 대신 더 젊은 층이 있는 다른 강남 지역으로 주요 상권이 이동한다.

현대 강남 거리를 만든 것은 한남대교 건설과 영동 개발이 시작이었지만, 강남 문화를 만든 것은 현대아파트 건설에서 시작되었다. 정말 중요한 것은 현대아파트 건설이었다.

23

세금 부담으로 국민의 반발을 사다

[신규제정]

간접세체계를 근대화하고 제4차 경제개발 5개년계획을 효과적으로 지원하기 위하여 부가가치세제를 도입함으로써 동 조세의 장점인 세목과 세율의 단순화에 의한 세제 및 세정의 간소화와 간접세의 안전 환급에 의한 수출 및 투자의 촉진을 기하고 누적과세의 배제에 의한 물가의 루적적 상승요인을 제거하며 또한 기업의 수직적 통합이익을 배제함으로써 기업의 계열화를 촉진함과 동시에 세금계산서의 수수에 의한 탈세의 원천적 예방으로 근거과세를 구현하려는 것임.

과세대상은 재화 또는 용역의 공급과 재화의 수입으로 함. 납세의무자는 재화 또는 용역을 공급하는 사업자로 함. 과세기간은 6월로 하되, 2월마다 예정신고납부를 하도록 함. 세율은 13%의 단일

세율로 하되 경기조절의 목적으로 동 세율에 3%를 가감한 범위 안

에서 대통령령으로 조정할 수 있도록 함. 면세는 완전 면세와 일반

면세의 2종류를 두어, 수출 기타 외화획득 재화 및 용역의 공급에

대하여는 완전 면세인 령세율을 적용하도록 하고, 기초생활필수품

이나 용역 등에 대하여는 일반면세를 적용하도록 함.

부가가치세법, [시행 1977. 7. 1] [법률 제2934호, 1976. 12. 22, 제정]

한국에는 14종의 국가 세금이 있다. 가장 큰 비중을 차지하는 것은 소득세, 법인세, 부가 가치세, 교통 · 에너지 · 환경세 등이 있다. 소득세가 전체 세수의 31.3%, 법인세가 25.4%, 부가가치세가 24.9%, 그리고 교통 · 에너지 · 환경세가 5.1%를 차지하고 있다. 부가가치세는 거래할 때마다 붙는 세금이다. 최종소비자가 아니면 나중에 환급을 받을 수 있지만, 거래 때마다 부가가치세가 추가되어서 결제된다. 식당에서 10,000원짜리 음식을 사 먹으면 그중에서 1,000원이 부가가치세이다. 편의점에서 5,000원짜리 물건을 사면, 500원이 부가가치세이다. 판매자는 이 돈을 모아 나중에 국세청에 낸다.

현재는 소득세와 법인세가 가장 크지만, 2014년도까지 세수에서 가장 큰 비중을 차지하고 있었던 것은 부가가치세였다. 소득세, 법인세는 소득이 증가함에 따라 세수도 증가한다. 특히 이 세금은 누진세를 채택하고 있기 때문에 소득이 증가하면 세금은 더 큰 비중으

로 증가한다. 2015년에 소득세가 부가가치세를 앞질렀다. 그리고 2018년에 법인세가 부가가치세를 앞질렀다. 그런데 여기서 소득세가 증가했다고 해서 한국 사람의 소득이 실제로 크게 증가했다고 보아서는 곤란하다. 세금은 어디까지나 명목 소득에 대해 부과된다.

물가가 오르면 명목 소득도 오른다. 누진세제이기 때문에 명목 소득이 오르면 세금은 더 크게 증가한다. 지금 한국은 실제 소득이 올라서라기보다는 이런 명목소득, 누진 체계 때문에 세금이 오르는 측면이 크다.

2015년도에 소득세가 부가가치세를 앞질렀지만, 실제로 국민생활에서는 소득세보다 부가가치세가 더 영향을 미친다. 소득세 신고는 1년에 한 번 신고한다. 부가가치세는 1년에 두 번 신고한다. 월급을 받는 사람 입장에서는 소득세 신고도 부가가치세 신고도 하지 않겠지만, 사업을 하는 사람에게는 소득세 신고, 부가가치세 신고가 가장 중요하고 그만큼 번거로운 일이다. 그리고 일반 사업자가 더 부담스럽게 느끼는 것은 소득세보다 부가가치세이다. 소득세는 소득이 없으면 내지 않아도 되지만 부가가치세는 사업이 적자 상태라고 해도 내야 하는 돈이다. 실제 소득세가 세수에서 가장 큰 금액을 차지한다고 하지만, 소득세는 상위 10%가 대부분의 세금을 낸다. 과반수 이상의 사업자는 소득세를 내지 않는다. 하지만 이런 사업자도 부가가치세는 낸다. 아무래도 아직 한국에서 가장 일반적인 세금은 부가가치세이다.

부가가치세가 한국에 도입된 것은 1977년이다. 이때는 세계적으로 부가가치세가 일반적이지 않았다. 전 세계적으로 당시 세금의 주요 기반은 소득세였다. 소득에 따라 소득의 일정 비율을 세금으로 내는 게 원칙이었다. 그런데 소득세에는 문제점이 하나 있다. 소득이 증가하면 세금도 증가하는 반면, 소득이 감소하면 세금도 감소한다는 것이다. 1970년대는 세계적인 불황기였다. 소득이 오르지 않으니 세금도 오르지 않았다. 정부 측에서 보면 수입이 감소하는 것이다. 개인도 매년 들어오는 소득이 감소하면 타격이 크다. 정부도 마찬가지로 소득이 감소하면 타격을 받는다. 소득세는 경기 상황에 따라 정부 수입이 왔다 갔다 하는 문제가 있다.

이런 문제를 보완하는 제도가 간접세이다. 간접세는 물건을 사고팔 때마다 세금을 매긴다. 거래하는 사람이 돈을 벌거나 잃거나 상관하지 않고, 거래 자체에 세금을 매긴다. 때문에 소득이 오르거나 내리거나 상관없이 일정한 수익을 얻을 수 있다. 그런데 간접세는 다른 문제가 있다. 거래 자체에 세금을 매기다 보니 소득이 높은 사람이나 낮은 사람이나 동일하게 세금을 낸다. 거래 1건에 1,000원 하는 식으로 세금을 매기는 것이니, 부자나 가난한 사람이나 똑같은 금액의 세금을 낸다. 그래서 간접세는 부자에게는 유리하고 가난한 사람에게는 불리하다. 같은 금액을 낸다고 해도, 전체 소득을 고려하면 가난한 사람이 부담하는 비중이 더 높아진다.

그래서 조세 이론에서는 직접세를 간접세보다 더 좋은 세금으로 평가한다. 직접세는 소득에 따라 세금을 내는 것이지만, 간접세는 부자나 가난한 사람이나 동일한 금액을 내기 때문이다. 그런 이유 때문에 20세기는 소득세가 세계적으로 주요한 세금 체제로 도입되었다.

19세기까지는 물품세, 재산세, 인두세, 관세가 기본이었다. 물품세, 관세는 간접세이며, 재산세, 인두세는 소득과 관계없이 보유 재산에 따라서, 사람 수에 따라서 내야 하는 세금이다. 이렇게 소득과 관계없이 세금을 내는 것에서, 소득에 따라 세금을 내도록 하는 것이 20세기 초에 벌어진 소위 세금 혁명이었다.

소득세는 개인의 소득이 낮아지거나 불황기면 세금 또한 낮아진다는 게 문제였다. 세수가 부족해진 서구 국가에서는 새로운 세금체계를 만든다. 바로 부가가치세이다. 사람이 물건을 거래할 때마다 세금을 매기는 것이다. 부가가치세가 새로운 세금체계라 하지만 사실 거래세는 중세 유럽에서 일반적인 세금 양식이었다. 거래세를 없애고 소득세를 만든 것이 20세기의 소득세 혁명이었는데, 다시 몇십 년 지나지 않아 거래세를 만들기 시작했다. 부가가치세라는 식으로 이름을 바꾸어 선진 세금 시스템이라는 명목을 붙였다.

한국은 이 부가가치세를 1977년에 받아들였는데 이는 아시아 최초의 부가가치세 도입이었다. 세계적으로는 23번째로 부가가치세를 만든 국가였다. 부가가치세가 만들어지면서 세금의 여러 항목 중 가장 큰 비중을 차지하는 세금 1위는 부가가치세가 되었다. 2014년 소득세가 세금 1위가 될 때까지 37년간 한국에서 가장 중요한 세금이었다. 그래서 세금, 조세제도, 정부 수입 측면에서 부가가치세 도입은 굉장히 중요한 사건이다. 부가가치세 도입이 주요한 정부 업적으로 거론되기도 한다.

정부 측에야 수입을 안겨준 것이니 주요한 업적이 되겠지만, 일반 국민 입장에서는 그만큼 세금 부담이 늘었던 것이니 좋은 정책이라고는 할 수 없다. 더구나 부가가치세는 가장 전형적인 간접세로 가난한 사람의 실질적인 부담을 늘리는 세금이다. 1977년 부가가치세 도입은 당시 국민에게 엄청난 반발을 샀다. 1979년 부마사태 때 시위대는 정부 기관을 습격했다. 박정희 물러나라고 시위를 하는데 부가가치세를 폐지하라는 구호도 같이 나올 정도였다. 경찰서, 도청 등을 습격한 것은 쉽게 이해할 수 있는데, 시위대는 세무서도 습격했다. 4.19 혁명, 1987년 6월 항쟁 등 한국에서 경찰이나 정부기관을 습격한 적은 많았지만, 세무서를 습격하는 것은 상당히 이례적이다. 감옥에 갈 것을 각오하고 유신 독재에 맞서 시위를 하면서 부가가치세 폐지를 구호로 내세우는 것도 일반적이지 않았다. 그만큼 부가가치세가 당시에 사회적 반감을 불러일으켰다는 현실을 반증한다.

그래도 부가가치세가 현대 한국에서 가장 중요한 세금이었다는 점은 분명하다. 부가가치세로 정부 운영과 각종 사업 추진도 가능했기 때문이다. 정부의 각종 지원으로 한국의 산업이 발전했다고 할 때, 그 정부 지원의 근간을 이룬 것을 부가가치세로 볼 수도 있을 것이다.

24

소비자 중심 사회의 시작

'신(神)이 아니면 소비자'란 말이 생겨날 정도로 우리 모두는 이미 대량소비생활 시대에 접어들었다. 1인당 국민소득이 1천 달러를 넘긴 70년대의 소비생활이 양과 질적으로 신장됨에 따라 시장도 형태적으로나 규모 면에서 크게 성장했다.

최근 들어 롯데쇼핑센터(롯데백화점)와 한양쇼핑센터 등의 개점으로 또 하나의 대형 시장이 등장했다. 롯데와 한양쇼핑센터는 기존 백화점의 2~3배에 달하는 규모와 현대적 시설을 갖췄기 때문에 어깨를 부딪쳐 가며 쇼핑해야 하는 불편함을 덜 수 있으며, 휴게실, 음식점, 놀이터 등 여러 가지 위락시설을 갖추는 등 새로운 면모를 보여주었다.

소득수준 향상과 함께 소비자의 구매 패턴도 질적으로 고도화된 70년대 막바지에서 그저 물건만을 팔아온 시장이 소비자들이 즐

1979년 12월 17일, 서울 소공동에 롯데백화점이 개장했다. 지금의
명동 롯데백화점 본점이다. 이때 롯데백화점은 초현대식 백화점이었
다. 물론 이전에도 백화점이 없던 건 아니다. 신세계백화점과 미도파
백화점이 한국을 대표하는 백화점으로 명동에 이미 자리 잡고 있었
다. 그런데 신세계백화점은 일제 강점기 때의 미츠코시백화점이 해
방 후 바뀐 것이었다. 미도파백화점은 일제강점기의 조지아백화점이
었다. 이 건물들은 1920년대에 만들어진 건물이다. 1979년에는 이미
만들어진 지 거의 60년이 되었다. 그렇게 오래된 건물이 한국을 대표
하는 백화점으로 남아 있었다. 1970년대는 정부가 중공업 중심의 경
제발전을 추구했던 때이다. 자동차, 선박, 기계 등 중공업에 대해서는
적극적으로 지원하고 밀어주었지만, 일반 소비 산업에 대해서는 별
로 밀어주지 않았다. 그래서 자동차나 대형선박은 만들었지만, 막상
한국을 대표하는 백화점은 60년 전 일제강점기에 만들어진 건물을
사용하고 있었다. 그에 비해 롯데백화점은 최신식 건물로 새로 지어
졌다. 새로운 건물에 새로운 백화점, 롯데백화점은 새로운 소비문화
를 대표하는 상징이었다.

그보다 더 중요한 것이 있다. 롯데백화점이 오픈했을 때 사람들이 밖에서 입장 시간을 기다리다가 들어갔다. 이때 롯데백화점 직원들은 손님에게 고개를 숙이고 인사를 했다. 어서 오시라는 환영 인사였다. 지금으로서는 너무나 당연한 일이다. 하지만 한국에서 매장 직원이 손님에게 이런 식으로 인사하는 것은 이때가 처음이었다. 이것은 드디어 한국도 공급자 중심 시장에서 수요자 중심 시장으로 변화되었다는 것을 의미한다. 한국에서 고객 만족이 중요하다는 개념은 여기서부터 시작한다.

경영학에는 조직론, 인사론, 재무론, 회계학, 생산관리, 마케팅 등 여러 분야가 존재한다. 그런데 이러한 경영학 분야 중에서 가장 새로운 분야라고 할 수 있는 건 마케팅이다. 마케팅의 역사가 가장 짧다. 그 이유는 마케팅은 만드는 것보다 파는 것에 더 초점이 들어가기 때문이다.

자본주의의 역사에서 중요한 것은 물건을 더 싸게 많이 만드는 것이었다. 증기기관이 중요한 것도 증기기관을 이용하면 사람이나 말의 힘만으로 만드는 것보다 더 많이 만들어낼 수 있기 때문이다. 포드 자동차의 컨베이어벨트 시스템 혁명이 중요한 이유 역시 이를 통해 자동차를 만들 때 대량 생산이 가능해졌기 때문이다. 자본주의와 경영학의 발달은 어떻게 하면 더 많이, 더 싸게, 더 잘 만들어 내느냐라는 질문에서부터 시작한다.

이때는 판매가 그렇게 중요하지 않았다. 물건을 만들면 어떻게든 다 팔린다고 보았다. 경제학에서 세이의 법칙—공급은 스스로 수요를 창출한다—은 이렇게 물건을 공급하면 어떻게든 사는 사람이 있다는 것을 전제로 하여 만들어졌다. 이때 시장은 공급자와 수요자 중에서 공급자 위주의 시장이다. 공급자가 주이고 수요자, 소비자는 종이다. 공급자는 수요자의 마음에 들기 위해서 특별히 노력할 필요가 없다. 그 소비자가 사지 않는다고 해도 다른 소비자가 살 것이기 때문이다. 특별히 고객을 고려하고 고객의 비위를 맞출 필요가 없다.

하지만 자본주의가 발달하면서 시장에 점점 더 많은 상품이 공급된다. 그러다 어느 순간, 시장의 수요량보다 공급량이 더 많아지기 시작한다. 공장이 만들어내는 양보다 사람이 구입하는 양이 더 적다. 초과 공급이 발생한다. 이때부터는 만드는 것보다 파는 것이 중요해진다. 아무리 잘 만들어도 소비자가 구입하지 않으면 공급자는 망할 수밖에 없다. 얼마나 많이 만드는가보다 소비자가 어떤 것에 눈길을 주고 구입하느냐가 중요하다.

어떻게 하면 소비자가 이 물건을 사도록 할 수 있을까. 여기에서 마케팅이 등장한다. 상품이 부족해서 소비자가 찾아와 구입하고자 할 때는 마케팅이 필요 없다. 마케팅을 하지 않아도 물건은 팔리기 마련이다. 하지만 시장에 상품이 넘쳐나면 이야기가 달라진다. 공급자가 소비자에게 제발 자기 물건을 사달라고 애원해야 한다. 이것이 마케팅이다. 이때가 되면 소비자가 갑이고 공급자는 을이다. 공급자는 소비자의 비위를 맞추려고 하고, 소비자가 원하는 것을 최대한 들어주려고 한다. 그래야 물건을 팔 수 있다. 고객만족 중심 경영은 이때부터 중요해진다.

미국은 1920년대에 이미 대량생산이 일반화되면서 이런 공급 과잉-수요 부족 상황을 맞이했다. 1929년의 대공황은 공급 과잉으로 발생했다. 이후 대공황과 제2차 세계대전을 거치면서 다시 물자 부족 시대를 맞이하였지만, 1960년대에는 완전한 소비 중심 사회로 탈바꿈했다. 미국에서 마케팅 분야가 본격적으로 형성되고 발전한 것이 이때부터이다. 소비자 고객만족이 경영의 주된 목적이 되었다. 1979년 롯데 백화점이 개장하면서 손님에게 고개를 숙이고 인사를 하기 시작했다. 공급자 중심의 경제에서 고객 중심의 경제로 바뀌기 시작했다는 뜻이다. 물론 이것으로 한국 사회가 완전히 소비 중심 사회로 변했다고 보기는 어렵다. 한국에서 수요가 공급보다 더 많아진 것은 1980년대 중반 3저 효과로 인한 대호황을 거치면서부터다.

1979년 롯데백화점에서 고객에게 인사를 한 것은 일본의 마케팅 방식이 한국에 적용된 것이었다. 일본은 이미 이때 공급 과다 사회로 접어들었고, 고객 만족이 일반화되었다. 그러나 아무리 일본 백화점을 벤치마킹했다 하더라도 한국 실정에 전혀 맞지 않으면 도입되지 않는다. 이때 한국은 완전한 공급 과잉 사회는 아니었지만, 점차 공급 중심에서 수요 중심으로 변화하는 와중에 있었다고 보아야 한다.

공급량이 수요량보다 더 증가하면 그 경제는 근본적으로 변화한다. 공급량 자체가 부족한 상황에서는 소비자 운동, 환경 운동이 힘쓰지 못한다. 환경을 희생하더라도, 소비자에게 좀 불리하더라도 물건을 공급하는 것이 더 중요하다는 논리가 힘을 얻는다. 물건의 품질에 대해서도 크게 요구하기 힘들다. 품질이 좋으면서 공급이 부족한 것보다는 품질이 좀 낮더라도 공급이 충분히 되는 것이 더 중요하다. 한국은 1979년 말부터 1980년대 초를 경계로 수요 중심 사회로 옮겨가기 시작한다. 1980년대에 환경 운동, 소비자 운동이 시작되고, 공정거래의 필요성이 나오게 된 것은 기본적으로 공급보다 수요가 더 중요한 사회가 되었기 때문이다. 그런 수요자 중심 사회로의 변화를 상징하는 것, 그 시작점이 롯데백화점에서의 고객 인사였다.

제4부 1980년대

25

"경제는 당신이 대통령이야"

나는 김재익 수석에게 "대통령인 나를 대신해 지시하고 협의하는 것이니 경제 분야에 관한 한 김 수석이 대통령이나 마찬가지다. 그러니 앞으로 나의 지시나 의견을 관계부처에 전할 때는 직접 장차관을 상대하고, 필요하면 장관을 직접 불러 협의를 해라"고 일러뒀다. 아울러 경제수석이 배석하는 경제 장관협의회에서 앞으로 경제문제에 대해서는 먼저 김재익 수석과 협의를 하고 나에 대한 보고도 김재익 수석을 통해서 하도록 장관들에게 지시했다. .

전두환, 「내각과 비서실의 경제팀 구축」, 『전두환 회고록 2(1980-1988)』,
자작나무숲, 2017년.

1945년 이후 현재까지 한국 경제발전 과정에서 가장 유명한 사람은 누굴까? 산업계에서는 삼성의 이병철과 이건희, 현대의 정주영일 것이다. 대우의 김우중도 유명도 측면에서는 이병철과 정주영에게 크게 뒤지지 않는다. 정부 측에서는 단연 박정희 대통령이다. 정치가로서의 평가와 상관없이 경제와 관련해서는 한국에 가장 큰 영향을 준 사람이 박정희라는 것을 인정하지 않을 수 없다. 그러면 박정희 다음으로 유명한 사람은 누굴까? 여기에 대해서도 논란이 별로 없다. 1980년 9월부터 1983년 10월까지 대통령 경제수석으로 있었던 김재익이다.

물론 김재익보다 한국 경제발전에 더 큰 영향을 미친 것으로 생각해볼 사람들이 있을 것이다. 1969년부터 1978년까지 재무부 장관과 경제기획원 장관을 지낸 남덕우 전 총리, 대통령 비서실장을 9년 동안 수행하면서 경제를 챙긴 김정렴, 70년대 한국 중화학공업을 책임지고 수행한 오원철 전 경제비서관 등도 충분히 한국 경제를 만든 사람들이라고 평가할 수 있다. 그런데 김재익은 그 공헌 정도가 다르다. 김재익은 한국 경제가 더 빨리 성장하도록 길을 닦은 것이 아니라, 한국 경제의 방향을 바꾸었다. 김재익은 고인플레이션 사회였던 한국을 저인플레이션 사회로 바꾼 사람이다.

1960년대 이후 한국은 고성장-고인플레이션 경제였다. 하지만 20년 가까이 경제성장을 하다 보니 더는 고성장이 어려웠다. 저성장 사회가 되면 저인플레이션이 되어야 하는데, 그동안 고인플레이션에 익숙해진 사회에서 이것이 쉽지 않았다. 그런데 김재익이 바로 그

일을 해냈다. 지금 우리는 인플레이션이 5% 선만 되어도 고물가라고 난리다. 해마다 10%, 20% 이상 물가가 오르는 게 당연하다고 생각하던 사회에서 이제 5%만 올라도 화들짝 놀라는 사회가 되었다. 우리의 그런 물가 인식은 김재익에 의해서 만들어진 것이다.

김재익은 한국 경제에서 신화적인 인물이다. 김재익은 1970년대 한국은행을 거쳐 경제기획원에서 일했다. 이때는 모두가 경제성장 제일주의를 따를 때였다. 하지만 김재익은 경제 성장이 아니라 경제 안정을 주장했다. 경제 안정은 저성장이다. 김재익은 저성장-저인플레이션 사회를 지향했고, 그러다 보니 고성장 위주의 관료 집단에서 버티기가 힘들었다. 김재익은 경제기획원 공무원을 그만두고 KDI 연구자로 전향한다.

1980년, 전두환이 실세로 떠오른다. 평생을 군인으로 산 사람이 이제는 국정 전반을 지휘해야 했다. 특히 경제에 대해서 가르쳐줄 사람이 필요했고 이때 몇몇 사람들이 김재익을 추천했다. 김재익이 전두환에게 경제에 대해 가르친 몇 개월 동안 김재익에 대해 굉장히 감명을 받았던 걸까. 전두환은 경제 정책에 대해서 김재익에게 모든 것을 맡겨버린다. "경제는 당신이 대통령이야"로 대표되는 전두환-김재익 간 관계이다.

김재익은 전두환에게 경제를 위임받기 전에 미리 이야기한다. 자신이 추구하는 정책은 저인플레이션 정책이다. 그런데 저인플레이션을 달성하려면 고성장 추구 정책을 포기해야 한다. 먼저 정부 지출을 줄여야 한다. 그러면 정부 지원금을 지원받는 사람들로부터 반발이 나온다. 국회의원은 자기 지역의 사업을 따와야 하는데 그런 사업도 줄어들 것이니 국회에서의 반발도 클 것이다. 저성장-저물가 정책은 정치적으로 엄청나게 비판을 받을 수 있는 경제 정책이다. 하지만 전두환은 그에 상관없이 김재익을 대통령 경제수석으로 임명한다.

대통령 경제수석은 직급상으로는 그렇게 높은 자리가 아니다. 당시에도 경제기획원 장관, 상공부 장관, 한국은행 총재 등 보다 직접적이고 더 큰 권한으로 경제 운영을 책임지는 사람들이 따로 있었다. 하지만 전두환 대통령은 경제에 대해서는 대통령 경제수석이 모든 것을 맡게 한다. 정말로 경제 실권을 준 것이다.

사실 전두환의 행동은 말처럼 간단한 것이 아니었다. 전두환 못지않게 실권을 가진 사람들이 있었기 때문이다. 허화평, 허삼수같이 목숨을 걸고 12.12사태를 일으킨 사람들도 1980년 이후 군복을 벗고 국정에 참여한다. 이들은 곧 '5공 실세'가 되었다. 그런데 이들이 김재익과 충돌했다. 쿠데타를 일으켜 정권을 잡았으니 군인의 처우를 좋게 하고 장비를 좋게 해주는 등 뭔가 일을 벌여야 한다. 김재익이 돈을 주지 않자 이들은 전두환에게 불만을 털어놓았는데, 전두환은 오히려 김재익의 편을 들어주었다. 오랫동안 같이 일을 해온 심복들보다 만난 지 1년도 안 된 김재익을 더 옹호한 것이다. 역사적으로 쿠데타나 정변을 일으켜서 정권을 잡은 뒤 그 공신을 내치는 경우는 별로 없다. 정권의 안정이 위협받기 때문이다. 그런데 이때 전두환은 그렇게 했다. 이 정도가 되면 다른 경제 관료, 정치가에 대해서는 말할 것도 없다. 김재익은 본격적으로 경제에 대해 실권을 휘두른다.

먼저 김재익은 한 자릿수 물가 상승을 달성하겠다고 공언했다. 하지만 아무도 믿지 않았다. 지금 우리가 10%가 넘는 물가 상승을 상상할 수 없듯이, 당시에는 한 자릿수 물가 상승을 상상할 수 없었다. 김재익은 먼저 정부 지출을 확 줄인다. 1983년에는 예산 동결을 한다. 당장 공무원의 실질 임금이 줄어든다. 엄청난 반발이 나왔지만 밀어붙인다. 그런데 정말로 물가가 떨어지기 시작했다. 첫해인 1981년 물가 상승률은 21.4%였지만, 1982년의 물가 상승률은 7.2%였다. 정말로 한 자릿수 물가 상승이 달성된 것이다.

이때 국민들은 물가가 안정되면 생활이 어떻게 바뀌는지를 처음 알게 되었다. 그동안은 돈을 더 벌려고 그렇게 노력해도 물가가 오르면 다시 원점이거나 심지어 더 어려워지기 일쑤였다. 물가가 몇십 퍼센트씩 올라갈 때는 아무리 수입이 늘어나도 별로 표가 나지 않고 생활 수준이 나아지기 힘들다. 그런데 물가가 안정되면 월급이 적게 올라도 충분히 생활이 가능했다. 사람들이 1980년대를 기억하며 그때가 가장 살기 좋았다고 말하는 것은 괜히 그런 것이 아니다. 정치적으로는 어려운 시기였지만, 삶의 질 측면에서는 1980년대부터 본격적으로 안정된 중산층의 삶이 가능해졌다.

김재익은 1983년 10월 9일, 대통령과 같이 버마(현 미얀마)를 방문했다가 아웅 산 국립묘지에서 북한의 폭탄 테러로 사망한다. 그래서 김재익이 대통령 경제수석으로 일한 기간은 불과 3년 1개월밖에 되지 않는다. 그런데 그 3년이 한국 경제의 방향을 바꾸었다. 그동안 20년 넘게 경제 성장만을 추구하던 한국 경제를 저물가-안정 중심의 경제로 만들었다. 그냥 눈앞의 길만 보고 나아가던 한국 경제에 다른 길을 제시했다. 현재 한국 경제의 생활 감각은 김재익이 만들었다고 해도 틀리지 않을 것이다.

26

신도시 대규모 아파트 단지의 등장

제1조   (목적)

이 법은 도시지역의 시급한 주택난을 해소하기 위하여

주택건설에 필요한 택지의 취득·개발·공급 및 관리 등에

관하여 특례를 규정함으로써 국민 주거 생활의 안정과

복지향상에 기여함을 목적으로 한다.

제2조   (용어의 정의)

이 법에서 사용하는 용어의 정의는 다음과 같다.

1.   "택지"라 함은 이 법이 정하는 바에 따라 개발·공급되는

주택건설 용지 및 공공시설 용지를 말한다.

2.   "공공시설 용지"라 함은 도시계획법 제2조 제1항 제1호

"나"목에서 정하는 도시계획시설과 대통령령이 정하는

시설을 설치하기 위한 토지를 말한다.

3. "택지개발예정지구"라 함은 도시계획법에 의한 도시계획구역과 그 주변 지역 중 제3조의 규정에 의하여 건설부 장관이 지정·고시하는 지구(이하 "豫定地區"라 한다)를 말한다.

4. "간선시설"이라 함은 주택건설촉진법 제3조 제8호에서 정하는 시설을 말한다.

제3조   (예정지구의 지정)

①   건설부 장관은 주택건설촉진법 제4조 제1항의 규정에 의한 택지수급계획이 정하는 바에 따라 택지를 집단으로 개발하기 위하여 필요한 지역을 예정지구로 지정할 수 있다.

「택지개발촉진법」, [시행 1981. 1. 1] [법률 제3315호, 1980. 12. 31, 제정]

한국의 중요한 주거 형태는 아파트이다. 집값이 오른다고 할 때도 아파트를 두고 하는 말이다. 단독 주택은 아파트만큼 오르지도 않고, 오른다고 해도 큰 논란이 되지 않는다. 전셋값 상승이 사회적으로 이슈가 될 때도 아파트의 전셋값이 오르는 것을 의미한다. 빌라나 다세대 주택의 전세는 아파트 전세보다 훨씬 싸고, 이슈가 되지 않는다. 재건축을 활성화해야 하느냐 아니냐가 사회적 이슈가 될 때, 이것도 아파트 재건축을 말한다.

그런데 모든 아파트가 이렇게 이슈의 대상이 되는 건 아니다. 개포동, 고덕동, 목동, 분당 등 거대 아파트 단지들의 아파트값, 재건축 등이 사회 이슈가 된다. 몇 개 동으로 구성된 아파트는 별 관심의 대상이 되지 않는다. 즉 한국의 주거 문화에서 강력한 영향을 발휘하는 것은 대단위 아파트 단지이다.

한 지역 전체가 아파트로 만들어져 있는 것은 외국에서는 드문 일이다. 몇 개 동 정도의 아파트가 들어서 있는 것은 쉽게 볼 수 있어도, 몇십 동, 몇백 동의 아파트가 죽 늘어서 있는 것은 굉장히 보기 드문 광경이다. 그런데 그런 지역이 한국에는 여러 군데 있다. 특히 신도시 지역은 모두 이런 대단위 아파트 단지이다. 1980년 12월에 제정된 택지개발촉진법을 계기로 대단지 아파트가 대량으로 만들어졌다. 한국의 주거 문화에 가장 큰 영향을 미친 법 중의 하나라 할 수 있다.

1980년 9월, 전두환 정권은 주택 500만 호 건설 계획을 발표했다. 1991년까지 앞으로 11년 동안 공공주택 200만 호, 민간주택 300만 호를 짓겠다는 것이다. 주택 공급을 늘려 집값을 잡겠다는 의도였다.

집을 짓기 위해서는 그만큼의 땅이 필요하다. 몇백 평, 몇천 평의 땅은 많다. 이런 곳에 아파트를 몇 동 세우면 100여 가구의 집을 만들 수 있다. 그런데 그런 식으로는 몇백만 호의 집을 지을 수 없다. 몇만 평의 땅에다가 아파트 몇십 개, 몇백 개를 지어야 대량으로 주택 공급이 가능하다. 그런데 몇만 평, 몇십만 평의 땅을 어디서 구할 수 있나?

일단 그 정도 넓이의 땅이면 소유자도 많기 마련이다. 그냥 공터로 놀리는 땅이 아니라 그 안에는 논밭도 집도 과수원도 있을 것이다. 그 각각에 모두 소유자가 있다. 그 땅을 모두 사서 아파트 단지를 개발하면 된다. 그러나 몇백 명의 소유주와 협상해서 땅을 모두 사려면 굉장히 오랜 시간이 걸린다. 몇 년이 걸릴지, 몇십 년이 걸릴지 알 수 없다. 중간에 한두 명만 땅을 팔지 않겠다고 해도 대규모 아파트 단지는 만들어질 수 없다.

도로나 공항처럼 공공의 이익을 위해 필요한 사업이라면 적절한 보상을 주고 소유권을 강제로 박탈할 수 있다. 하지만 기본적으로 자본주의 시장경제에서 강제로 소유권을 박탈하는 건 금기이다. 그래서 이런 강제 수용은 공공사업을 위한 특수한 경우에만 인정된다. 아파트 단지를 만드는 것은 공공사업에 의한 강제 수용에 포함되지 않는다.

외국에서 한국과 같은 대규모 아파트 단지를 찾아보기 어려운 것은 강제력을 동원하지 않는 한 그만한 땅을 확보하기 어렵기 때문이다. 그런데 한국에서는 1980년 12월, 택지개발촉진법이 만들어졌다. 특정 지역이 택지개발예정지구로 지정되면, 이 땅을 일괄적으로 매수해서 택지로 개발할 수 있도록 한 법이다. 택지개발예정지구로 지정되면 다른 토지 관련법이 적용되지 않는다. 기존 소유자가 팔지 않는다고 해도 소용이 없다. 강제 수용이다. 정상적인 민주주의 사회라면 이런 법률은 통과될 수 없다. 그런데 당시는 12.12 쿠데타와 광주사태 등을 거치며 신군부가 정권을 잡는 과정에서 사회 분위기가 얼어붙은 시기였다. 무소불위의 권력을 가진 전두환 정권은 일사천리로 이 법률을 통과시켰다.

택지개발촉진법이 있기 전에는 토지구획정리사업으로 토지를 정비했다. 토지구획정리사업은 기본적으로 구역 내에서 서로 땅을 맞바꾸는 것이었다. 많은 사람이 있으면 서로 어떻게 땅을 주고받을지, 누가 그 과정에서 이익을 보고 손해를 보는지에 대해서 다툼이 발생한다. 규모가 작으면 몰라도 규모가 커지면 사업이 어렵다. 택지개발촉진법은 내부 소유자들끼리 조정할 필요가 없다. 사업자가 일괄적으로 보상을 해주고 소유권을 가진다.

지금 서울에 존재하는 대규모 아파트단지의 많은 수가 모두 이 택지개발촉진법에 의해 만들어졌다. 먼저 개발된 곳이 서울의 개포동, 고덕동, 목동, 상계동, 중계동이다. 개포동은 아파트 1단지부터 9단지까지 만들어졌고, 목동은 14단지까지 아파트가 들어섰다. 이어서 개포, 고덕, 상계 등이 모두 개발되자, 서울 지역에는 대규모 아파트 단지를 지을 땅이 없게 되었다. 그다음은 서울 외곽에 신도시가 만들어졌다. 노태우 정권 때는 주택 200만 호 건설이 주요 정책이 되면서 분당, 일산, 평촌, 산본, 중동의 5대 신도시가 만들어진다.

그 후에도 계속해서 위례, 미사, 하남, 별내 등 신도시들이 만들어지고 어김없이 대규모 아파트 단지들이 들어섰다. 역시 택지개발촉진법에 기반한 것이었다. 정부가 어느 지역을 개발할 것인가를 정하기만 하면, 그 안의 토지를 강제로 수용해서 대규모 아파트 단지가 지어진다.

요즘 많이 이야기되는 아파트 생활자만의 독특한 '아파트 문화'도 택지개발촉진법의 영향이라고 볼 수 있다. 1~2개 동 혹은 많아야 5개 동 정도로 만들어지는 작은 단위의 아파트는 주변 주택지와 분리되지 않는다. 아파트 외부에 사는 사람과 아파트 내부에 사는 사람들이 같은 동네 주민이다. 아이들도 같은 학교에 다니고, 다니는 가게도 비슷하고, 교통 동선도 큰 차이가 없다. 하지만 대단지 아파트는 주변 주택지와 분리된다. 대단지 아파트에서는 아파트 내부의 상가를 이용하고, 단지 안 학교에 아이를 보낸다. 아파트 내부에 충분히 많은 이웃이 있기 때문에 아파트 외부 사람과 같은 이웃이라는 인식이 생기지 않는다. 옆에 붙어 있는 아파트라도 아파트 단지에 따라 서로 사는 세상이 다를 정도다.

한국은 지금도 새로운 신도시가 만들어지고, 아파트 단지들이 세워지고 있다. 택지개발촉진법이 바꾸는 한국의 도시 지형과 주거 문화 변화는 아직도 진행 중이다.

27

삼성 반도체, 세계 일류 산업이 되다

삼성은 자원이 거의 없는 우리의 자연적 조건에 적합하면서도 부
가가치가 높고 고도의 기술이 필요한 제품 개발이 요구되었다. 그
것만이 현재의 어려움을 타개하고 제2의 도약을 기할 수 있는 유
일한 길이라고 확신하여 첨단 반도체 산업을 적극적으로 추진하기
로 했다. 반도체산업은 그 자체로서도 성장성이 클 뿐 아니라 타 산
업으로의 파급효과도 지대하고 기술 및 두뇌 집약적인 고부가 산
업이다. 이러한 반도체 산업을 우리 민족 특유의 강인한 정신력과
창조성을 바탕으로 추진하고자 한다.

「왜 우리는 반도체 사업을 해야 하는가」, 『삼성그룹 발표문』, 1983년 3월 15일.

현재 한국의 수출 품목 1위는 반도체이다. 반도체는 1992년에 처음

으로 수출 1위에 오른 후 중간에 몇 차례 수출 1위 자리를 내주었을 뿐 줄곧 1위를 차지했다. 특히 2013년 이후에는 계속 수출 1위에서 내려오지 않고 있다. 1위도 단순한 1위가 아니다. 2018년 기준 수출 품목 2위는 일반 기계(건설기계, 공작기계, 농기계 등)인데 일반 기계가 수출에서 차지하는 비중은 8.8%이다. 반도체는? 20.9%이다! 전체 수출의 1/5에 해당하는 압도적인 비중이다.

단순히 수출에서만 높은 비중을 차지하는 것이 아니다. 대표적인 반도체 수출 기업인 삼성전자와 SK 하이닉스의 이익은 2018년 기준 한국 전체 상장 기업의 영업이익 중에서 50.6%를 차지한다. 한국 법인세 중에서 삼성전자와 SK 하이닉스의 비중은 28%에 달한다. 반도체가 없으면 현대 한국 경제는 성립하지 않는다.

한국의 반도체 신화는 1983년 삼성 이병철의 도쿄 선언에서 시작한다. 1983년 3월, 이병철은 도쿄에서 삼성전자가 반도체 산업에 진출할 것을 선언했다. 1978년만 하더라도 이병철은 반도체에 대해 전혀 몰랐다. 이후 5년간 반도체에 대해 공부를 했고, 드디어 내부의 반대를 무릅쓰고 1983년 반도체 사업에 진출할 것을 결정한 것이다.

당시 상황에서는 반도체 시장에 진출한다는 것 자체가 대단한 일은 아니었다. 한국에도 이미 반도체에 진출한 기업이 있었다. 대한전선이 1977년에 대한 반도체를 설립했고, 금성사가 이를 인수해서 금성 반도체(현재 SK하이닉스 반도체의 전신)로 운영 중이었다. 아남산업에서도 반도체 사업을 운영하고 있었다. 1970년대 시행된 전자 공업

진흥 8개년 계획에도 반도체 제품 개발이 명시되어 있다. 그런데도 이병철의 삼성 반도체 진출이 중요한 것은 단순히 하나의 사업 아이템을 추가하는 수준이 아니라 그룹 역량을 '몰빵' 하는 수준이었다는 점에서이다. 재벌 그룹은 '문어발'이라는 소리를 들을 만큼 다양한 사업을 한다. 그러니 사업 하나를 추가하는 것은 그렇게 큰일이 아니다. 그런데 당시 삼성 임원 및 산업부처 관계자가 삼성 반도체 진출에 반대한 이유는 그 규모가 너무나 컸기 때문이다. 만약 반도체 산업이 제대로 성공하지 못하면 삼성 그룹 전체가 망할 정도의 규모였다. 이는 한국 경제에도 커다란 타격이 된다. 반도체를 '산업의 쌀'이니 뭐니 하며 새로운 시대의 경제 아이템으로 주목하고 있기는 했지만, 한국이 도전해서 성공할 수 있다는 보장은 없었다. 오히려 회의감이 더 컸을 것이다. 그런데 그런 신산업에 그룹의 모든 역량을 퍼부었다. 그룹의 명운이 걸린 투자 규모였고, 그만큼 관계자들이 반대하는 것은 당연한 일이었다.

그렇지만 이병철은 과감하게 밀어붙였다. 반도체 생산 라인 두 개를 만들어서 운영하고 있었을 때 세 번째 라인도 만들라고 지시했다. 이미 삼성 반도체에서 2,000억 원 가량 적자가 나고 있을 때였다. 그런데도 세 번째 라인을 만들라고 하니 반대할 수밖에 없다. 임직원은 계속 공사를 미뤘지만, 이병철 회장의 독촉에 따라 생산 시설을 증설할 수밖에 없었다. 그런데 이병철 사망 이후 반도체 시장의 호황이 찾아왔다. 1988년 1년 동안 3,000억 원이 넘는 흑자를 기록하면서 삼성 반도체도 제대로 정착할 수 있었다. 이병철의 판단, 지금은 불황이지만 곧 호황이 될 것이니 지금 빨리 투자해야 한다는 생각이 맞았던 것이다. 반도체는 규모의 경제가 중요한 산업이다. 얼마나 생산 규모가 큰가에 따라 산업 경쟁력이 결정된다. 이병철이 세계적인 수준의 대규모 반도체 라인을 만들도록 한 것은 신의 한 수였다. 그래서 삼성 이병철의 1983년 도쿄 선언은 한국 경제사에서 중요한 사건으로 남아 있다.

이 당시 반도체 강국이었던 일본의 행태도 한국 반도체 운명에 많은 영향을 준다. 한국이 메모리 반도체 세계 1위를 달성하고 현재와 같은 반도체 산업 경쟁력을 가지게 된 데는 일본 제조업의 뛰어난 장점이자 단점인 '고품질주의' 문제가 있었다.

원래 반도체는 미국이 개발한 신산업이었다. 모토로라, 인텔, 마이크론 등이 반도체 산업을 주름잡았다. 여기에 히타치, 도시바, 미쓰비시, NEC 등 일본 기업이 진출해 반도체를 생산했다. 1970년대 이후 일본의 전자산업이 세계를 지배했는데, 반도체도 마찬가지였다. 세계 반도체 시장, 특히 메모리 반도체 시장은 10개의 일본 전자 기업이 반도체를 생산하며 절대 강자로 군림하고 있었다.

당시 상황을 종합적으로 고려하면 이병철이 반도체에 진출하려고 한 것은 충분히 이해할 수 있다. 한국에서는 반도체가 아직 생소한 분야지만, 일본 전자 기업은 이미 시장 지배자 위치에 있었다. 늘 일본을 모델로 삼고 일본을 따라가던 이병철과 당시 한국 경제 입장에서는 한국도 반도체에 진출하는 것이 극히 자연스러운 일이었을 것이다.

경위야 어떻든 삼성은 반도체에서 후발 주자였다. 그런데 어떻게 삼성이 이후에 이 일본 기업들을 앞서고 절대적 지위를 가지게 되었을까? 삼성이 잘한 것은 사실이지만 단순히 내가 잘했다고 상대를 이길 수 있는 것은 아니다. 상대방이 뭔가 잘못을 저질러야 한다. 반도체 산업을 장악하고 있는 일본 기업이 뭔가 실수를 해주어야 후발 주자인 삼성이 앞서갈 수 있다. 그런데 이때 일본이 전략상 실수를 한다. 이 실수로 일본의 반도체 산업은 쇠퇴하고 한국이 반도체 패권국이 된다.

1980년대 초중반, 당시 컴퓨터의 대세는 중대형 컴퓨터였다. 이런 고성능의 중대형 컴퓨터에는 반도체도 고성능이 필요했다. 일본의 반도체는 우수했다. 무려 25년간 사용할 수 있는 반도체였다. 그런데 1980년대 중반 이후 퍼스널 컴퓨터(PC)가 보급되기 시작했다. 애플2에서 시작된 PC 혁명이다. 이때 PC는 하루가 다르게 사양이 발전했고, 2~3년마다 새로운 기기가 개발되어 나왔다. 그러다 보니 PC 자체를 대략 2~3년 쓰고 바꾸는 것이 대세가 되었다. 2~3년 사용할 PC라면 반도체도 3년 정도의 성능만 요구했다. 그런데 장인 정신이 투철한 일본 기업들은 25년짜리를 두고 일부러 수준 낮은 반도체를 만들려 하지 않았다. 일본 반도체는 오랜 기간 성능이 유지되는 고급품인 만큼 가격도 비쌌다. 하지만 PC 업계에 그런 고품질 반도체는 필요하지 않았다. 바로 이 3년짜리 반도체를 본격적으로 공급한 곳이 삼성이다. 시장에서 딱 요구하는 품질의 반도체로 대신 가격이 쌌다. PC 시장이 성장할수록 삼성 반도체의 비중도 늘어났고, 마침내 PC가 컴퓨터 시장의 대세가 되면서 삼성반도체가 일본 기업들을 제치고 시장에서 선두로 나아가게 된다.

일본은 과연 삼성이 제공하는 수준의 반도체를 만들 수 없었을까? 25년을 보장할 수 있다면 3년도 분명히 가능했을 것이다. 하지만 기술을 중시하는 일본 기업 분위기에서 일부러 기술과 품질을 떨어뜨리려 하지 않았다. 일본 전자업계의 고질적인 문제가 바로 이 고품질, 고가격이다. 시장의 요구 수준에 맞지 않게 고품질의 제품을 만들고 높은 가격을 매긴다. 시장의 가치로는 쓸데없는 고품질일 뿐이다. 품질이 좀 낮더라도 가격이 훨씬 싼 것이 더 나은 선택이다.

일본이 반도체 시장을 석권하면서 미국은 메모리 반도체 시장에서 철수했다. 경쟁 기업이 없는 상태에서 일본의 반도체는 품질이 좋기는 하지만 가격이 비쌌다. 이때 삼성이 적절한 품질, 적정한 가격대의 반도체를 공급했다. 일본이 이런 반도체를 공급했다면 삼성은 여러 반도체 기업 중 하나로 만족해야 했을 것이다. 일본의 전략 오류가 삼성을 일류 반도체 기업으로 만들었다. 이병철의 도쿄 선언만큼 일본의 전략적 오류가 현재 한국 반도체 산업을 만드는 데 기여했다.

28

한국 정부의 진심이 중국의 마음을 열다

중공의 민간여객기 한 대가 승객을 가득 태운 채 한국에 비상 착륙한 것은 어린이날을 맞아 동심에 젖어 있던 우리에게는 뜻밖이고 놀라운 사건이다. '중국민항'이라는 이 불청객은 어쩌면 국제사회, 특히 한국·중공 관계에서 우리의 입장을 난처하게 만드는지도 모른다는 걱정도 든다. 정부 당국이 지금까지 조사한 결과를 보면 중공 여객기는 승객 몇 사람에 의해서 강제납치 되어 한국 영토에 불시착한 것 같다. … 이번 일은 한국과 중공 간에 일어난 최초의 사건이다. 이번 사건의 처리는 중요한 전례가 된다. 따라서 이번 사건은 중공 당국과의 충분한 협의를 거쳐서 처리하되, 납치범 비호나 비인도적이라는 비판을 받지 않는 방향이어야 할 것이다. … 사건을 신중하게 처리하는 방법의 하나는 충분한 시간을 갖고 중공의 태도를 살피는 것이다. 항공기 납치사건을 우호적으로 처리해 준

2018년 말 기준으로 한국의 주요 무역 상대국은 중국, 미국, 일본, 베트남 등이다. 수출 순위는 1위 중국으로 1,621억 달러, 2위 미국 727억 달러, 3위 베트남 486억 달러이고, 수입 순위는 1위 중국 1,065억 달러, 2위 미국 589억 달러, 3위 일본 546억 달러이다.

현재 한국 경제는 일본으로부터 수입해서 중국, 미국에 수출하는 구조이다. 한국 경제를 이해하기 위해서는 이 세 국가와의 무역 관계를 고려해야 한다. 미국은 세계 최강대국이니 그렇다 치고, 중국과 일본은 한국 바로 옆에 있는 국가이니 무역 거래가 당연히 많아야 한다고 생각할 수 있다. 하지만 중국이 한국의 주요 무역 상대방이 된 지는 그리 오래되지 않았다. 1949년 중국이 공산화된 이후로 국교가 단절되고 무역 거래가 끊겼다. 단순히 외교 관계가 없는 정도가 아니라 이념적으로 서로를 적대하는 쪽이었다. 더구나 중국은 한국전쟁에 참여해서 약 95만 명의 사상자를 냈었다. 한국과 중국은 서로 전쟁한 상대방으로, 적성 국가에 해당했다. 이런 관계에서 경제 교류는 불가능했다. 원래 국교가 없어도 민간 무역 거래는 이루어지는 법이다. 하지만 한국과 중국 사이에는 그런 민간 무역 거래도 거의 이루어지지 않았다. 1983년 한국의 중국 수출액은 484만 달러 수준이었다. 지금과 비교하면 정말로 아무것도 없었던 셈이다.

그렇다면 1992년 한중 수교는 어떻게 가능했을까? 1989년 이후 사회주의권의 해체와 노태우 정권의 북방정책, 중국의 성공적인 개혁개방 등 여러 요인을 들 수 있을 테지만, 그 이전에 1983년 중국 민항기 불시착 사건을 이야기하지 않을 수 없다.

1983년 5월 5일 오후 2시경, 서울 전역에서 갑자기 사이렌이 울렸다. 민방위 훈련 같은 사이렌이었지만, 확성기로 '이것은 실제 상황입니다'라는 안내 방송이 나왔다. 그 이전에 한 번도 없던 일이어서 많은 사람이 전쟁이 일어났다고 생각했을 정도였다. 실상은 간단했다. 중국 선양에서 상하이로 가는 중국 민항기가 기수를 돌려 한국 춘천 비행장에 착륙했다. 대만으로 망명하고자 한 6명의 사람들이 비행기를 납치해서 한국으로 온 것이다. 망명 요구자는 비행기와 승객을 인질로 잡고 대만으로 보내달라고 요구했다.

중국은 자기 나라 국민 100여 명이 한국에 불시착했으므로 이들의 송환을 위해 교섭단을 보냈다. 33명의 중국 교섭단이 한국에 왔는데, 1949년 이후 처음으로 이루어진 한국과 중국의 공식 접촉이었다. 또 중화민국이 대만으로 쫓겨나고 중화인민공화국이 들어선 후 첫 번째로 본토 중국인들의 공식적인 한국 방문이기도 했다. 공식 방문과 공식 협의인 만큼 문서를 만들어야 했는데, 이 공식 협의서에 한국과 중국의 공식 국가명이 적혔다. 그동안 중국은 한국을 공식 국가로 인정하지 않았다. 중국 입장에서는 북한이 한반도의 유일한 공식 국가였기 때문이다. 이때 처음으로 중국 공식 문서에 'Republic of Korea'라는 한국 공식 명칭이 사용되었다.

이 사건에서 정말 중요한 것은 한국의 대응 방식이었다. 이런 비행기 납치의 경우 비행기와 승객은 원래 자기 국가로 돌려보낸다. 그리고 망명을 요청하는 사람은 정당한 이유가 있다면 망명 요구 국가로 보내준다. 그러니 며칠 숙박을 제공하고 정부 간 협상이 완료된 후 돌려보내면 될 일이었다. 이때 한국은 이 사건을 중국과의 관계 개선의 기회로 삼았다. 한국은 납치된 중국인 승무원과 승객을 극진히 대접했다. 현재 기준으로도 이때 중국인 승객에게 한 조치는 정말 최우대 손님 대접이었다.

먼저 그들을 서울로 이동시켜 워커힐 호텔에 투숙시켰다. 그 당시 워커힐은 한국에서 가장 좋은 호텔이었다. 정부는 또 이들을 한국 최고의 놀이공원인 자연농원(에버랜드)에 데리고 가고, 삼성전자 등에 산업 시찰도 해주었다. 식사는 워커힐 명월관에서 갈비를 대접했다. 명월관 갈비는 지금도 1인분에 10만 원 정도 하는 최고급 갈비인데, 한 사람에게 1인분의 갈비를 제공한 게 아니라 마음껏 배부르게 먹게 했다. 그래서 100여 명의 중국인이 269인분의 갈비를 먹었다. 또 외국 바이어에게 한국 문화를 보여주는 추천 코스였던 워커힐 가야금 대극장 공연도 보여주었다. 한국 일반인도 체험하기 힘든 그런 최고급 향응을 중국인들에게 대접한 것이다. 이렇게 4박 5일간 중국인 승객과 승무원은 럭셔리 패키지여행을 즐기고 중국으로 돌아간다. 돌아갈 때는 승객에게 선물을 한 아름 안겨주었다. 그리고 이게 중요한데, 여기에 들어간 모든 비용을 중국에 청구하지 않았다. 당시에도 너무 지나친 접대 아니냐는 비판이 있었다. 사실 지금 생각해도 조금 과하다 싶은 접대이기는 했지만, 이 접대로 중국은 한국에 대해 문을 열었다. 당시 한국에서 돌아간 중국인 승무원과 승객은 한국 칭찬을 엄청나게 했다고 한다. 중국과 한국은 이후에 본격적으로 서로 대화하고 만남을 이어갔다.

1984년 2월, 중국에서 열리는 국제 데이비스컵 테니스 대회에 한국 선수가 참가할 수 있었다(이때까지는 중국에서 열리는 국제 대회에 한국은 참가할 수 없었다). 1984년 3월에는 각각 한국과 중국에 거주하는 친척 간 상호 교류가 가능해졌다. 이때 이후로 연변을 중심으로 한 중국 동북 3성의 조선족들이 한국과 교류할 수 있게 된다. 또 한국과 중국 간 무역이 본격화된다. 1983년에 한국의 중국 수출은 484만 달러였는데 1984년 대중 수출액은 1천 700만 달러로 1년 만에 2.5배 증가한다. 그리고 1990년에는 수출액이 5억 8천만 달러가 된다. 1983년과 비교해서 100배가 늘었다.

한중 수교가 이루어진 1992년 대중 수출은 27억 달러이고, 현재 대중 수출은 1,621억 달러이다. 한중 수교 이후 거래액의 증가율이 60배에 달하지만, 1983~1990년 사이 거래액 증가는 100배가 넘었다. 한중 수교보다 이 민항기 불시착 사건이 중국과의 교역에 더 큰 영향을 미친 것이다.

1983년 민항기 불시착 사건 이후 한국과 중국은 여전히 공식적으로는 국교를 맺지 않은 상태였지만, 모든 측면에서 관계가 진전되었다. 그래도 한중 간 공식 외교 관계 수립은 간단한 일이 아니었다. 1989년 베를린 장벽이 무너지고 냉전이 종식되면서, 한국과 공산주의 국가 간 외교관계가 수립되지만, 중국과의 사이에는 북한이라는 벽이 하나 더 있었다. 중국 공식 입장에서 북한은 혈맹이자, 한반도의 유일한 합법 정부였다. 북한이 한국-중국 간 외교 관계 수립을 극도로 꺼렸기 때문에 한-중 수교는 성사되기 어려웠다. 그런데 1991년, 한국과 북한의 동시 유엔 가입이 이루어진다. 국제적으로 한국과 북한이 동시에 한반도의 합법정부로 인정받은 것이다. 이 일을 계기로 중국은 더는 북한만이 한반도의 유일한 정부라는 입장을 고집할 수 없게 되었고, 북한과 미국, 일본 간 외교관계를 인정한다는 조건으로 중국-한국 간 국교가 이루어진다.

냉전 해체, 경제적 이해관계 등 어쩌면 한국과 중국 간의 국교 수립은 결국은 시간문제였을 것이다. 그러나 한중 수교와 관계없이 한중 교류는 이미 계속 증대하고 있었다. 그 한중 경제 관계는 1983년 민항기 불시착 사건에서 시작되었다.

1983년 5월 5일, 춘천시의 주한미군 육군 항공기지인 캠프 페이지(Camp Page)에 불시착한 중국민항 소속 여객기 B-296의 모습. 활주로가 길어서 안전하게 착륙이 가능한 김포국제공항대신 활주로가 짧아 위험한 미군기지 헬리콥터 활주로에 내리게 한 것 때문에 논란이 일기도 했다. 일부러 미국을 개입시켜 중국측의 페이스에 말리지 않게 하려는 의도였다는 추측이 있다.

29

여직원에게 정당한 업무와 임금을!

대우그룹은 국내 기업 중 처음으로 대졸 여성인력을 2백 명 이상 대규모로 공채키로, 이 같은 계획은 지난 3~4년 동안 특채로 입사한 대졸 여사원들이 각 업무 분야에서 발군의 능력을 발휘, 웬만한 남자보다 우수하다는 평가가 나옴에 따라 마련된 것. 실제로 이들 여사원은 출신 대학의 수석 졸업자 등 재능을 썩히기 아까운 인재들이 수두룩하다고

이번 공채에는 상경, 어문 계열뿐 아니라 기계·금속·전자 등 이공 계열까지 포함돼 있어 "대외 홍보용 공채가 아니라 진짜 필요한 인재를 뽑는 경영전략"이라고 대우 측은 설명,

「대우, 대졸 여사원 2백 명 공채」, 『경향신문』, 1985년 10월 14일.

2020년의 한국 기업에 아직도 직장 내 남녀 차별이 있을까? 대기업 임원 중 여성 임원 비율은 2.3%밖에 되지 않는다. 이런 측면에서는 남녀차별이 여전히 많이 남았다고 볼 수 있다. 여성 임원이 적은 이유에 대해서는 두 가지 설명이 가능하다. 하나는 하위 직급에서는 남녀 차별이 거의 없지만 고위 직급의 경우에는 남녀 간 차이가 존재한다는 설명이다. 여성에게는 보이지 않는 승진에 대한 차별, 소위 유리천장이 존재하기 때문에 고위 직급에 여성이 적다는 입장이다. 또 다른 설명은 지금부터 20~30년 전에 양적으로 여성 채용이 워낙 적었기 때문에 지금 여성 임원 비율이 낮을 수밖에 없다는 것이다. 이전에는 기업에서 굳이 여성을 채용하려 하지 않았다. 그래서 지금 임원의 후보자가 되는 고위급 혹은 중견 경력의 여성 수가 절대적으로 부족하다는 것이다. 부장급 후보자가 대부분 남성이니 임원도 남성이 임명되는 게 당연하다는 것이다.

한국에서 고위급 직책에서 남녀 간 비율 차이가 유리 천장 때문인가, 애초 후보자의 남녀 비율 차이 때문인가에 대해서는 논쟁이 있을 수 있다. 하지만 1980년대, 심지어 1990년대까지 여성이 기업에 취업하기 힘들었던 것은 사실이다. 한국에서 공채 제도는 1957년에 처음 삼성에서 도입한 뒤 다른 기업으로 확산되었다. 그런데 이때의 공채는 대부분 남학생만을 대상으로 한 것이었다.

현재 젊은 시대가 586세대를 비판할 때 주로 나오는 말이 있다. 기성세대는 대학만 졸업하면 쉽게 취직이 되었으니 공부를 안 해도 취직 걱정이 없었다는 것이다. 그들에게 대학은 공부하러 간 것이 아니라 낭만을 즐기기 위해서 다닌 것이었다. 자신들은 쉽게 취직해놓고 20~30대가 얼마나 힘들게 직장을 얻기 위해 노력하는지 모른다는 비판이다.

그런데 젊은 세대가 간과하는 것이 하나 있다. 586세대 중 쉽게 좋은 직장을 얻었던 것은 남학생에게만 해당한 일이었다. 여학생은 대기업에 직장을 얻는 것이 불가능했다. 일자리를 얻기 위해 노력할 때 취업이 되지 않으면 이 인원은 실업률에 포함이 된다. 그런데 아예 일자리가 없어 취직을 포기한 인원은 실업률에 잡히지 않는다. 지금도 여학생이 일자리를 포기하고 남학생만 취업 전선에 뛰어든다면 일자리 얻기가 쉬울 것이다. 586세대 남자들이 쉽게 취업할 수 있었던 이면에는 여학생의 취업 포기가 있다.

이런 상황에 처음 변화가 일어난 것이 바로 1985년 대우의 대졸 여성 공채 시행이다. 당시 대우는 인사 측면에서 여러 혁신을 시도했는데, 그중 하나가 대졸 여성 공채 실행이었다. 한국에서 대기업이 대졸 여성을 공개 채용한 것은 이것이 처음이었다.

물론 기업마다 여성 직원은 존재했다. 사무실마다 커피를 타서 서빙하는 여직원, 손님을 안내하는 여직원, 사무실의 잡일을 처리하는 여직원이 있었다. 기업은 상업 고등학교를 졸업한 여성을 채용해서 이런 사무실 보조역할을 맡겼다. 사무실에는 '여자가 하는 일은 이런 것이다'라는 암묵적인 룰이 있었다. 종종 대졸 여성이 기업에 취업하는 경우가 있어도 결국은 이런 일을 맡겼다. 아니면 디자이너나 비서 등 여성이 하는 것으로 인식된 일만 할 수 있었다. 똑같이 대학을 졸업하고 입사한 남자 동기와 같은 업무를 주지 않았다. 대졸 여성은 그런 대우를 받고 싶어 하지 않았고, 그래서 대기업에의 취업을 바라지 않았다.

그런 면에서 대우의 대졸 여성 공채는 획기적이었다. 대우는 대졸 공채로 들어온 여성을 차별하지 않겠다고 선언했다. 커피를 타지 않게 하겠다고 했고, 남직원과 똑같은 업무를 맡긴다고 했다. 200명을 모집한다는 공고에 5,300명이 넘게 지원했다. 제대로 된 일을 하고 싶은 대졸 여성이 대거 지원한 것이다.

'1985년 대우가 대졸 여성 공채를 시작하면서 그 후에는 대졸자에 대한 남녀차별이 점차 감소하고 남녀평등으로 바뀌어 갔다'라고 했으면 좋겠지만 일이 그렇게 되지는 않았다. 대우는 발표한 대로 200명의 대졸 여직원을 뽑았다. 그리고 정말로 대졸 남직원과 동일한 업무를 맡겼다. 그런데 5년이 지나지 않아 2명만 남고 말았다. 높은 경쟁률을 뚫고 입사했지만, 99%가 몇 년 만에 '결혼'을 이유로 사표를 낸 것이다. 당시는 여자가 30세 이전에 결혼하고, 전업주부가 되는 것이 당연하다 여겼다. 회사 안팎에서 그런 압력이 있었을지도 모를 일이다. 일은 차별 없이 똑같이 맡겼을 수 있지만, 그런 사회적 압력은 섬세하게 다루어지지 않았을 가능성이 높다. 어쨌든 대우에 합격한 여성은 우수한 여성이라는 평가를 받고 더 쉽게 결혼할 수 있었던 것 같다. 대졸 여직원을 채용해서 남성과 똑같이 성장시키려던 대우의 계획은 당시 실패한 것으로 평가되었다.

대우의 시도는 실패로 끝났지만, 대우가 뿌린 씨는 계속 퍼져나갔다. 1987년에는 남녀고용평등법이 제정되었다. 채용, 업무와 관련해서 남녀차별을 하지 말라는 것을 규정한 법이다. 아직 강제적으로 적용되는 것은 아니었고 선언적인 의미가 컸지만, 어쨌든 직업에서 남녀평등을 추구했다.

대우 이후 대졸 여직원 채용은 1992년 삼성에서 다시 시행되었다. 대우가 시도한 후 무려 7년이 지나서였다. 이때는 여성 직원에 대한 인식이 1980년대와 또 달라졌다. 1992년에는 400명을 뽑았는데, 1993년에는 500명, 1994년에는 1,000명을 뽑았다. 삼성 이후 SK, LG, 두산 등 다른 기업들도 여성 채용을 시작했다.

대졸 여성 채용이 증가하면서 다른 여러 차별 요소들도 바뀌었다. 그동안은 남성과 여성의 임금 자체가 차이가 있었는데, 임금 테이블을 동일하게 했다. 1995년부터는 여직원의 유니폼이 폐지되기 시작한다. 남자는 일반 정장, 여직원은 유니폼으로 복장에 차이가 있다가, 이제 자신이 준비한 차림으로 남자 직원과 같은 일을 할 수 있게 된다.

1980년대까지만 해도 여자는 대학에 갈 필요가 없다는 생각이 흔했다. 고등학교를 졸업하나 대학을 졸업하나 취업 관련해서는 다른 게 별로 없었기 때문이다. 대학을 졸업하고 취직해도 커피를 타고 잡일을 해야 했다. 그러니 일부러 비싼 등록금을 내고 대학을 다닐 필요가 없다고 생각했다.

　이제는 달라졌다. 대학에서 무엇을 배우고 얼마만큼 노력하느냐에 따라 졸업 후 맡는 일이 달라진다. 여성의 대학 진학률이 늘어나게 된 데에는 대학 졸업 후 제대로 된 일자리 취업이 가능해진 것도 들수 있다. 그 시초에 대우의 대졸 여직원 공채가 있다. 비록 대우의 실험은 실패로 끝났지만, 그로 인해 한국 기업의 남녀 고용 평등이 보다진전된 것은 인정되어야 할 것이다.

30

저금리, 저유가, 저달러로 흑자를 달성하다

지난 1.4 분기의 9.6% 실질 성장에 이어 2.4 분기에 이룩한 12.1% 의 고율 성장은 과거의 고속성장기와는 내용이나 질이 매우 달라 졌다는 점에서 큰 의미를 있다. 우선 이와 같은 성장이 국제수지 흑 자를 동반했고 물가 안정 기조 하에 이루어졌다는 점이다. 2.4분 기 중 국제수지는 9억1천5백만 달러의 경상수지 흑자를 기록했고, 물가는 거의 변동이 없었다. 이는 물론 3저 바람을 탄 것이긴 하지 만 과거의 고속 성장이 예외 없이 국제수지의 만성적인 적자와 물 가 상승을 수반했다는 점에 비하면 건실한 성장국면으로 평가되고 있다.

설비 투자도 건설 투자가 14% 증가한 반면 기계설비 투자가 무려 24.6%나 늘어나 건실한 성장을 뒷받침해주고 있다. 이는 기업이 향후 1~2년의 경기를 낙관하는 반증으로 볼 수 있는데 한편으론

지금까지 건설 투자 위주로 이루어졌던 우리나라의 투자 활동이
기계설비 투자 위주로 바뀌었음을 말해준다.

「건실해진 고율 성장」, 『동아일보』, 1986년 8월 19일.

1876년, 조선은 일본과 강화도조약을 맺고 부산 이외에 두 곳의
항구를 개항한다. 그 이후 미국과 유럽의 여러 나라와 차례로 국교를
맺고 무역을 시작한다. 그런데 조선은 외국과 무역에서 항상 적자였
다. 수입할 것은 많았지만 수출할 것이 적었기 때문이다. 항상 적자다
보니 외국에서 계속 돈을 꾸어올 수밖에 없고, 채무국 입장이었기에
외국에 대해 정당한 목소리를 내지 못했다.

1948년 대한민국이 세워지고 나서도 무역수지는 계속해서 적자
였다. 미국의 원조와 해외 투자자금이 들어와 국제수지가 잠깐씩 나
아진 적은 있었어도, 무역수지는 계속해서 적자였다. 한국은 오래도
록 국제 무역의 적자 나라였다.

지속적인 무역수지 적자국은 항상 금융위기, 경제위기를 안고
산다. 한국은 오래도록 그런 상태였다가, 1986년에 처음 무역수지
흑자를 달성한다. 3저 현상으로 인한 한국 경제의 호황 덕분이었다.
100년 가까이 무역 적자에 시달리던 한국은 '단군 이래 최대 호황'에
힘입어 무역 흑자국이 되었다.

3저 현상은 저금리, 저유가, 저달러를 의미한다. 미국, 유럽 금리

의 경우 1985년 이전에는 이자율이 8% 이상이었는데, 1986년 이후에는 5~6% 정도로 낮아졌다(2019년 기준 미국과 유럽의 금리는 1% 정도이다. 1980년대의 저금리라도 아직 굉장히 높은 편이다). 금리가 낮아지면 이자를 받는 채권자의 수익은 낮아지지만, 이자를 지불해야 하는 채무자의 수익은 높아진다. 한국은 줄곧 무역 수지 적자국이라 빚이 많았다. 또 기업도 해외에서 많은 빚을 지고 있었다. 빚이 많은 상태에서 이자율이 낮아지니 지불해야 할 이자 비용도 줄어들었다. 국가 전체적으로 2~3%의 수익이 발생한 셈이다.

유가는 1985년에 배럴당 30달러가 넘었다. 그런데 1986년 이후 10달러대까지 떨어졌다. OPEC 국가들은 1979년 2차 석유파동 이후 석유 생산량을 통제해왔는데, 이때 통제를 풀고 석유 생산량을 본격적으로 늘리기 시작한다. 한국은 석유를 수입하는 국가로, 수입액 규모에서 항상 석유가 1, 2위를 차지한다. 석유 가격이 하락하니 수입액이 그만큼 준다. 석유 지출액이 몇십 퍼센트 감소하면서 그만큼 적자 규모도 줄었다.

한국 국제 수지 흑자에 크게 기여한 것은 저달러였다. 미국의 경우, 자기 나라 통화인 달러의 가치가 높으면 국제 시장에서 미국 제품 가격이 높아 수출이 잘 안 된다. 달러 가치가 떨어지면 미국 상품의 가격이 세계적으로 낮아지고, 따라서 수출이 잘 된다. 1980년대 미국은 엄청난 무역수지 적자를 보고 있었다. 미국 달러 가치가 높아서 그런 것인데, 사실 다른 나라들이 자기 나라 통화의 가치를 낮게 해서 이익을 보는 측면이 컸다. 일본은 미국을 대상으로 엄청난 무역 흑자를 보고 있었다. 일본 제품이 좋기도 했지만, 제품 자체가 쌌기 때문이다. 아무리 물건이 좋아도 비싸면 잘 팔리지 않는다. 일본만이 아니라 독일 등 유럽 국가도 미국 달러보다 자기 통화 가치를 낮게 했고, 그래서 미국을 대상으로 큰 무역 흑자를 올렸다. 사실 한국도 마찬가지로 미국 달러 대비 환율을 낮게 해서 수출을 늘렸다.

미국은 더는 달러의 가치만 높게 책정된 것을 인정하지 않으려 했고, 1985년 미국 달러의 가치를 낮추는 플라자 합의를 끌어낸다. 일본과 독일의 화폐는 70% 이상 가치가 높아졌고 그만큼 일본과 독일 제품의 가격도 비싸졌다. 한국의 원화도 가치가 높아졌지만, 원화는 11%만 높아졌다. 미국 달러보다는 가치가 올라갔지만, 일본 엔화보다는 무려 60%나 가치가 떨어졌다. 미국에서는 이제 일본 제품이 비싸서 잘 팔리지 않았다. 그때까지 100달러 하던 일본 제품이 이제는 170달러에 팔리는 셈이었다. 일본제 TV, 냉장고, 세탁기 등 전자제품이 팔리지 않는 대신 한국 제품이 팔리기 시작했다. 그때까지 일본 TV가 1,000달러였다면 한국 TV는 900달러였다. 가격은 한국 것이 조금 싸지만, 품질까지 고려하면 일본 제품이 더 나은 선택지였다. 하지만 이제 일본 TV는 1,700달러이고, 한국 것은 조금 올라서 1,000달러가 되었다. 저달러로 일본 엔화가 크게 오른 것의 혜택을 한국이 고스란히 누렸다.

금리와 석유 가격이 하락하면서 지출 금액이 감소했다. 저달러–

엔고로 수출이 증가하면서 수입은 증가했다. 그렇게 수출이 수입을 넘어서면서 한국 역사상 최초로 무역수지 흑자가 된 것이다. 2018년, 한국의 무역수지는 705억 달러 흑자였다. 가장 최근의 무역수지 적자는 IMF 사태였다. 이제 한국의 무역수지는 흑자가 당연하고, 적자로 바뀌면 경제위기가 다가오는 것처럼 걱정이 커진다.

3저 현상으로 무역수지 흑자가 정착되면서 우리 생활에 많은 변화가 생겼다. 가장 대표적인 것이 해외여행 자유화이다. 지금 우리는 해외여행을 가는 것을 쉽게 생각한다. 하지만 한동안은 해외여행에 규제가 심했다. 왜 그랬을까? 무역수지 적자가 계속되면 달러가 부족해진다. 나라를 유지하기 위해서는 최소한의 석유와 식량을 외국에서 들여와야 하는데, 달러가 없으면 사올 수가 없다. 그런 귀중한 달러를 단순히 해외여행 하느라 사용할 수는 없다. 유학에도 달러가 필요하니 아무나 가서는 안 된다. 아주 가벼운 일상 소비품에도 달러가 새 나간다. 가령 한국에서 스타벅스를 마시면 달러로 미국에 로얄티를 지불해야 한다. 달러를 아끼기 위해서는 스타벅스 같은 상품이 한국에 들어오면 안 된다. 그래서 1980년대까지는 대부분의 소비재 수입이 금지되었다. 그래서 미군 등을 통해 흘러나온 소비재를 파는 가게들이 따로 있었다. 공장 기계를 수입하거나, 상사 근무자가 외국을 가는 것은 나중에 달러를 벌 수 있으니 허가가 난다. 하지만 외국 소비재나 해외여행처럼 당장 달러를 쓰기만 하고 다시 벌어들이는 것이 어려운 경우는 금지된다.

그런 이유로 1980년대 후반까지는 해외여행이 금지되었다. 무역수지가 흑자가 되면서 점차 규제가 줄어들다가 마침내 1989년에 해외여행 자유화를 맞았다. 외국 소비재를 사거나 유학이나 어학연수를 가는 것도 가능해졌다. 일상적 차원에서의 대한민국의 국제화, 세계화는 3저 호황 덕분이다.

1980년대 중반, 3저 현상은 한국 경제를 급속히 발전시켰고 한국을 무역수지 흑자국으로 만들었다. 3저 현상이 없었다면 한국의 국제화는 그 후로도 한참을 지난 다음에나 가능했을 것이다.

31

혁명은 아래에서부터 시작된다

1. 우리는 주 40시간 노동으로 생활임금을 쟁취한다.

1. 우리는 직종, 남녀, 학력 간 차별 임금을 철폐하고 동일 노동 동일 임금을 쟁취한다.

1. 우리는 해고, 실업의 방지와 실업자에 대한 생활 대책 및 취업 보장을 위한 고용안정 보장제도를 쟁취한다.

1. 우리는 산업재해와 직업병을 예방할 수 있는 안전한 작업환경을 쟁취한다.

1. 우리는 단결권, 단체교섭권, 단체행동권을 완전히 쟁취한다.

1. 우리는 노동자와 전 민중의 생활 향상을 위해 공공임대주택 제도의 확립, 무상 의무교육과 의료보장제도의 실시, 불평등한 조세제도의 개혁 및 복지 재정지출 확대,

216

물가안정, 공해방지 등에 대한 제도적, 정책적 개선을 쟁
취한다.

1.   우리는 여성 노동자에 대한 차별의 철폐와 모성보호를
위해 투쟁한다.

<hr>

전국노동조합협의회, 「전국노동조합협의회 강령」, 1990년 1월 22일 제정.

한국의 강력한 경제 세력 중 하나는 민주노동조합총연맹(민주노총)이
다. 한국은 세계적으로 노동운동이 강력한 나라에 속한다. 단순한 파
업은 세계 어느 나라에서나 벌어진다. 그런데 한국의 파업은 다른 나
라와 다르게 전개된다. 회사와 적절한 수준에서 협상하는 대신 노조
의 요구를 완전히 관철하는 것을 목적으로 하느라 팽팽하게 대립할
때도 있고, 그러다 폭력 사태나 파괴 행위가 일어나기도 한다. 협상
대상자가 있는데 일방의 요구를 완전히 관철하는 것은 어렵다. 그래
서 노조와 회사의 협상 중에는 결과가 나지 않고 장기화되거나, 회사
가 직장폐쇄 등 대응 조치를 하는 경우도 많이 일어난다. 그리고 이런
개별 노조의 싸움 뒤에는 민주노총이 있다. 사회적 이슈가 되었던 현
대자동차나 GM 파업 등에는 모두 민주노총이 뒤에 있었다.

　　노동자 운동, 파업 등에만 민주노총의 영향력이 있는 것은 아니
다. 정부의 경제 정책, 노동 정책 수립에도 민주노총의 영향력이 미친
다. 한국 정부의 정책 수립 과정에서 단순히 공무원 몇몇이 모여앉아

정책을 결정하는 경우는 많지 않다. 이전에는 그런 식이었지만 지금은 반드시 외부 이해관계자들의 자문, 심의 등을 받게 되어 있다. 위원회를 두고 위원회 의결을 거치도록 하는 경우도 많다. 이런 이해관계자, 위원회 위원에 시민단체 대표가 포함되는데, 경제 문제인 경우 민주노총 관계자가 여기에 포함된다. 시민단체나 민주노총이 강력히 주장한다고 해서 그 사안이 실제 정책이 되는 경우는 많지 않지만, 최소한 이들이 강력히 반대하는 사안은 정책으로 나오기 어렵다. 참여연대나 민주노총 등은 그런 식으로 한국 정책에 큰 영향을 미친다.

한국의 주요 노동자 단체는 한국노총과 민주노총 두 개가 있다. 그런데 파업 등으로 쟁점이 되는 경우, 정책 논의 과정에서 쟁점이 되는 것은 주로 민주노총이다. 민주노총이 한국노총보다 훨씬 강한 주장을 하고, 또 강력히 밀어붙인다. 같은 노동자 단체지만 두 단체는 서로 사이가 좋다고 할 수 없다. 그런데 이 두 단체가 서로 갈등 관계에 있는 것은 이 두 노동단체의 탄생을 고려하면 당연한 일이다.

한국은 공산주의를 내건 북한과 전쟁을 치렀다. 공산주의는 노동자들을 위하는 사상이다. 전쟁 이후 1980년대까지 이어진 독재 정권에서 '반공'이 사회 전체를 억누르면서 노동운동, 노동자 단체 등도 탄압 대상이거나 불법으로 여겨졌다. 하지만 정권이 싫어한다고 해서 국제적으로 인정되는 노동조합을 한국에서만 금지할 수는 없었다. 그래서 어디까지나 정부에 협력하는 노동단체로 정부로부터 인정받은 것이 한국노총이었다. 이른바 '어용 노조'이다. 하지만 독재

정권 시절에는 제대로 된 노동 운동이 불가능했다. 그러면 당시 노동자 권익 보호를 아예 포기했어야 했을까? 주어진 상황에서 어쨌든 노동자들의 권익을 위해서 노력을 하는 것이 필요하지 않았을까? 노동자 단체가 아예 없는 것보다는 그래도 정부와 협상을 하면서 노동자의 권익을 위해 노력하는 것이 더 낫지 않았을까? 한국노총은 그런 역할을 해왔다.

1987년 6월, 민주 항쟁이 발생한다. 1980년에 만들어진 5공화국 헌법은 대통령을 국민 직선이 아니라 대통령 선거인단에서 선출하도록 했다. 1987년 겨울에 다음 대통령 선거가 예정되어 있었는데, 그 전에 직선제로 헌법을 바꾸는 것이 당시 정치적 쟁점이었다. 정권 교체를 이루느냐 마느냐가 이 개헌에 달려 있었다. 1987년 4월 13일, 당시 전두환 대통령은 이번 대통령 선거는 현재 헌법하에서 간선으로 치르도록 하겠다는 발표를 한다. 소위 '호헌' 조치이다. 그다음 날부터 '호헌 철폐'와 '직선제 쟁취'를 외치는 시위가 전국적으로 확산되었다. 학생만 시위한 것이 아니라 일반 시민도 참여하면서 전면적인 민주화 항쟁으로 발전하였다.

6월 29일, 노태우가 앞장서서 직선제를 수용하는 등 개헌 조치를 담은 '6.29 선언'을 발표하였다. 당시 권력층이 항복하고, 시민의 힘으로 정치를 바꾼 것이다. 1960년 4.19 이후 처음이었다. 시위를 통해서 세상을 바꾸었다는 것은 국민 인식을 크게 달라지게 했다. 그리고 6.29 선언 이후, 전반적인 사회 개편 요구가 시작된다. 곧 노동자 대투쟁이 일어났다. 그동안 억눌려 지낸 노동자들의 시위 운동이 전국적으로 벌어졌다. 그런데 이때 노동자 대투쟁은 공장만이 아니라 대부분 회사에서 일어났다. 공식 시위는 아니더라도, 아랫사람이 윗사람에게 요구 조건을 제시하고 태업 등을 했다. 중·고등학교에서도 학생이 선생에게 시위했고. 선생도 교장, 교육감에 대해 시위를 했다. 이전에는 '하극상'이라 하여 받아들여지지 못할 행위가 벌어졌다.

노동자는 그동안 억눌린 것들을 분출하고 요구를 주장했는데, 그동안 노동자 단체였던 한국노총의 주장과는 많은 차이가 있었다. 한국노총은 정부와 협의를 해서 현실적으로 달성 가능한 것을 주장하는 식이었다. 말해도 받아들여지지 않을 것에 대해서는 크게 주장하지 않았다. 노동자는 자신이 정말로 원하는 것을 말해줄 수 있는 조직의 필요성을 이야기했고, 이에 따라 1990년 1월 한국노총과 별개로 전국노동조합협의회(전노협)가 만들어진다. 이 단체가 1995년 민주노동조합총연맹, 즉 민주노총이 된다.

한국노총은 정부나 기업체와 협상해서 실제로 얻을 수 있는 것을 의제로 삼았다. 민주노총은 그런 것과 관계없이 노동자가 최대한 원하는 것을 의제로 삼았다. 민주노총의 주장이 훨씬 선명하고 노동자에게 좋다. 하지만 실현 가능성이 떨어지고, 협상은 차후 방법이었기에 정부나 기업을 상대로 분쟁이 발생할 수밖에 없다. 주장이 다르고 원하는 것을 얻는 과정이 다르니 한국노총과 민주노총 간에도 대립이 생겨났다. 또 민주노총 노동자는 그동안 한국노총에 포함되지 않았던 미조직 노동자가 새로 민주노총에 합류한 경우도 있지만, 일부는 한국노총 노동자가 민주노총으로 옮겨가기도 했다. 이후 한국노총과 민주노총은 서로 경쟁 관계에 들어선다.

민주노총은 현재까지 노동정책, 기업정책에 많은 영향을 미친다. 민주노총이 원하는 것이 그대로 반영되는 경우는 많지 않다. 원래 실현 가능성을 크게 고려하지 않기에 정작 민주노총이 주장한 것이 반영되기는 어렵다. 하지만 점차 민주노총이 주장한 방향으로 움직이기 시작했다. 원래 1인 상태에서 민주노총은 10을 요구한다. 그러면 10까지 가지는 않지만, 최소한 3~4 정도로는 움직인다. 이전보다 훨씬 노동자에게 좋아진 것은 분명하다.

반면 한국의 강한 노동운동은 기업이 공장을 한국에 세우지 않고 해외로 빠져나가게 했다. 또 주로 정규직 노동자에 초점을 맞추면서 정규직과 비정규직 간 차별을 방치하거나 차이를 키우는 데 일조하기도 했다. 좋은 쪽이든 나쁜 쪽이든, 민주노총은 한국 경제에 주요한 영향을 미치는 요인이다. 1987년 6월 항쟁이 만들어낸 또 하나의 변화이다.

32

1988년 외국인 노동자 유입

한국 경제를 온몸으로 버티는 힘

그동안 우리 모두 허리띠를 졸라매고 땀 흘려 엄청난 노력을 했습니다. 그 결과 의식주 중 이제 먹고 입는 문제, 큰 걱정 없게 되었습니다. 이제부터 내 집을 가지겠다는 모든 보통 사람의 꿈이 이루어지도록 이 사람 획기적인 정책을 추진해 나가려 합니다. … 집 없는 설움보다 더한 것이 어디 있겠습니까. 우리는 국민소득 4천 불 시대를 맞았습니다. 그동안 경제성장에 몰두하다 보니 이 절실한 서민들의 주택문제를 돌볼 겨를도 없었습니다. 그동안 주택정책은 정부 형편이 넉넉하지 못해 집을 살 능력이 있는 중산층 이상의 주택건설에만 치중했습니다. 그러다 보니 도시 주변에는 달동네가 즐비하게 들어섰습니다. 손바닥만 한 판잣집에 서너 세대가 비벼대고 사는 안타까운 우리 이웃이 늘어났습니다. 근로자와 젊은 세대 등 열심히 일하는 보통 사람에게도 내집 마련은 꿈처럼 아득해

보이기만 합니다. 저는 이런 현실을 방치해 놓고서는 보통 사람의 위대한 시대는 열릴 수 없다고 깊이 생각했습니다. 이들 보통 사람에게 내 집 마련 꿈을 당장 실현할 있는 주택정책을 올해부터 이 정부의 정책 의지를 걸고 밀고 나가려 합니다.

「보통 사람들의 밤에서의 노태우 총재 연설」, 1989년 2월 24일.

1988년 9월, 노태우 대통령은 4년 안에 주택 200만 호를 건설하겠다고 발표한다. 한국 부동산에서 가장 중요한 사건 중 하나로 거론되는 주택 200만 호 건설이 이렇게 시작되었다. 200만 호 건설은 이후 한국 경제에 많은 족적을 남겼다. 우선 그동안 계속 오르던 집값이 하락세로 돌아섰다. 사회 전체적으로 집값이 하락한 것은 한국에서 처음 나타난 현상이었다. 이후 다시 집값이 상승하기까지는 10년 정도 시간이 걸렸다. 다른 어떤 부동산 정책보다도 주택 공급 증가는 집값을 하락시킨다는 것을 확실하게 보여주었다.

주택 건설 과정에서 분당, 일산, 평촌 같은 신도시가 개발되었다. 한국의 신도시는 200만 호 건설의 산물이다. 또 무리한 정책 추진의 부작용에 대해서도 논란을 일으켰다. 4년 사이에 200만 호를 지으려면 1년에 50만 채를 지어야 한다. 1988년에는 1년에 24만 채가 지어졌다. 1년 사이에 갑자기 두 배를 더 지으면서 자재 가격이 오르고 물가가 상승하는 부작용도 있었다. 심지어 건축 자재가 부족해서 바닷

모래를 사용하는 일까지 생겼다. 이는 부실시공 논란으로 이어지기도 했다.

그런데 이때 이후의 한국 경제에 큰 영향을 미치는 사건이 하나 더 일어난다. 바로 외국인 노동자의 유입이 시작된 것이다. 건설 공사를 하기 위해서는 인력이 필요한데 200만 호 목표에 맞추기 위해서는 건설 인력이 두 배가 넘게 필요했다. 그런데 인력을 갑자기 두 배로 늘릴 수는 없었다. 건설 인부 일은 대표적인 3D 업종으로 몸과 힘을 써야만 하는 일이다. 그뿐만 아니라 건설 인부는 일용직에 해당한다. 때문에 아무리 임금을 높이 준다 해도, 인원수 증가에는 한계가 있다.

전국의 공사장이 인력 부족 사태를 겪었다. 이때 나온 방안이 외국인 노동자였다. 그때까지 한국에서 외국인 노동자는 찾아보기 힘들었다. 외국인이 한국에서 일하는 것 자체가 법적 보호를 받지 못 했고, 또 외국인이 한국에 일하려고 찾아오지도 않았다. 다른 나라로 일하러 가는 것은 자국과 비교해 임금 격차가 클 때의 일이다. 당장 1970년대의 중동 건설 붐을 생각해보면 된다. 임금이 비슷하거나 별 차이 없다면 일부러 외국까지 가서 일할 리가 없다. 1980년대 중반까지 한국은 외국인 노동자를 고용할 수준이 아니었다. 한국 자체가 저임금이었고, 달러도 귀했다. 그런데 1986년부터 3저 호황으로 국제 수지 흑자를 겪으며 물가와 임금이 모두 올랐다. 앞서 본 1987년 6월 노동자 대투쟁으로 노동자의 임금이 오른 것도 영향을 미쳤다. 게다가 200만 호 건설을 추진하면서 부족해진 건설 노동자들의 임금은 더 올랐다.

그래서 이때를 계기로 외국인 노동자가 한국으로 유입되기 시작했다. 외국인 노동자 채용을 관리하는 정부도 이때는 손을 놓았다. 200만 호 건설은 대통령이 강력히 추진하는 국책 사업이었기 때문에, 외국인 노동자가 일하는 것을 눈감아주어야 했다. 그렇지 않으면 정말로 일할 인부가 없는 실정이었다. 그 이전에는 쉽게 찾아볼 수 없던 외국인 노동자들이 200만 호 건설 이후 우리 주변에서 쉽게 볼 수 있는 사람들이 되었다.

이후 외국인 노동자 유입은 점차 다른 분야로 파급되었다. 중소제조업에도 외국인 노동자가 본격적으로 들어오기 시작하더니 1990년대 이후에는 그 규모가 급속도로 증가한다. 외국인 노동자에 대한 제도적 정비도 이루어졌다. 1991년에는 해외투자업체 연수 제도가 실시되고, 1993년에는 외국인 산업기술 연수제도가 도입된다. 2003년에는 외국인 근로자 고용에 관한 법률이 만들어졌고, 2004년부터는 고용 허가제를 시행하고 있다.

외국인 노동자의 수는 2018년 기준 88만 명이 넘는다. 전체 취업자 중 3.7%로 100명 중 3~4명이 외국인 노동자이다. 이것은 정식으로 허가를 받고 체류하고 있는 외국인 노동자만을 센 수치다. 불법 체류 노동자까지 합하면 그 수가 더욱 늘어날 것이다.

외국인 노동자가 한국에 미친 영향은 상당히 크다. 특히 해외 경제학자 중에는 1990년대 이후 한국의 경제발전에서 외국인 노동자들의 역할이 필수적이었다고 보는 사람들이 많다. 경제발전이 되고 사람들의 소득 수준이 높아질수록 어렵고 힘든 육체노동, '3D 업무'는 기피하려고 한다. 그렇지만 한 사회가 유지되기 위해서는 반드시 그런 일을 할 사람이 필요하다. 건설 노동자, 유해 환경 공장 노동자, 청소 업무나 식당 등에서의 단순 저가 노동 등이 없으면 사회가 유지될 수 없다. 기술 발전으로 많은 업무가 자동화된다고 하지만 오히려 이런 업무는 자동화하기 힘들다. 사람은 계속 필요하지만, 인력 부족 문제는 점점 심각해진다. 이 문제를 해결해야만 계속 그 사회나 나라가 발전해 나갈 수 있다. 아무리 우수한 반도체를 생산한다고 해도 그 공장의 하수구나 정화조를 청소하는 사람이 없다면 공장은 유지될 수 없다.

다민족 국가인 경우, 그 국가 내에서 하층 대우를 받는 민족이 그런 일을 주로 담당한다. 미국의 경우 흑인이나 히스패닉들이 3D 업무에 많이 종사한다. 물론 3D 업무에 아주 높은 임금을 주는 방식도 있다. 호주의 경우 거리 청소부의 연봉이 1억 원을 넘기도 하고, 농장에서 일하면 한 달에 몇백 만 원을 저축할 수 있는 수준의 임금을 준다. 한국의 경우 외국인 노동자에게 그런 일을 맡겼다. 한국에는 90만 명에 가까운 외국인 노동자가 있다. 그들 대부분은 겉으로 잘 보이지 않는 3D 업무를 하고 있다. 이들이 없다면 현대 한국 경제는 버티지 못한다. 1980년대 200만 호 건설 이후 유입되기 시작한 외국인 노동자는 여전히 한국 경제를 몸으로 버티고 있다.

33

국제사회에 한국을 알리다

우리나라의 OECD 가입 의미가 무엇이라고 생각하는가?

— 세계 경제를 선도하는 진정한 일원으로 참여할 수 있게
돼 지속적 발전 토대를 마련했다고 생각한다.

구체적으로 무엇이 우리에게 도움이 되는지 지적한다면?

— OECD 가입으로 얻는 이득이 눈에 두드러지지 않는다
는 말을 많이 하는데 사실이다. 그러나 눈에 보이지 않는
다고 해서 중요성이 떨어지는 것은 아니다. 모든 법과 제
도를 선진규범에 맞춘다는 사실은 우리나라가 경제뿐
아니라 사회제도 자체를 선진형으로 탈바꿈시켜 나간다
는 것을 뜻한다. 경제가 어느 수준에 올라서면 사회체제
의 정비 없이 더 이상의 발전이 불가능하다는 것은 이미

227

김상영 특파원, 「OECD 가입 실무책임 김중수 공사 '진정한 선진국' 도약 발판 마련」,
『동아일보』, 1996년 10월 1일.

1988년, 대한민국 서울에서 제24회 하계 올림픽이 열렸다. 아시아에서는 1964년 도쿄 올림픽에 이어 두 번째였다. 서울 올림픽 개최가 결정된 것은 1981년 9월 30일 독일 바덴바덴에서였다. 일본의 나고야와 경합이 붙었는데, 52표 대 27표로 서울이 1988년 올림픽 개최지로 결정되었다. 이후 1988년까지, 한국은 서울올림픽을 준비하는 것이 주요한 정책 목표이자 사회의 지향점이 되었다.

올림픽은 전 세계 사람이 주목해서 보는 스포츠 이벤트다. 전 세계 선수단이 참여하고, 미디어도 모여든다. 그래서 올림픽이 열리면 세계 많은 사람이 개최국에 대해 잘 알게 된다. 도시나 국가의 홍보 효과 측면에서 올림픽이나 월드컵 개최만 한 것이 없다.

이런 홍보 효과만을 위해서 올림픽을 여는 것은 아니다. 올림픽은 사회간접자본을 만들 수 있는 좋은 기회를 제공한다. 먼저 올림픽을 열기 위해서는 체육관이 많이 필요하다. 체육관만 지어서는 안 된다. 서울 올림픽의 경우 서울 시내의 체육관만이 아니라 수원 핸드볼 체육관, 하남 미사리 조정 경기장, 부산 요트 경기장, 주요 도시의 축구 경기장 등이 만들어졌는데, 이 경기장을 서로 연결해주는 제대로 된 도로망도 갖추어야 한다.

몇만 명에 달하는 선수단과 관련자가 오기 때문에 그들이 묵을 숙소도 마련해야 한다. 서울올림픽의 경우 아예 선수단과 기자들이 묵을 아파트 122개 동을 지어 올림픽 이후 선수촌 아파트로 분양하기도 했다. 아니면 그만큼의 인원을 수용할 수 있도록 호텔을 만들어야 했을 것이다.

올림픽을 개최하면 대규모의 사회간접자본이 만들어진다. 올림픽을 열기 위해서라고 하면 많은 반대에도 불구하고, 부족한 재원에도 불구하고 어쨌든 만들 수밖에 없다. 그런데 이런 홍보 효과나 사회간접자본 이외에 올림픽이 개도국에 미치는 영향으로 더 중요한 것이 있다. 소위 말하는 시민 의식이다. 길거리에 휴지를 버리면 안 된다, 길에 침을 뱉으면 안 된다, 여러 사람이 기다릴 때는 줄을 서야 한다. 이런 당연한 것들이 이전엔 일부러 강조해야 하는 것이었다. 선진국의 거리가 깨끗하게 느껴지는 데 비해 개도국의 거리가 지저분하게 보이는 것은 이런 차이 때문이다.

올림픽이 열리면 많은 손님이 찾아온다. 우리로서는 비싼 돈을 들여 초대한 것인데, 기왕이면 깨끗하고 정돈된 모습을 보여주고 싶을 것이다. 집에 손님을 초대할 때도 미리 청소를 해서 깨끗한 모습을 보여주는 것과 같다. 그런데 집은 하루 이틀 열심히 청소하면 깨끗해질 수 있지만, 국가는 그렇게 되지 않는다. 국민이 공공장소를 깨끗하게 사용하는 게 버릇이 되어야 한다. 쓰레기 버리지 말기, 거리에서

침 뱉지 말기, 옷 벗고 다니지 말기, 거리에서 용변 보지 말기 등 여러 캠페인이 진행된다. 소위 국제 기준에 맞는 거리와 매너를 만들려고 하고, 그에 대한 시민 의식을 만드는 노력을 한다.

일본은 거리가 깨끗하고 사람들이 친절한 것으로 유명하다. 그런데 예전의 일본은 어땠을까? 믿기지 않지만 일본도 지저분한 때가 있었다. 일본의 과거 기차 사진을 보면 온갖 쓰레기로 바닥이 보이지 않을 정도다. 일본은 1964년에 도쿄 올림픽을 개최하면서 쓰레기 버리지 않기 등 시민 캠페인을 벌였고, 지금의 깨끗한 일본이 되었다. 한국도 마찬가지이다. 1988년 이전에는 거리에서 침 뱉는 게 아무렇지 않았다. 지금도 침을 뱉는 사람들이 있지만, 그걸 못 참아하는 사람이 더 많아졌다. 올림픽은 그런 식으로 국제적인 청결 감각, 사회 질서 기준을 심어준다. 한국의 경우 1988년 이전에는 전통 사회의 기준에 따라 도시 생활을 하는 게 많았다면, 1988년 이후에는 국제적인 기준에 따라 도시 생활을 하게 되었다고 볼 수 있다.

88올림픽과 더불어 또 하나 한국인의 국제 감각, 국제적 기준의 정착에 큰 영향을 미친 것이 바로 OECD, 경제협력개발기구(Organization for Economic Co-operation and Development) 가입이다. OECD는 흔히 선진국 클럽이라 불린다. OECD에 가입한 국가는 미국, 일본, 독일, 영국, 프랑스 등 전통적인 산업 강대국을 비롯해 이탈리아, 캐나다, 호주, 스웨덴 등의 중견국까지 포괄한다. 한국은 1996년에 가입했고, 2018년에 리투아니아와 콜롬비아 등이 가입해서 2020년 9월 기준

37개국의 회원국으로 이루어져 있다. OECD는 단순히 GDP를 기준으로 가입할 수 있는 게 아니다. 경제적으로 어느 수준 이상의 발전은 기본이지만, 그보다 더 중요한 것은 정치적 민주화이다. OECD는 다원적 민주주의, 자유시장경제, 인권 존중을 기본적인 이념으로 하고 있다. 이런 이념을 바탕으로 자본 자유화, 금융시장 자유화, 경제 정책의 개방성, 무역, 농업 부문의 시장경제 여부 등을 검토하고, 조세, 환경 등 사회 여러 부문의 기준 심사를 모두 통과해야 OECD 가입이 가능하다. 이런 여러 부문의 기준에서 가장 큰 전제가 바로 민주 국가여야 하는 것이다. 다른 국제기구는 GDP가 커지거나 정치적인 위상이 높으면 들어갈 수 있다. 하지만 OECD는 그렇지 않다. 경제나 정치만이 아니라 다른 사회 제도가 국제 기준에 맞아야만 가입할 수 있다. 중국이 아무리 미국과 더불어 G2로 불리며 세계를 상대로 힘을 과시해도 당분간은 OECD에 가입하기 어려운 것도 이 때문이다. 실제로 사회가 개방적으로 발전한 국가만이 OECD에 가입할 수 있고, 그래서 OECD가 선진국 클럽이라는 평가를 받는 것이다.

한국은 1990년대에 OECD에 가입하기 위해 많은 노력을 했다. 그래서 1996년에야 간신히 OECD 가입에 성공했다. 사실 한국은 OECD에 가입하기 위해 약간 무리를 한 편이다. 먼저 조건에 맞추느라 당시 한국에서는 아직 시기상조라는 평가가 있던 자본자유화를 추진했다. 또 1인당 GDP 수준을 높이기 위해 환율 가치도 높였다. 환율 가치 상승으로 무역수지가 적자를 기록하고, 자본자유화로 핫

머니가 유입되면서 1997년 IMF 외환위기가 발생하는 데 영향을 끼쳤다. 그래서 OECD 가입에 대해 비판적인 입장도 많다.

하지만 그 후의 한국 경제 방향을 보면 1996년 OECD 가입은 분명 한국에 긍정적 영향을 미쳤다. 경제가 성장하면 그에 따라 계속해서 새로운 정책이 필요하고 마찬가지로 새로운 규제가 요청된다. 그때 OECD 기준이 어떤 방향으로 나아가야 하는가에 대한 지침을 제시한다. 다른 OECD 국가들은 어떻게 하고 있는지, 또 OECD 평균은 어떤지가 한국 정책의 기준이 된다.

한국 경제의 규모에서 경제 성장률이나 인플레이션은 어느 정도가 적정할까? 이럴 때 다른 OECD 국가와 비교해서 한국이 높은지 낮은지를 판단한다. OECD 국가 평균 성장률보다 한국의 경제성장률이 높으면 잘한 것이고, OECD 평균보다 낮으면 부족한 것이다. 국가 부채 비율은 어느 정도가 적정할까? OECD 국가 평균보다 낮은 수치이면 괜찮은 것이고, OECD 국가 평균보다 높으면 문제가 있는 것이다. 한국의 사행산업은 어느 정도 규모로 시행되어야 할까? OECD 국가 평균을 기준으로 한국 사행산업의 적정 규모를 산정한다. 그런 식으로 어떤 정책을 고민할 때 OECD 국가 평균치를 참고하면서 방향성을 설정한다. OECD라는 하나의 기준을 가지고 정책을 고민하는 것이다.

그런 점에서 한국이 OECD 평균치에서 가장 부족하고 개선해야 할 영역이 바로 노동 부문이다. 노동 문제의 여러 기준을 국제 기준에 맞추어야 한다는 주장의 경우 그 국제 기준이 OECD 국가 평균치 혹은 개별 OECD 국가들인 것이다. 사실 OECD 기준이 아니면 한국의 현재 제도나 상황이 문제라고 주장할 근거가 별로 없다고 볼 수도 있다. 그런 점에서 지금 한국이 OECD 국가라는 것은 실제 정책 결정이나 집행 과정에서 상당히 중요하다. OECD는 현재 한국 경제 정책 결정의 기준이면서 평가의 기준이 되었기 때문이다.

1950

1960

1970

1980

1990

2000

2010

제5부　1990년대

34

환경문제의 중요성을 인식하다

두산전자의 낙동강 페놀유출사고로 곤욕을 겪고 있는 두산그룹은
이번 사고의 영향이 그룹 전체로까지 파급되지나 않을까 전전긍긍
하는 모습이다. 두산그룹은 두산전자 매출규모가 22개 계열사 중
14위어서 그룹 내 비중은 그리 크지 않지만 이번 사고의 중대성에
비추어 볼 때 각종 시민불매운동이 그룹 전체를 대상으로 확산될 조
짐을 보이자 '어쩔 수 없는 일'이라면서도 파급이 축소되기를 은근
히 바라는 눈치이다. 두산의 한 관계자는 "두산그룹의 주력 업종은
그동안 술과 음료수 등이었는데 이번 사고로 시민단체의 불매운동
과 업소 쪽의 호응으로 상당한 판매 위축이 예상되고 있다"면서 "어
쨌든 우리가 잘못한 일인 만큼 감수할 수밖에 없다"고 말했다.

「두산 "창업이후 최대위기" 한숨 '낙동강 페놀방류사건' 업계 파문」, 『한겨레』,
1991년 3월 24일.

지금 한국에서 가장 중요한 사회적 이슈는 '환경'이다. 이명박 정부의 4대강 사업에 대한 비판을 비롯해 제주도 해군기지 건설 반대, 고압 송전탑 설치 반대, 국립공원 케이블카 설치 반대 등 환경운동 문제는 다양한 곳에서 발생한다.

일상에서도 환경 문제는 중요하다. 재활용 정책, 미세먼지 대응정책도 환경에 대한 관심에서 비롯된 것이고, 원자력 발전을 줄이고 재생 에너지를 이용한 발전을 늘리려는 것도 환경 문제 때문이다. 한국에서 환경 문제를 고려하지 않고 사업을 추진하는 것은 사실상 불가능하다.

한국에서도 경제 성장을 위해 환경 파괴를 불사하던 때가 있었다. 환경이 중요한 가치로 부각되기 시작된 것은 1991년 낙동강 페놀 오염 사건 이후부터이다. 1991년 3월 16일 오후 2시경, 대구에 사는 한 주부가 대구시 상수도본부에 수돗물에서 악취가 난다고 항의 전화를 했다. 잠시 후 대구시 전역에서 수돗물에 문제가 있다는 전화가 오기 시작했다. 수돗물 냄새를 맡으면 머리가 아프다, 수돗물을 먹으면 배가 아프고 설사를 한다, 수돗물에 분유를 타서 아이에게 먹였더니 온몸에 열꽃이 일어난다. 그렇게 대구 상수도를 사용하는 전 지역에서 문제가 발생했다.

대구시와 상수도본부는 원인을 찾기 시작했고, 머지않아 두산전자의 페놀 유출이 문제였음이 밝혀진다. 두산전자에서 페놀이 유출된 것은 3월 14일 밤 10시경이었다. 페놀 저장 탱크와 연결된 파이프가 고장 나면서 페놀이 유출된다. 두산전자가 이 사실을 알게 된 것은 다음 날 6시 무렵이었다. 그 사이 30톤의 페놀이 유출되었고, 두산전자는 이 사건을 외부에 알리지 않고 자체적으로 파이프를 수리하는 것으로 일을 끝낸다.

이 페놀이 낙동강으로 흘러 들어가 상수도 시설이 있는 대구까지 가는 데는 채 하루도 걸리지 않았다. 16일 새벽에는 페놀 오염수가 상수도 수원으로 유입되었다. 상수도 공사의 정수 과정 중에는 염소로 소독하는 과정이 있다. 페놀은 그 자체로는 유해하지 않지만, 염소와 만나면 화학작용이 일어나면서 클로로페놀이라는 화학물질로 변한다. 클로로페놀은 악취가 나고 암을 유발하는 유독물질이다.

두산전자가 페놀 유출을 알았을 때 곧장 상수도 담당 행정기관에 알렸다면 큰 문제 없이 해결할 수 있었을 것이다. 하지만 두산전자는 사실을 은폐했고, 이는 페놀 오염 사태로 커져 버렸다. 당시 언론에서는 이 사건을 '페놀 폐수 방류'로 보도했지만, 사실 페놀 유출은 사고였다. 두산전자가 정화 비용을 아끼기 위해 폐수를 몰래 방류한 것은 아니었다. 하지만 사건을 은폐하는 과정에서 '방류'라는 딱지까지 붙어 버린 것이다.

두산전자는 30일 영업정지 처분을 받았다. 하지만 시민은 그것으로 넘어가지 않았다. 경실련, YMCA 등 주요 시민단체는 페놀 오염 대책 협의회를 만들고 시위 퍼포먼스를 했다. 두산 제품에 대한 불매 운동도 일어났다. 소비자만이 아니라 슈퍼마켓 조합 등 유통업체도 두산 제품을 진열대에서 치웠다.

당시만 해도 경제발전이 환경보다 훨씬 더 중요하다고 생각할 때다. 두산전자로서는 공장을 계속 세워두면 수출에 지장이 생긴다. 정부는 20일 만에 두산전자의 공장 재가동을 허락했다. 고의 방류가 아니라 안전사고였으니 20일 정도면 충분하고, 이로 인해 경제가 부담되는 것은 피하겠다는 것이었다.

4월 22일, 조업을 시작하고 10일 만에 또다시 페놀이 유출되었다. 파이프 배관 이음새가 고장 나면서 1,300kg의 페놀이 또 유출되었다. 시민의 분노는 걷잡을 수 없게 커졌고, 결국 두산그룹 회장이 자리에서 물러났다. 당시 환경처 장관과 차관도 경질되었다.

페놀 사건은 단순히 페놀이 유출되어 큰 피해가 있었다는 것에 그치지 않는다. 이 사건 이후 본격적으로 한국의 환경운동이 시작하였다. 먼저 전국에 수많은 환경 시민단체가 생기기 시작했다. 또 주요한 시민단체였던 경실련, YMCA 등도 환경에 관심을 두고 환경 관련 업무를 담당하기 시작한다. 페놀 사건 이전에는 환경 문제의 직접적인 피해자가 당사자로 활동하는 게 주였다면, 페놀 사건 이후에는 직접적인 피해자만이 아니라 전국적 시민 차원에서 환경 문제에 접근하게 된 것이다. 페놀 사건으로 전 국민이 환경의 중요성을 인식하게 된 것이 그 배경이었다.

목적은 다르지만 기업도 환경에 관심을 두게 되었다. 기업을 움직인 것은 결국 이윤이었다. 기업 입장에서 회사 매출에 별 상관이 없다면 아마 환경오염에 그렇게까지 신경을 쓰지는 않을 것이다. 하지만 환경오염 문제로 매출이 급격히 감소한다면 이야기가 달라진다. 페놀은 두산전자 한 기업에서 유출되었는데, 두산그룹과 관련된 제품 전체에 대해 불매 운동이 벌어졌다. 두산의 대표적인 제품이었던 OB맥주에서만 그해 매출이 1,000억 원가량 감소하였다. 더구나 두산은 그룹 총수가 자리에서 물러나기까지 했다. 이렇게 환경이 기업의 이해관계와 직결되면서 기업은 환경에 신경을 쓰지 않을 수 없게 되었다. '환경'이 기업 의사결정의 주요 변수가 된 것이다.

정부도 마찬가지이다. 그동안은 환경오염 문제는 신경 쓰지 않고 경제개발, 경제성장, 수출증대를 추구했다. 하지만 이제 그런 식으로 밀어붙일 수만은 없다는 것을 알게 되었다. 경제와 환경 간의 관계에 대한 패러다임이 바뀐 것, 그것이 페놀 사건이 가져온 변화였다.

35

주식 시장의 패러다임을 바꾸다

투자한도 설정 및 계산기준

— 외국인 전체 및 1인의 취득 한도는 당해 종목 발행주식 총수의 10% 및 3%로 하되, 재투자외국인의 전체 및 1인의 한도는 기허용 외국인 취득분과 별도로 각각 5% 및 2%로 하였음

— 이는 당초 약속한 개방계획의 확실한 추진으로 국내 주식시장에 대한 대외 이미지 개선과 개방 진전에 따른 투자 심리 회복 등 국내 주식시장에 새로운 활력소를 부여하는 계기를 제공함에 있음

— 따라서 내년 1월부터의 일반 외국인에 대한 주식시장 개방 시에는 기허용 외국인을 포함한 모든 외국인을 총망라하여 외국인 전체 및 1인당 취득 한도는 당해 종목 발

행주식총수의 10% 및 3%로 하는 것

— 또한 산업 정책상 또는 해외증권발행기업의 해외에서의
자금조달 지원을 위해 증권감독원장은 위원회가 별도로
정하는 기준에 따라 일반한도와 달리 예외한도를 정할
수 있도록 함

증권감독원 국제업무국, 「외국인의 주식매매거래 등에 관한 규정 제정 관련 문답 자료」,
1991년 10월.

현재 한국 국민의 65%가 노후나 여유자금 마련 등을 이유로 재테크를 하고 있다. 재테크에서 가장 큰 비중을 차지하는 것이 바로 주식이다. 물론 부동산에 대한 관심이 더 많지만 일반인 입장에서 소요 자금이 많이 필요한 부동산은 쉽게 접근하기 어렵다. 그래서 일반적인 재테크 수단은 주식, 혹은 주식과 연관된 펀드와 같은 금융 상품이다.

한국의 주식투자, 금융 상품과 관련해서 가장 중요한 사건은 1990년대에 OECD 가입을 위해 추진했던 자본시장 자유화이다. OECD에 가입하려면 외국과의 돈거래가 자유로워야 했다. 1980년대 말에 국제수지가 흑자로 돌아서면서 더는 달러 유출을 엄격히 막지 않아도 되었던 것도 자본시장 자유화를 가능하게 만들었다.

1992년 1월, 자본시장 자유화 조치로 외국인이 국내에 상장된 주식을 직접 살 수 있게 되었다. 이전까지 외국인은 국내 주식 시장에

접근하기가 어려웠다. 외국인 투자자금이 주식을 사고팔면 그에 따라 외화도 자유롭게 들어오고 나가야 하는데, 자본시장이 규제되고 있었기 때문에 그럴 수가 없었다. 또 우리나라 기업을 외국인이 소유한다는 것에 대한 반감이 컸고, 외국 주주에게 경영 간섭을 받는 것도 원하지 않았다.

자본시장 자유화는 그런 제한을 없앴다. 주식을 취득할 수 있는 범위는 단계적으로 늘어났다. 1992년 1월, 외국인은 국내 주식을 종목당 전체 주식 수의 10%까지 살 수 있었다. 1997년 11월에는 그 비중이 종목당 26%로 증가했다. 2020년 현재는 원칙적으로 종목당 비중 제한이 없다. 삼성전자의 경우 발행 주식의 약 58%를 외국인이 보유하고 있다. 쌍용차는 외국인의 비중이 약 80%에 이른다. 주주 구성으로만 보면 이 기업이 한국 기업인지 외국 기업인지 구별하기 어려울 정도다.

1992년 이전의 한국 주식 시장과 그 이후의 한국 주식 시장은 완전히 다르다. 단지 외국인 투자에 문을 열었을 뿐인데 뭐가 그렇게 달라졌을까? 사실은 투자 문화와 투자 상식, 투자 관행 등 모든 게 달라졌다.

'기업이 성장하고 이익이 증가하면 주가도 오른다'
'좋은 주식을 고르면 2배, 5배, 심지어 10배의 수익도 낼 수 있다'

'주식 투자를 하려면 기업에 대해 잘 알아야 한다'

'저 PER 주, 저 PBR 주가 저평가된 주식이다.'

'저평가 주를 사서 오래 소유하고 있으면 수익을 낼 수 있다'

지금은 누구나 아는 당연한 투자 상식이다. 그런데 1992년 이전에는 당연하지 않았다. PER(주가수익비율)이나 PBR(주가순자산비율)이 뭔지, 그런 지표들을 이용해서 어떻게 주식 투자를 한다는 것인지 알지 못했다.

지금은 주식의 액면가가 100원, 500원, 1,000원, 5,000원 등 다양하지만 그 당시 한국 주식의 액면가는 모두 5,000원 하나뿐이었다. 주가는 각 업종 분야에서 가장 좋은 회사의 주식, 우량주들이 3만 원대였고, 대부분은 모두 1~2만 원대였다. 주가가 가장 비싼 게 태광산업 주식으로 이것 한 종목만 40,000원이 넘었다. 태광산업의 1주 40,000원은 '넘사벽'이었다(태광산업은 지금도 한 주에 1,000,000원이 넘는 초우량주이다). 주가 등락 폭도 크지 않아서 주식이 오른다고 해도 2배 이상 오르는 것은 불가능했다.

당시 주식 시장은 업종별로 움직였다. 건설 업종이 좋다고 소문이 돌면 건설회사 주식이 올랐다. 주가가 오를 만한 사정이 있는 특정 건설회사의 주식이 오르는 것이 아니라 모든 건설회사의 주식이 다 오르는 식이었다. 그러다 은행이 좋다고 하면 은행 주식이 다 오르고, 유통 부문이 좋다고 하면 유통 주식이 모두 오른다. 오른 가격은 다시 내려가기 마련이다. 건설이 좋다고 하면 건설회사 주식이 다 올랐다가, 그 다음에 은행이 좋다고 하면 건설주는 내려가고 은행주가 올라간다. 그런 식으로 업종끼리 오르락내리락하는 게 주가 동향이었다.

가장 좋은 건설 회사 주가와 그렇지 않은 회사 주가 간에도 차이가 별로 없었다. 많아야 3배 정도 차이였다. 굳이 어떤 회사가 좋은지 나쁜지 알 필요도 없었다. 건설주는 모두 같이 움직인다. 건설주를 가지고 있다는 것이 중요하지, 어떤 건설 회사인지는 중요하지 않았다. 그런데 외국인은 업종에 따라 주식을 사지 않았다. 어떤 기업이 좋고 우량한가를 따지며 주식을 샀다. 한국이동통신(현재 SK텔레콤) 주식의 경우 10만 원을 넘기더니, 곧 30만 원, 60만 원이 되었다. 이런 가격대의 주식이 나오는 것만으로도 당시 한국인에게는 엄청난 쇼크였다.

이전에는 보험 업종이면 모든 보험회사가 다 같이 움직였다. 하지만 외국인은 보험회사 중에서 좋다고 생각되는 회사의 주식만 샀다. 이전에는 모든 보험회사가 1~3만 원 사이에서 움직였는데, 이제는 좋은 보험회사의 주식은 몇십만 원대로 오르고 나머지 회사들은 여전히 1~3만 원 사이에 있다. 어떤 업종이 좋을까가 아니라 어떤 기업이냐가 중요해졌다. 좋은 기업의 주식을 가지고 있으면 몇 배의 수익을 올릴 수 있다. 하지만 실적이 좋지 않은 기업의 주식은 아무리 오래 기다려도 오르지 않는다.

외국인이 들어오면서 주식 시장의 패러다임이 바뀌었다. 업종 중심의 주식투자에서 기업 위주의 주식투자가 되었고, 어떤 기업이 좋은지를 판단해야 했다. 기업의 가치를 측정하는 척도인 PER, PBR 등이 중요해졌다. 주가의 등락 범위도 커졌다. 이전에는 아무리 폭등한다고 해도 4만 원대를 넘기기는 어려웠다. 이제는 몇백만 원도 바라볼 수 있다. 이전에는 장기 투자가 의미가 없었지만, 이제는 주가가 계속 오르기를 기대하면서 장기 투자를 해도 된다.

지금 당연하게 여겨지는 투자 상식은 모두 외국인의 주식 투자 이후에 나온 것이다. 주식 시장의 모습과 움직임, 그리고 주식 관련 금융 투자 상품들도 외국인 주식투자 이후에 틀이 마련되었다. 1992년 외국인들의 주식 소유 허용 조치가 현재의 주식 투자 시장을 만들었다.

36

삼류가 아닌, 세계 최고의 제품을 만들어라

삼성그룹은 15만 명이다. 15만 명의 가족이 제각각 움직이면 배는 제자리에서 뱅뱅 돌게 되지만, 한 방향으로 나아가면 속도는 15만 배 빨라진다. 지금 우리가 처한 상황은 뱅뱅 도는 상황이다. 삼성 가족은 누구나 나름대로 고민하고 고생하지만, 저마다 다 제각각 이다 보니 악순환이 거듭되고 모두 손해를 본다. 세계에서 일류가 되면 이익이 3~5배까지 늘어난다는 것은 반도체 메모리 분야에 서 이미 입증됐다. 전자는 40만 평에서 3만 4,000명이 일하지만, 이익은 겨우 400억~5,000억 원에 불과하다. 반면 반도체는 겨우 10만 평에서 1만 명이 5,000억~6,000억 원의 순익을 내고 있다. 삼성그룹이 대대적인 변신을 해야 하는 이유가 여기에 있다.

홍하상, 「삼성의 운명을 바꾼 이건희의 프랑크푸르트 선언」,
『프리미엄 조선』, 2015년 11월 16일.

1993년 6월 7일, 이건희 회장은 독일 프랑크푸르트 켐핀스키 호텔에 삼성 사장단과 주요 임원, 해외 주재원 등 약 200명을 소집했다. 여기서 그 유명한 "처자식만 빼고 다 바꿔라"라는 말이 나왔다. 이건희의 혁신 선언이었다. 전 세계 선진국의 일류 기업과 경쟁하는 대한민국의 성공 스토리가 여기에서부터 시작했다.

삼성은 1960년대 이후 언제나 한국을 대표하는 재벌 그룹이었다. 1990년대 대표적인 재벌 그룹은 삼성, LG, 대우, 현대였다. 분명 압도적인 1위는 아니었고 경쟁자도 있었지만, 삼성은 한국을 대표하는 대기업이고, 삼성전자는 한국 최고의 기업이었다. 그런데도 이건희는 삼성의 혁신을 요구했다. 이유는 간단했다. 삼성은 한국 내에서는 손꼽히는 대기업이지만, 국제적으로는 이류 기업이라는 것이다. 이건희는 삼성이 세계 일류 기업이 되기를 요구했다.

한국은 1960년대부터 해외 시장에 진출했지만 세계 시장에서 한국 제품은 어디까지나 이류나 삼류였을 뿐이다. 1970년대 한국의 주요 수출품 중 하나가 섬유제품이었는데, 한국에서 수출된 옷은 백화점이나 쇼핑몰, 옷가게가 아닌 길거리 시장이나 노점에서 팔렸다. 이렇듯 한국 제품은 싸구려 취급을 받았다.

1986년부터 현대자동차의 엑셀이 수출되었다. 자국에서는 드디어 자동차도 수출하게 되었다며 흥분했지만, 미국에서 현대 차는 싸구려의 상징이었다. 1990년대에 만들어진 미국의 유명한 드라마〈프렌즈〉에서 주인공 레이첼이 이런 대사를 할 정도였다. "우리가 복권에 당첨돼 헬리콥터 타고 놀러 갈 때 넌 현대 차에 기름 넣고 있을래?" 현대 차는 가격이 싸니까 타는 차였다.

삼성의 전자제품도 마찬가지였다. 전 세계 가전 숍에 전시된 것은 일본의 소니, 파나소닉 제품이었다. 삼성과 LG의 TV나 비디오 플레이어는 구석진 곳에 쌓여 있었다. '더 싼 건 없나요'라고 물어보는 손님을 위한 제품일 뿐이었다.

한국 제품은 대개 이런 수준이었다. 한국은 그동안 수출을 늘려서 경제성장을 해왔지만, 한 번도 좋은 제품을 만들려고 하지 않았다. 물론 회사마다 품질을 추구했지만, 명품 수준이 아닌 외국에서 팔 수 있는 정도의 품질을 요구한 거였다. 품질이 몹시 나쁘면 아예 팔리지 않으니까, 그런 제품을 많이 만들어서 많이 팔면 어쨌든 돈은 번다는 것이었다. 한국 기업의 목적은 좋은 제품을 만드는 것이 아니라 수출을 해서 달러를 버는 것이었다.

그런 면에서 삼성 이건희의 프랑크푸르트 선언은 획기적이었다. 그동안은 삼성도 적당한 물건을 수출해 돈을 버는 것이 목적이었다. 그런데 이제 돈을 벌지 못해도 좋으니 세계 일류 제품을 만들 것을, 삼성 각 계열사가 각각의 분야에서 하나씩은 세계 1등 제품을 만들 것을 요구한 것이다. 한국 기업 중에서 이렇게 세계 1등을 지향한 것은 이건희의 삼성이 처음이었다.

공부를 잘하는 사람이 되는 것과 1등이 되는 것은 완전히 다르다. 좋은 선수가 되는 것과 올림픽에서 금메달을 따는 것도 완전히 다르다. 마음 자세도 다르고 훈련 방법도 달라야 한다. 등산에 비유하면, 산 자체가 좋아서 어디든 등산을 많이 하고 싶은 사람은 산에 가려는 마음, 산에 다녀올 약간의 비용, 산에서 먹을 먹거리 등만 준비하면 된다. 보통 등산으로는 그 정도면 충분하다. 그런데 목표가 에베레스트산이라면 이야기가 다르다. 평소 등산하는 스타일로는 에베레스트산을 오를 수 없다. 작정하고 오랫동안 훈련해야 한다. 시간도 오래 걸리고 비용도 많이 든다. 그동안 한국은 산에 오르기만을 원했다. 높은 산이라고 해도 특별한 장비 없이 오를 수 있는 백두산, 한라산, 지리산 수준이었다. 그러다 이건희 회장이 혁신을 선언하며 에베레스트산에 오르자고 목표를 정한 것이다.

에베레스트산에 오르면 좋다는 것은 누구나 공감하고, 에베레스트산에 오르고 싶다고 생각하는 사람도 많다. 하지만 정말로 에베레스트산에 가자고 하면, '그래 갑시다' 하고 따라가지는 않는다. 한라산만 올라도 충분한데 왜 에베레스트산까지 가냐고 반대 의견이 더 많을 것이다.

삼성도 그랬다. 이건희가 프랑크푸르트 선언을 했지만, 총수가 한마디 했다고 회사 직원의 행동이 달라지는 것은 아니다. 원래 최고 경영자가 바뀌면 누구나 다 혁신 선언을 한다. 회사 경영이 좋지 않을 때도 언제나 혁신이 필요하다고 목소리를 낸다. 그러나 그런다고 회사가 바뀌지는 않는다.

정말로 조직원이 변하려면 최고 리더가 끊임없이 그것을 주장하고, 또 실제 행동으로 보여주어야 한다. 말로는 돈보다 품질이 중요하다고 떠들면서, 막상 큰 손실 앞에서 말과 행동이 다르면 단지 말 잔치에 그칠 뿐이다.

이건희는 행동으로 말했다. 실제로 돈보다 품질을 위한 경영을 앞세웠다. 1995년에 불량률이 높게 나오는 휴대폰을 수거해서 쌓아 놓고 모조리 불태워버린 사건이 대표적이다. 당시 금액으로 150억 원이 넘는 제품을 파기해버렸다. 지금 당장 엄청난 손실이 나더라도, 고품질을 추구한다는 것을 행동으로 보여주었다. 이 일을 계기로 삼성 직원들은 품질 경영이라는 목표가 진짜라는 것을 받아들인다.

이후 정말로 삼성은 일류 제품을 만들어내기 시작한다. 당시 TV 1위는 누가 뭐래도 소니였다. 그런데 한국도 아니고 외국에서 삼성 제품이 소니를 제치고 매장 앞쪽으로 나오기 시작했다. 핸드폰도 세계 시장에서 프리미엄급이 되었다. 어느새 삼성은 세계 일류 기업, 높은 브랜드 파워를 가진 기업으로 변화하였다.

그렇게 삼성은 한국 기업 사이에서 벤치마킹할 모델이 되었다. 이전에는 삼성과 다른 재벌 기업이 그렇게 차이 나지 않았다. 그러니 특별히 삼성을 따라 할 이유도 없었다. 하지만 삼성이 세계에서 인정받는 기업이 되고, 국내에서도 압도적 1위 기업이 되면서 삼성은 한국의 모든 기업에 벤치마킹 대상이 된다. 조직, 인사 제도, 생산관리 등 경영의 모든 면에서 다른 기업이 따라야 할 모범이 되었다. 삼성이 한다면 다른 기업도 다 받아들였다. 새로운 경영기법이 소개되면 삼성이 그걸 받아들였는지를 궁금해했다. 그렇게 삼성의 혁신이 한국의 다른 기업들에도 파급되었다.

무엇보다 삼성은 지금 당장 손해를 보더라도 고품질의 제품을 만들면 나중에 더 많은 수익이 난다는 것을 보여주었다. 돈보다 품질이라는 패러다임이 만들어졌고, 덕분에 한국은 싸구려 이미지에서 벗어난다. 물론 아직 한국 제품이 모든 면에서 최고의 제품으로, 일류로 인정받지는 못한다. 그러나 한국 제품이라면 뭐든지 삼류 취급받던 데서 여기까지 온 것, 그 시작은 이건희의 프랑크푸르트 선언이었다.

37

한국 경제 세계화의 발판을 마련하다

거점은 인도네시아라고 하면서 마음은 서울에 두고, 한국의 눈으로 세계를 보면 아무것도 얻을 수 없다. 한국을 기준으로 하면 사업 가능성이 없지만 인도네시아를 기준으로 하면 충분히 가능한 사업이 있다. 반면에 인도네시아만 염두에 두면 안 되는 것인데 세계를 무대로 생각하면 되는 사업이 얼마든지 있다. 이런 가능성을 볼 수 있어야 한다. 이것이 진정한 세계적 안목이고 글로벌 마인드이다. … 우즈벡은 경제발전을 갈망하고 있는데 돈이 없었다. 내가 그 나라의 가치 있는 것을 찾아보니 면화 생산이 많았다. 그래서 면방 산업을 해서 수출을 도와주고 자동차 산업을 할 수 있는 기회를 얻었다. 그 나라의 눈으로 보았기 때문에 이런 것들이 보이는 것이고 그 것을 세계 시장과 연결하니까 방법을 찾았던 것이다.

김우중, 『세계는 넓고 할 일은 많다』, 북스코프, 2018년.

대우그룹은 1990년대에 한국의 4대 재벌 그룹이었다. 1990년대 말에는 잠시지만 1위 현대에 이어 2위에 올랐다. 3위 삼성, 4위 LG 순이었다. 대우의 발전은 한국 기업 발전에서 커다란 의의를 가진다. 한국의 주요 대기업인 현대, 삼성, LG는 모두 1945년 해방 이전부터 기업 활동을 하다가 1960년대 산업화가 본격적으로 시작되면서 그 흐름을 타고 성장한 기업들이다. 해방 이후 창립해 대기업으로 성장한 기업은 거의 없었다. 그런데 대우는 1967년에 태어나 소기업에서 출발해서 재벌 그룹으로 자라났다.

또 한국의 재벌 그룹들은 대부분 부자 집안 출신들이었다. 현대 정주영만 농촌 출신이고 나머지 재벌 그룹들은 원래 부자거나 상류계급 출신들이 사업을 시작한 것이었다. 그런데 대우 김우중 회장은 어려서 아버지를 잃고 혼자 힘으로 돈을 벌면서 학교를 다녔다. 정말로 집안 도움 없이 혼자 힘으로 재벌 기업을 만들었다. 당시에는 샐러리맨 출신으로 재벌 그룹 회장이 된 유일한 사람이었다.

대우는 1999년 구조개혁 대상이 되면서 해체된다. 1997년 IMF 이후 부채가 많아 그룹이 더 이상 유지되지 못했다. 대우가 해체된 지 20년이 되었지만 아직도 한국 기업사에서 중요한 위치를 지닌다. 엄청난 분식회계로 문제를 일으키기는 했지만, 대우가 한국 경제에 기여한 것도 그에 못지않게 크다. 대우가 현대 한국 경제에 남긴 주요한 유산 중 하나는 세계 경영이다.

대우가 세계를 대상으로 기업 활동을 한다며 본격적으로 세계 경영을 선포한 것이 1993년이다. 한국은 이미 1960년대부터 다른 나라에 수출을 하면서 성장한 나라이다. 대우도 1970년대에 다른 나라에 수출을 하면서 대기업으로 성장하였고, 현대 등 건설회사가 중동지역에 진출해서 외화를 벌어들인 것도 1970년대이다. 1980년대에는 3저 호황이라는 대호황을 경험하고 무역수지 흑자를 달성하기도 했다. 이미 한국은 충분히 세계를 대상으로 사업을 하고 있었는데 왜 대우는 세계 경영을 강조했을까?

한국 경제가 상대한 세계는 사실 전 세계가 아니었다. 미국, 일본, 서유럽 정도였다. 전쟁에 참여하며 베트남에 진출하고, 건설 붐을 좇아 중동에 나가는 등 특별한 사례는 있지만, 한국 기업들의 주 대상은 미국, 일본, 서유럽이었다. 기업 활동은 돈을 벌기 위해서 하는 것이고, 그러니 돈이 있는 곳에 진출해야 한다. 세계에서 외국 기업들이 돈을 벌 수 있는 규모의 시장은 미국, 일본, 서유럽 정도였다. 라틴 아메리카, 아프리카, 동유럽, 중앙아시아 지역은 가난했다. 좋은 물건을 가지고 가도 그 지역 주민들이 살 수 있는 돈이 없었다.

이건 한국 기업들만이 아니라 일본이나 미국, 유럽 기업들도 마찬가지였다. 일본이 세계 전자제품 시장을 지배한다고 했지만 사실은 미국과 서유럽의 시장을 지배하는 것이었다. 아프리카는 아직 전자제품 시장이라 할 만한 것이 없었다. 전기도 제대로 들어오지 않는데 TV나 냉장고가 팔릴 리 없다. 토요타, 소니, GM, GE 등 일본과 미국의 대기업들은 다국적 기업으로 이름이 높았지만, 아프리카, 동남아, 라틴 아메리카 등은 주요 사업지가 아니었다. 이런 지역에는 진출하지 않았고, 진출하더라도 명목적으로 사무실을 두고 있을 뿐이지 본격적인 기업 활동은 거의 하지 않았다.

대우의 세계 경영은 그동안 한국의 대기업, 세계의 주요 다국적 기업들이 바라보지 않았던 아프리카, 동유럽, 중앙아시아 등에 진출하자는 것이었다. 특히 이 지역들에는 그동안 사회주의 국가였다가 (혹은 사회주의를 표방하지는 않았지만 수입 대체 전략 등 독자적인 경제 생태계를 유지해온 국가들도 많았다) 1991년 공산주의 소련이 붕괴하면서 새로 개방한 국가들이 많았다. 국가가 외국에 문을 열었지만 미국이나 일본 기업들은 진출하려 하지 않았다. 그동안 폐쇄적인 국가였고, 외국 기업들에게 문을 열었다고 하지만 언제 어떻게 변할지 모르기 때문이다.

새로 개방한 국가들은 외국 기업에게 투자하라고 목청을 높였지만, 많은 기업들은 그저 관망만 하고 있었다. 이때 대우가 세계 경영이라는 기치를 들고 들어간다. 그래서 대우의 해외 진출을 보면 해당 국가에서 최초의 해외 투자인 경우가 많다. 베트남과 헝가리에서는 가장 처음 진출한 외국 기업이 대우였다. 우즈베키스탄, 폴란드, 루마니아 등에서 대우는 영웅이었다. 대우는 1998년, 396개의 해외 현지 법인을 세웠다. 당시 세계 어떤 다국적 기업도 이렇게 많은 해외 법인을 만들지는 않았다. 대우는 세계 최대의 다국적 기업이 되었다.

대우가 세계 경영의 기치를 내걸었을 때, 일반 국민들은 멋있게 생각했지만 현대, 삼성 등 다른 대기업들은 대우의 세계 진출을 긍정적으로 보지 않았다. 돈은 미국, 서유럽, 일본 등에서 벌 수 있다. 하지만 이런 지역에서 대우의 실적은 그리 좋지 않다. 그래서 동구권, 남미, 아시아, 아프리카 등 새로운 시장을 개척하려고 하지만, 이 지역은 가난하다. 개척을 해봐야 돈을 벌게 되지는 못할 것이라는 회의가 많았다. 사실 이런 판단이 맞았다. 대우는 그동안 공장이 없던 곳에 공장을 세우는 등 세계 경영을 했지만 결국 그 비용을 감당하지 못하고 1999년 구조개혁 대상이 되었다. 수익성을 고려하지 않고 지나치게 세계로 진출한 것이 결국 대우에 독이 되었다.

그래도 대우의 실적은 놀라웠다. 대우가 투자한 곳에서 정말로 그 나라의 주도적인 전자 회사, 자동차 회사가 된 곳이 여러 곳 있었다. 이런 나라들에는 들어가봐야 돈이 안 된다고 생각했는데 그런 곳에서도 돈을 벌 수 있다는 것을 보여주었다. 이후 삼성, 현대 등도 대우를 쫓아 세계의 여러 지역에 진출하게 된다. 그때도 아직 일본이나 미국 기업들은 이 지역에 진출하지 않고 있었다. 현대, 삼성 등 한국 기업들이 대우를 따라 일본보다 더 먼저 이들 지역에 본격적으로 진출했다.

2000년 이후 개도국들의 경제가 크게 성장한다. 그동안 돈이 없어 전자제품이나 자동차를 사지 못하던 사람들이 전자제품과 자동차를 사기 시작했다. 이런 제품은 브랜드의 영향을 받는다. 그런데 이 지역에서 유명한 브랜드는 일본이나 미국 브랜드가 아니었다. 서구에서 유명한 토요타, 소니 등 일본 브랜드는 이 지역에 진출한 지 얼마 되지 않아 이름이 높지 않았다. 이 지역에서 유명한 브랜드는 삼성, LG, 현대였고, 그래서 구매력이 생기자 삼성, 현대, LG 등 한국 기업 제품을 구매했다.

삼성, LG, 현대가 정말로 세계적인 대기업으로 인정받게 된 것은 미국, 일본, 서유럽에서 성공해서가 아니다. 이들 지역은 아직도 한국기업들이 주도권을 잡고 있지 못하다. 한국이 주도권을 가진 곳은 주로 개도국들이다. 삼성전자는 이집트, 베트남 등 많은 개도국에서 시장을 지배하는 1위 전자업체이다. 칠레에서 자동차 1위는 현대자동차이고, 인도에서는 현대가 2위이다. 이전에는 구매력이 없어서 무시했던 곳이 경제발전을 하면서, 여기에 일찍 진출한 한국기업들이 세계적 기업으로 성장했다.

한국이 세계적으로 명성을 얻은 것은 주로 개도국에서의 성과 때문이다. 그리고 한국이 개도국 진출에 나서게 된 선두에는 대우의 세계 경영이 있다. 대우의 세계 경영이 현대 한국 경제의 세계화·국제화를 만들었다.

38

국민의 예금을 장려하고 금융범죄를 방지하자

[신규 제정]

실지 명의에 의한 금융거래를 하고 그 비밀을 보장하여 금융거래의 정상화를 기함으로써 경제정의를 실현하고 국민경제의 건전한 발전을 도모하려는 것임.

① 실명거래의 의무화

- 은행 · 증권회사 · 보험회사 · 단자회사 · 농업협동조합 · 우체국 · 새마을금고 등 모든 금융기관과의 금융거래 시에는 반드시 실명을 사용하도록 하되, 그 확인은 개인의 경우 주민등록증 · 운전면허증 등으로, 법인은 사업자등록증 사본에 의하도록 함.
- 금융실명거래 의무를 위반한 금융기관 내의 임직원에

대하여는 과태료를 부과하도록 함.

② 　비실명금융자산의 인출 금지

- 기존에 금융거래계좌를 개설하여 거래하고 있는 경우에
  는 이 명령 시행 후 첫 거래 시에 실명 확인 절차를 거치
  도록 함.

- 비실명에 의한 자금인출은 모두 금지하되, 예외적으로
  이 명령 시행 전에 발행된 당좌수표·어음의 결제에 따른
  지급 등은 허용하도록 함.

③ 　금융거래의 비밀보장 강화

- 금융기관은 명의인의 서면상의 요구나 동의를 받지 아
  니하고는 원칙적으로 그 금융정보를 타인에게 제공할
  수 없도록 함.

「금융실명거래 및 비밀보장에 관한 긴급재정경제명령」, [시행 1993. 8. 12]

[대통령 긴급재정경제명령 제16호, 1993. 8. 12, 제정]

서민을 괴롭히는 대표적인 범죄 중 하나는 사기이다. 2015년 이전까
지는 절도가 가장 큰 문제로 손꼽혔다. 2019년에 188,091건의 절도
사건이 발생했는데, 같은 해 사기 범죄는 313,524건이었다. 피해 금
액도 커서 2019년 절도 피해 금액은 약 2,846억 원이지만, 사기 피해
금액은 약 24조 2,114억 원이다. 게다가 사기를 당한 개인의 정신적

충격은 꽤 심각하다. 건수, 금액, 개인에게 미치는 영향 등 모든 면에서 사기는 서민에게 가장 큰 피해를 주는 범죄이다.

그중에서도 가장 빈번한 범죄는 보이스 피싱이다. 보이스 피싱에서 범죄자를 잡는 방법은 한 가지뿐이다. 통장에 입금된 돈이 어디로 흘러갔는지를 추적하는 것이다. 입금되고 출금된 통장이 누구 것인지, 특히 최후에 현금이 빠져나간 통장이 누구 것인지를 확인한다. 그러면 범죄자, 최소한 범죄자와 연관된 사람이 나온다. 끝까지 대포통장만을 이용한 경우는 잡기 힘들지만, 누구 하나가 조금이라도 통장 입출금과 연관이 되면 잡을 수 있다. 보이스 피싱만이 아니라 다른 사기 범죄 입증과 범죄자 검거에서 가장 중요한 것이 바로 이 계좌 추적이다.

계좌 추적은 사기뿐만 아니라 다른 면에서도 큰 역할을 한다. 불법 온라인 도박의 추적도, 뇌물 수수 여부 확인도 계좌 추적을 거친다. 대포통장을 이용하면 추적을 피할 수 있지만, 대포통장 하나를 한 달 사용하는 데만도 150만 원이 넘는 비용이 들어간다고 한다. 범죄자 입장에서 가장 어렵고 부담스러운 일 중 하나가 대포통장을 굴리는 것이다.

이처럼 계좌 추적이 큰 역할을 할 수 있는 이유는 한국에서 모든 금융거래는 실명으로만 가능하기 때문이다. 계좌만 추적하면 당사자의 모든 금융거래를 확인할 수 있다. 현재 보이스 피싱, 불법 온라인 도박 등이 사회문제로 다뤄지고 있지만, 금융거래가 실명으로 되기 때문에 지금 수준에 그치는 것이다. 금융실명제는 현재 금융 경제의 안전이 어느 정도 유지되게 하는 기반이다.

한국에서 금융실명제가 실시된 것은 1993년 8월 12일이다. 당시 김영삼 대통령이 긴급 담화를 하면서 발표했다. 금융실명제는 정식 법률 형태가 아니라 대통령 긴급명령 형식으로 만들어졌다. 법률로 만든다면 미리 입법 예고를 하고, 국회에서 토론과 표결을 거쳐야 한다. 대통령 긴급명령은 그냥 대통령의 발표와 서명만으로 법률과 같은 효과를 낼 수 있다. 긴급명령은 정말로 중요하고 긴급하여 국회 등을 거칠 여유가 없다고 판단될 때 예외적으로 인정된 권한이다. 금융실명제는 이런 긴급명령 형식으로 한국에 도입되었다.

1990년대에 금융실명제가 시대적인 요청이었다면, 그 이전에는 오히려 가명으로 금융거래를 하는 게 필요했다. 1961년 7월 '예금·적금 등의 비밀에 관한 법률'이 만들어졌다. 예금 정보에 대해 비밀을 보장하고, 가명으로도 금융거래를 할 수 있도록 하는 내용이었다. 그래야만 사람들이 은행에 저금했기 때문이다.

1961년 5월 16일, 박정희가 주도한 군사 쿠데타가 일어나 군사 정권이 들어선다. 이들은 경제발전을 가장 중요한 정책 목표로 내세웠는데, 경제발전을 위해서는 자본이 필요했다. 은행을 활용하면 좋은데 당시 은행에 돈이 별로 없었다. 사람들이 은행에 저금해야 그 돈을 기업에 빌려주고 산업 발전 자금으로 활용할 수 있다. 그런데 당시 사람들은 은행에 저축을 잘 하지 않았다. 바로 한국 전통 사회의 특성 때문이다. 한국 전통 사회에서는 돈이 많은 사람이 있으면 주변의 친인척이 다 달려들어 돈을 빌려달라고 했다. 돈이 없으면서 돈을 안 빌려주면 모르겠는데, 돈이 있으면서 안 빌려주면 나쁜 사람이 돼버렸다. 전쟁에서 다친 상이군인들이나 자선단체도 돈을 달라고 찾아온다. 1980년대까지는 소방서나 경찰서 등 정부 기관에서도 지역에서 돈이 많은 사람을 찾아가 기부금 등을 억지로 받아냈다. 그러니 돈이 많다는 것은 절대로 내세워서는 안 될 일이었다. 은행에 예금하면 다른 사람한테 자기가 돈이 얼마나 있는지 공개하는 것과 같았다. 물론 개인이 물어보면 가르쳐주지 않았지만, 정부 기관이나 유관기관에게는 알려주었다.

산업화 자금을 마련하려면 국민이 저축해야 한다. 그래서 '예금·적금 등의 비밀에 관한 법률'을 만들었다. 금융기관은 누가 얼마를 예금하고 있는지를 비밀로 해야 한다. 일반인만이 아니라 국가 기관에도 비밀로 한다는 것이 핵심이다. 그래도 불안하면 가명으로 거래를 할 수 있도록 했다. 누가 얼마나 돈이 있는지 정부가 확인하지 않을 테니 마음 놓고 저축하라는 의미이다. 이후 가명 거래가 일반화되었다. 보통 사람, 특별히 가명 거래를 할 이유가 없는 사람들은 실명을 썼지만, 돈이 많은 사람, 혹시라도 정부 등으로부터 추적을 당할 가능성이 있는 사람이나 법인은 가명을 이용했다.

산업 자금 마련을 위해 가명 거래를 허용했지만, 차츰 이 가명 거래가 문제가 되었다. 부정부패는 가명 거래를 방패 삼았다. 비자금 조성, 뇌물 제공, 탈세, 금융사기 등에 가명 거래가 활용되었다. 1982년에는 가명을 이용한 거대한 어음 사기 사건—이철희·장영자 부부 어음 사기—이 발생했고, 이를 계기로 금융실명제의 필요성이 제기되고 입법화된다.

하지만 1982년에는 금융실명제가 실행되지 못하였다. 금융실명제를 실시한다고 하면 어떤 일이 벌어질까? 단순히 가명으로 된 예금을 실명으로 바꾸기만 하는 거라면 별문제 없다. 그런데 가명을 실명으로 바꾸는 것으로 끝나지 않는다. 그 돈이 어디서 난 것이냐는 국세청의 추적이 들어가고, 돈의 출처에 따라서 벌금이나 추징금을 내야 한다. 심지어 뇌물이나 부정부패로 생긴 돈이면 잡혀갈 수 있다. 문제가 있는 돈은 금융실명제가 되기 전에 은행에서 다 빼야 한다. 많은 사람이 한꺼번에 은행에서 돈을 찾으면 '뱅크런'이 되어서 은행이 파산하고, 그에 따라 많은 기업과 개인들도 위험해진다. 금융실명제는 자칫하면 국가를 망하게 할 수 있는 파급력을 지니고 있었다.

1993년 8월 12일, 대통령 긴급명령으로 금융실명제가 실시된 것은 이 때문이다. 금융실명제는 대통령을 포함 20명 정도밖에 모를 정도로 비밀리에 준비되었다. 내용이 새어 나가서 한꺼번에 예금이 인출되는 사태가 일어나면 금융위기로 이어질 수 있기 때문에 극도의 보안을 유지해 발표한 것이다.

물론 금융실명제가 만병통치약은 아니었다. 대포통장은 여전히 금융 범죄에 이용되고 있고, 현금이나 다른 방식을 이용한 뇌물도 여전하다. 하지만 금융실명제로 인해 현재 금융사기, 금융 범죄를 엄청나게 억제하고 있는 것도 사실이다. 특히 인터넷 뱅킹, 비대면 금융거래가 발달한 지금과 같은 사회에서 금융실명제는 더 큰 역할을 하고 있다. 인터넷 뱅킹 시대에 금융실명제가 없다면, 금융사기, 금융 범죄는 더욱더 기승을 부리고 있을 것이다.

39

한국 경제의 가장 충격적인 사건

어제 IMF와 자금지원 협의를 마무리지었습니다. 그동안 외환시장의 안정과 국제적인 신뢰를 조속히 회복하기 위해 IMF 자금지원 문제를 가능한 한 빨리 매듭짓기 위해 최선을 다했습니다. 이를 계기로 외환시장은 안정될 것으로 전망되나 긴축으로 기업의 자금난이 커질 것으로 보이고, 우리 경제의 구조조정과 체질 개선이 촉진될 것입니다. IMF 협약의 차질 없는 이행을 위한 후속대책을 철저히 준비하기 위해, '경제대책회의'를 운영하기로 했습니다. 우리가 IMF 자금을 사용하게 되면 IMF가 권고한 정책과제를 이행해야 합니다. IMF에서 권고하는 통화 긴축, 흑자재정 그리고 금융개혁 등은 우리의 국제수지 개선과 물가안정을 위해 필요한 것이지만, 당장 저성장과 고실업의 어려움을 함께 겪지 않을 수 없는 것입니다. 그러나 이러한 어려움은 우리 경제의 회복과 재도약을 위해 반드시 거치지 않으면 안 되는 과정이기도 한 것입니다. IMF 자금 지원을 계기로 우리 경제가 어떠한 시련에도 견딜 수 있는 튼튼한 체질을 갖추어야 할 것입니다. 이를 전화위복의 계기로 삼기 위해 IMF 협약 관련 후속대책 추진에 만전을 기해주기 바랍니다.

김영삼 대통령, 「제1차 경제대책회의 주재 말씀(IMF 협약 후속대책에 만전)」,
행정안전부 국가기록원 대통령기록관, 1997년.

해방 이후 지금까지 한국 경제에서 가장 중요한 사건을 딱 하나 고르라고 하면 많은 사람이 IMF 외환위기를 선택할 것이다. 그 이후 2008년 세계금융위기가 발생했지만, IMF 외환위기와는 비교할 수 없다. 당시에는 정말로 한국이 망한다고 생각했다. IMF의 구제 금융을 받아들이면서 최악의 상황은 일어나지 않았지만, 국가가 망하면 어떤 일이 발생하는지 당시 국민들은 확실히 알게 되었다.

사실 국가 부도는 종종 일어난다. 멕시코나 아르헨티나 같은 경우는 한 번도 아니고 여러 번 국가 부도를 겪었다. 하지만 한국의 부도는 다른 나라와는 차원이 달랐다. 일반 기업과 마찬가지로 국가 역시 부도가 나면 대외 거래가 정지된다. 멕시코나 아르헨티나에서는 당분간 자동차나 전자제품, 기계 등을 수입할 수 없게 된다. 이는 국가 경제에 큰 타격을 주지만, 당장 먹고사는 것과는 관계없다. 하지만 한국은 석유와 식량 같은 일상생활에 필수적인 것을 수입에 의존한다. 부도가 나면 석유와 식량이 들어오지 못한다. 자동차도 다닐 수 없고, 전기가 끊기고, 먹을 음식이 없어진다. 한국의 국가 부도는 석기 시대로 돌아가는 것이고, 얼마나 많은 사람이 굶게 될지 예측할 수 없는 상황인 것이다.

IMF 외환위기 이후 한국 경제에서 가장 중요한 건 이 사태를 두 번 다시 겪지 않는 것이었다. 실제 한국 경제는 IMF 외환위기 이전과 이후가 완전히 달라졌다. 한국이 IMF 외환위기를 겪게 된 이유는 외국에 진 빚을 갚을 수 없는 상황 때문이었다. 아무리 어려워도 빚이 없으면 망하지는 않는다. 부도는 빚을 갚지 못해서 나는 것이다. 빚이 없으면 부도도 없다. 한국이 IMF 구제 금융 아래에서 추구한 첫 번째 정책은 기업 부채를 줄이는 것이었다. 당시 한국 상장 기업의 평균 부채 비율은 400%가 넘었다. 심지어 IMF 당시 망한 기업의 부채비율은 1,000%가 넘었다.

정부는 주요 기업에 대해 부채비율 200%를 맞추라고 했다. 부채 비율을 줄이려면 가지고 있는 돈으로 투자를 하지 않고 빚을 갚아야 한다. 더는 기업이 성장할 수 없고, 직원 채용에도 제한이 생긴다. 이렇듯 여러 문제가 있었지만, 국민과 기업은 반발하지 않고 부채 비율을 200%로 맞추었다. 한국 기업의 부채 비율이 높은 것은 고질적인 문제였는데, 이는 IMF 외환위기 이후로 해결되었다. 2019년 한국 상장 기업의 부채 비율은 108% 수준이다. 부채를 많이 안고 도박하듯 사업하던 시스템에서 안정적으로 사업을 운영하는 시스템으로 기업 체질을 완전히 바꾼 것이다.

IMF 외환위기 이전에 한국 기업이 중요하게 여긴 것은 매출이나 자산 같은 기업 규모였다. 이익이 크게 나지 않아도 큰 거래를 하는 게 중요했다. 좋은 기업의 기준이 규모를 따지는 것이었기에, 빚을 얻어서라도 기업 규모를 키웠다. 기업 규모는 크지만 실제로 벌어들인 수익이 없으니, 당연히 여유 자금도 없었다. IMF 외환위기 이후에는 기업 규모보다 실질적인 이익이 중요한 지표가 되고, 위기를 대비해 준비금을 미리 마련해두는 것이 중요해졌다. 항상 현금이 부족했던 한국 기업이 돈을 모으기 시작한 것이다.

기업의 회계제도도 IMF 외환위기 이후 크게 바뀌었다. 이전에는 분식회계가 일반적이었다. 웬만한 적자는 서로서로 눈감아주고 흑자 재무제표로 만들었다. 기업 규모를 중요시하는 분위기 속에서 흑자인지 적자인지는 중요하지 않았다. 하지만 이제는 회사가 얼마큼 이익을 내느냐가 가장 중요해졌다. 적자를 흑자로 바꾸는 분식회계는 나쁜 짓으로 받아들여진다. 사실 한국 기업의 1997년 이전 재무제표는 크게 신뢰받지 못한다. 그렇다고 현재 기업의 재무제표가 분식회계 같은 일을 전혀 하지 않아 신뢰성이 높다는 것은 아니다. 그래도 이전과 비교하면 정상적인 수준에 근접했다고 볼 수 있다.

기업은 여유자금이 많아 안전해졌지만, 부작용도 생겼다. 기업이 돈을 빌려 가지 않자 은행은 가계에 돈을 빌려주기 시작했다. 이전에는 개인이 은행에서 돈을 빌리기 어려웠다. 하지만 기업이 은행에서 돈을 덜 빌리면서 은행도 자구책으로 가계 대출을 늘렸고, 결국 2019년 기준 가계 대출이 1,467조 원까지 증가했다. IMF 외환위기 이전에 한국 기업의 부채 규모가 위험하다고 했는데, 지금은 한국 가계의 부채 규모가 위험하다는 말이 나온다.

1997년 이전, 한국은 샴페인을 너무 빨리 터트렸다. 당시 기업은 날마다 회식이었다. 월급은 많지 않아도 쓸 수 있는 회삿돈은 많았다. 이익을 내지 못해도 매출만 올리면 되는 시절이었다. 직원들은 접대와 회식을 일삼았다. IMF 외환위기 이후에는 이익이 기준이 되고 그에 따라 비용 정산도 타이트하게 운영하면서 이전처럼 회삿돈을 맘대로 사용할 수 없게 되었다. IMF 외환위기 이후에 회사에 들어간 사람은 이전 회사원들이 얼마나 풍족하게 회삿돈을 낭비했는지 상상하기 힘들 것이다. 그런 낭비가 IMF 외환위기 이후에 많이 줄어들었다.

지금 한국 경제의 구조적 문제 중 하나인 비정규직도 IMF 외환위기의 산물이다. 이전에는 비정규직 같은 고용 형태가 없었다. 1997년 말, 모든 회사가 신입사원 채용을 포기했다. 엄청난 수의 노동자가 정리해고를 당했는데 신규 채용은 없는 거나 마찬가지였다. 이후 기업은 부채비율 200%를 달성하기 위해 신규 채용을 계속 미루었다. 사람을 뽑는 기업이 없으니, 대학을 졸업해도 실업자가 되었다. 명문대라고 해도 예외는 없었다. 1999년 여름이 되어서야 몇몇 기업에서 신규 채용을 다시 시작했다.

이 문제를 조금이나마 완화하기 위한 방안이 비정규직 채용이었다. 정규직은 기업이 뽑으려 하지 않으니, 계약직으로라도 사람을 뽑도록 했다. 이게 점차 확대되어 오늘날 한국 고용 구조의 가장 큰 문제가 되었다. 2018년 기준, 전체 노동자 중 비정규직 비율은 33%에 달한다. 비정규직은 아무리 오래 일해도 임금이 오르지 않고 승진의 기회도 없다. 열심히 일하는데 미래가 보이지 않으니 삶이 불안정할 수밖에 없다. 정규직이냐 비정규직이냐가 인생을 결정하는 잣대가 되어 버렸다. IMF 외환위기가 남긴 또 하나의 비극이다.

IMF 외환위기는 한국 경제가 복지, 빈곤 대책 쪽으로 방향을 바꾸는 데도 큰 역할을 했다. 사실 1997년 당시만 해도 복지를 주장하는 진보 정치인이 정권을 잡는 것은 불가능하다고 여겨졌다. 한국 정치는 정권 교체 없이 성장 중심의 보수정당이 정권을 갖는 독식 체제였다. 그러다 IMF 외환위기를 겪으면서 정권이 바뀌었다. 한국 최초로 진보 정치인인 김대중이 대통령으로 당선된 것이다. 이후로도 노무현, 문재인 등 진보적이고 개혁적인 이미지의 정치인이 정권을 잡을 때마다 복지가 주요 정책으로 논의되었다.

한국 경제에서 가장 충격적인 사건 IMF 외환위기는, 기업 구조와 정부의 역할을 바꾸고, 노동의 형태마저 바꾸었다.

IMF 외환위기 당시 금모으기 운동의 한 순간. 1998년 1월 5일, KBS의 '금 모으기 캠페인' 방송으로 시작해 공식적으로 3월 14일 종료되었다. 전국적으로 349만 명이 참여, 금 225톤이 모금되었다. 당시 시세로는 21억 7천만 달러에 달했다. IMF를 극복할 수 있었던 국민정신의 상징으로 자주 인용된다.

40

한국의 규제 패러다임을 바꾸다

셋째, 과감한 규제개혁을 추진해 나가겠습니다. 정부는 경제 회생을 앞당기고 국민 편익을 증진하기 위한 규제개혁을 강력하게 추진해 나가고 있습니다. 외국인 투자를 활성화하는 조치와 함께 기업 활동을 저해하는 각종 규제를 먼저 폐지해 나가고, 공직사회 부패의 원인이 되는 각종 인허가 규제도 과감히 폐지해 나갈 것입니다. 금년 말까지 모든 규제를 전면 재검토하여 경제행정 규제는 과감히 철폐하고, 아울러 사회적, 정책적 규제는 규제의 수단과 기준도 합리화해 나가겠습니다. 이러한 규제개혁을 통하여 정부의 시장개입을 원천적으로 봉쇄하고 민간의 경쟁을 촉진해 나감으로써 경제활동의 자율성을 신장하고 국민의 창의력이 최대한 발휘될 수 있도록 하겠습니다.

김대중 대통령 1999년도 예산안 제출에 즈음한 시정연설.

신자유주의는 1980년대 미국의 레이건 대통령과 영국의 대처 총리 아래에서 미국과 영국이 각각 취했던 일련의 정책을 포괄하는 경제 이념이자 실천이다. 당시 주장된 신자유주의의 핵심은 '작은 정부'이다. 작은 정부란 정부의 업무를 최소화한다는 것이다. 이때 정부가 주도하던 철도, 전력과 같은 사업의 민영화가 이루어진다. 주된 업무 중 하나인 복지제도 관리도 확 줄인다. 정부의 업무를 줄이니 세금도 많이 걷을 필요가 없다. 정부가 적극적으로 정책을 펼치고 사업을 벌일 때 규제가 증가한다. 정부 업무를 줄이면 규제도 감소한다. 그래서 신자유주의는 작은 정부를 지향하면서 민영화, 복지제도 축소, 세금 감소, 규제 완화를 그 주요 내용으로 한다.

1980년대에 신자유주의가 시작된 것은 1970년대에 경제가 악화되었기 때문이다. 1960~70년대 세계는 경제 면에서도 큰 정부를 지향했다. 주요 기업의 국유화, 복지제도 확대, 민간에 대한 규제 강화가 활발했다. 그러다 1970년대 중반 이후 서구 경제는 저성장·고물가의 스태그플레이션에 빠진다. 국유화된 공공 기업은 하나같이 엄청난 적자를 내고 있었다. 민간에 대한 규제 강화로 새로운 사업자가 진입하는 것 역시 불가능했다. 경제가 나빠서 세입도 적은데 복지 지출은 계속 증가하니 재정 적자가 엄청났다. 1970년대에는 미국 등의 자본주의 경제는 파탄에 이르고, 결국 소련의 사회주의 경제가 승리할 것이라는 예측이 성행했다.

이때 경제 위기를 벗어날 방법으로 두 가지가 논의되었다. 하나는 사회주의 경제 체제를 채택하는 것, 다른 하나는 큰 정부에게서 벗어나 작은 정부를 지향하는 것이었다. 미국 레이건, 영국 대처 정부는 작은 정부를 목표로 했고, 본격적으로 신자유주의가 시작한다.

1980년대 신자유주의는 세계 주요 국가로 퍼져 나갔다. 미국과 영국이 신자유주의를 도입하고 민영화, 규제 완화 등의 개혁을 한 이후 경제가 되살아났기 때문이다. 곧 망할 것 같던 미국 경제는 신자유주의를 도입하고 10년도 지나지 않아 세계 경제도 미국 절대 우위로 상황이 바뀌었다. 영국 경제도 유럽 강국으로서의 위치를 되찾았다. 그에 비해 소련을 비롯한 사회주의 진영은 1980년대 말부터 몰락하기 시작해 1990년대 초에는 거의 모든 사회주의 국가가 붕괴했다.

신자유주의에서 진행한 민영화 정책은 많은 희생을 낳았다. 국영기업 노동자들이 구조조정되어 해고를 당하고, 복지제도가 축소되면서 취약계층의 삶이 더 어려워졌다. 또 민간 기업에 대한 규제가 완화되면서 민간 기업 노동자의 노동 강도는 훨씬 더 세지고 고용 형태는 불안정해졌다. 반면, 국가 경제는 좋아지고 발전과 성장이 이루어졌다. 무엇보다 신자유주의는 70년 넘게 끌어온 주제, 사회주의냐 자본주의냐는 논쟁을 끝내버렸다. 당시 신자유주의는 사회주의 경제보다 자본주의 경제가 더 우월하다는 것을 분명히 보여주었다.

신자유주의가 미국과 영국에서 다른 선진국으로, 그리고 세계의 다른 나라로 퍼져 나갈 때 한국은 이런 신자유주의 물결에서 한 걸음 비켜 있었다.

신자유주의가 가진 기본 믿음 중 하나는 정부보다 민간이 더 효율적으로 일을 한다는 것이다. 정부와 공무원은 능력도 없고 비효율적이다. 그래서 민영화를 하고, 민간이 돈을 쓰도록 하기 위해 세금 감면을 하는 것이다. 그런데 이런 내용은 한국 정서로는 받아들이기 힘들었다. 한국은 군사정권 아래에서 국가 주도에 의해 발전했다. 민간이 아니라 정부, 공무원이 한국 경제발전의 주요소였다. 똑똑한 정부, 똑똑한 공무원이 자기들 돈 버는 것밖에 모르는 부족한 민간인을 가르치고 지도하면서 발전해왔다. 능력도 없으면서 이기적인 민간인이 마음대로 경제활동을 하도록 내버려 두면 안 된다. 정부가 문제의 원인이라고 보는 신자유주의와는 완전히 반대되는 생각이었다.

1990년대가 되어 세계는 신자유주의의 흐름이 주류가 되었다. 당시 김영삼 정부가 개방화를 화두로 제시하자, 다른 나라는 드디어 한국도 국가 주도에서 벗어나 민간 주도의 경제를 만든다고 생각했다. 하지만 한국은 국가 주도 경제를 포기할 생각이 없었다. 김영삼 정부는 '개방화'라는 말 대신 '세계화'라는 표현을 사용하였다. 개방을 표방했지만, 실질적으로 개방하지 않은 경제체제, 민간에게 힘을 넘긴 것처럼 보이지만 실질적으로는 국가가 계속 주도권을 가지고 있는 경제체제였다. 1997년 IMF 외환위기는 이런 어쭙잖은 경제 시스템의 결과이다. 국가가 경제 지배권을 계속 확실히 가지고 있었다면, 아니면 민간이 완전한 자율권을 가지고 있었다면 IMF 외환위기는 일어나지 않았을지도 모른다. 정부와 민간 어느 쪽도 주도권을 잡지 못한 어정쩡한 상태에서 IMF 외환위기가 발생했다.

1997년 IMF 외환위기 이후 그 극복을 과제로 맡은 김대중 정권이 들어선다. 위기 당시 보인 김영삼 정부 혹은 공무원 사회의 무능은 정부가 절대 선이라는 국가 경제주의의 전제를 무너뜨렸다. 김대중 정권의 신자유주의 도입은 한편 시대적으로 강요받은 것이지만, 한편으로는 자연스러웠다. 민영화와 규제 개혁, 시장주의 확산 등이 진행되면서 외국 자본의 국내 진출도 본격화되었다. 물론 이 정도 변화로 미국이나 영국처럼 전면적으로 신자유주의 국가가 되지는 못했다. 하지만 한국 역사에서 이만큼 신자유주의 경제를 시도한 정권은 없었다.

한국에서 신자유주의 도입에 의한 가장 큰 변화 중 하나는 '규제 개혁'이 사회의 화두가 되었다는 점이다. 2020년 현재 신자유주의는 거의 거론되지 않는다. 하지만 규제 개혁은 지금까지 계속 정권마다 강조하는 주요 정책 목표 중 하나이다. 보수 정권이 들어서든 진보 정권이 들어서든 규제를 혁신해야 한다는 이야기는 빠지지 않는다.

1998년 김대중 정부는 규제개혁위원회를 만들고 모든 정부 규제를 등록하게 했다. 당시 11,125개의 규제가 등록되었고, 김대중 대통령은 이중 50%의 규제를 철폐하도록 했다. 처음에 각 부처는 22% 규제 철폐안을 들고 왔는데, 김대중은 원안대로 50%의 규제 철폐율에 맞출 것을 지시했다. 50%의 규제를 한꺼번에 폐지하는 것은 사실 무리였고, 실제로 숫자 맞추기식으로 처리한 것도 많았다. 그러나 어쨌든 등록 규제 중 48.8%인 5,430개가 폐지되고 21.7%인 2,411개를 개선했다. 한국에서 처음으로 이루어진 규제 개혁, 규제 혁신 과정이었다.

이후 들어선 정권도 모두 규제와 전쟁을 했다. 노무현 정부는 불필요한 규제를 과감히 개혁하겠다고 선언했고, 이명박 정부는 취임 초기 대불산업단지 앞의 전봇대를 뽑도록 하며 규제 혁신의 불을 댕겼다. 박근혜 정부는 규제를 '손톱 밑의 가시'라고 하면서 규제 혁신을 요구했고, 현 문재인 정부에서도 4차 산업혁명을 위한 규제 혁신을 부르짖고 있다.

김대중 정권의 신자유주의 도입 이후 경제를 살리기 위해서는 규제 혁신이 필요하다는 인식이 보급되었다. 그리고 정말로 규제 혁신을 위한 노력이 시작되었다. 이러한 노력으로 우리나라의 규제가 다 정리된 것은 아니지만, 어쨌든 규제에 대한 본격적인 논쟁이 시작되었다. 한국에서 규제를 바라보는 패러다임에 변화가 생긴 것은 이때의 신자유주의 도입 이후였다.

41

디지털 경제에 충격을 안기다

최근 엔씨 소프트 주가 상승은 작년 말 출시한 '리니지2M' 영향이 크다. 과거 온라인게임 시절부터 즐겼던 충성도 높은 이용자의 향수를 자극하면서 다시 한번 인기몰이를 하고 있다. 게임 접속이 매출로 이어지면서 최대 실적 달성까지도 기대케 하고 있다. 엔씨소프트는 잘 만든 지식재산권(IP)이 '리니지' 하나뿐이라는 비판도 받고 있지만 잘 키운 게임 하나가 열 게임 부럽지 않은 상황이다. 회사를 눈부시게 성장시키고 있기 때문이다. 주식 가치는 유가증권시장(코스피)에 상장한 18년 전보다 30배 가까이 높아졌다. 엔씨 소프트 별도기준 매출(영업수익)은 리니지 출시 원년(1998년)만 하더라도 9억 원에 불과했다. 이중 리니지 매출은 2억 원이었다. 7억 원에 가까운 나머지 매출은 기업 솔루션 사업을 통해 벌었다. 게임 인기가 높아지면서 이듬해 리니지 영업수익은 66억 원으로 늘었고, 2000년에는 559억 원으로 껑충 뛰었다. 리니지는 국내 영업수익이 급성장한 데다 해외사업 수익(13억 원)이 더해지면서 본격적인 수익원으로 자리매김했다. 엔씨소프트는 기업 솔루션 사업을 접은 다음 해인 2002년, 리니지 수익만으로도 1,548억 원을 벌어들였다.

김경렬, 「1조 클럽 게임史 ─ 엔씨소프트 마르지 않는 샘, 리니지」,
『팍스넷 뉴스』, 2020년 6월 24일.

한국은 온라인 게임 강국이다. 2000년대까지는 한국이 전 세계 온라인 게임 1위 국가였다. 지금은 중국에 추월당해 세계 1위는 아니지만, 여전히 온라인 게임 강국인 것은 누가 봐도 분명하다.

한국이 온라인 게임 강국이 되는 데 가장 중요한 역할을 한 것이 리니지이다. 1998년 NC소프트는 인터넷 기반의 온라인 게임 리니지를 출시한다. 리니지는 출시된 지 2개월 만에 동시 접속자 수 1,000명을 달성했다. 지금 보면 우습게 보이는 수치지만, 당시에는 1,000명이 하나의 서버에서 같이 게임을 한다는 것 자체가 신세계였다. 출시된 지 1년 3개월 만에 회원 수 100만 명을 넘었다. 한국에서 게임과 관련된 신기록은 대부분 리니지가 보유하고 있다. NC소프트는 리니지 게임으로 현재 기업 순위 286위의 대기업으로 성장했다(2018년 매출액 기준). 한국에서 1990년 이후 창업해 대기업으로 성장한 곳은 네이버, 넥슨, NC소프트 정도이다.

당시 리니지가 다른 일반 게임과 가장 차이가 났던 건 캐릭터들이 리니지 내에서 산다는 점이었다. 대규모 다중 사용자 온라인 롤 플레잉 게임(Massive Multiplayer Online Role Playing Game; MMORPG)인 리니지는 게임 내에 각 게이머가 생활하는 공간이 있다. 이 안에서 캐릭터들이 만나서 사냥을 하고 장사를 하고 서로 어울린다.

온라인 게임이 나오기 전 한국은 게임 분야의 황무지였다. 당시만 해도 게임 산업 강국은 미국과 일본이었고, 한국은 미국과 일본의 프로그램을 사서 사용했다. 아케이드 게임, 플레이 스테이션의 비디오 게임은 모두 미국과 일본에서 나왔다. 그 와중에 리니지가 나온 것이다. 외국인도 리니지에 접속해서 게임을 했다. 온라인 게임을 세계인이 각자의 공간에서 동시에 같이 즐길 수 있다는 것도 리니지를 통해 처음으로 알게 되었다.

NC소프트는 리니지로 엄청난 수입을 올렸다. 어떤 산업이 발달하기 위해서는 기술 발전도 필요하지만, 그 기술을 통해서 실제로 큰돈을 번 사람이 있어야 한다. 그래야 다른 사람이 따라서 들어온다. 당시는 인터넷이 확산하고는 있지만, 인터넷으로 어떻게 돈을 벌 수 있는지는 아무도 알지 못했다. 그런 가운데 리니지가 대성공을 거두면서 인터넷 온라인 게임을 만들면 큰돈을 벌 수 있다는 것을 알게 된 것이다. 그 후 많은 사람이 게임 업계에 투자해서, 2000년대 한국의 온라인 게임 산업은 세계를 이끌었다.

지금도 온라인 게임은 한국의 대표 산업 중 하나이다. 한국의 문화 산업 중에서 가장 큰 비중을 차지하는 것이 온라인 게임이다. 보통 한국의 문화 산업을 얘기할 때 영화, 드라마, K-pop이 세계적인 영향력을 가진 줄 알고 있다. 이 세 부문의 수출액을 모두 합친 금액은 약 9억 달러 정도이다. 그런데 한국의 온라인 게임 수출액은 약 59억 달러이다. 한국 문화산업 수출에서 온라인 게임은 압도적인 비중을 차지한다.

리니지는 단순히 한국을 온라인 게임 강국으로 만드는 데 기여한 게임으로 그치지 않는다. 현대 경제는 점차 디지털화되고 있다. 그런데 디지털 경제의 특징과 문제점이 모두 리니지에서 나타난다. 리니지는 현대 디지털 경제의 시초이다.

리니지는 1990년대 말, 2000년대 초, 엄청난 사회적 논쟁에 휩쓸렸다. 그 이전까지 우리가 살던 곳은 아날로그 사회였다. 그런데 리니지는 디지털 게임 세계에서 사람이 생활하고 싸우고 서로 돕는 게임이었다. 리지니 게임 안은 완전한 디지털 사회였다. 이 디지털 사회에서 만들어지던 관습과 문법이 기존의 아날로그 사회와 충돌을 일으켰다.

가장 대표적인 것이 온라인 게임에서의 아이템 거래 문제이다. 리니지 게임 안에서는 무기나 갑옷을 이용해서 사냥한다. 온라인 게임 내에서 사용하는 무기이니 단순히 디지털 프로그램에 불과하다. 그런데 사람들이 그 무기를 실제 돈을 주고 사기 시작했다. 몇백 원,

몇천 원도 아니고 몇십만 원, 몇백만 원을 주고 구입을 했다. 리니지에는 '아덴'이라는 화폐가 있다. 그런데 사람들이 이 아덴을 실제 화폐로 지불해 사고판 것이다. 게임 내에서 사용하는 돈, 무기를 실제 돈을 주고 거래를 한다? 이것은 기존 아날로그 사회의 맥락에서는 이해할 수 없는 일이었다. 게임 내의 아이템을 법적으로 어떻게 해석해야 하느냐, 아이템 거래를 허용할 것인지 말 것인지를 둘러싸고 10년 가까이 사회적, 학문적 논쟁이 벌어졌다. 지금은 온라인 아이템을 돈 주고 구매하는 게 당연하지만 리니지가 출시됐던 당시는 이해할 수 없는 일이었다. 리니지에서 인터넷 화폐, 인터넷 아이템 거래가 시작된 것이다.

현실 세상과 디지털 세상을 혼동하는 것도 리니지에서 시작되었다. 이전에는 게임과 현실이 완전히 구분되었다. 게임에서의 일이 현실에 영향을 미치지 않았다. 그런데 리니지는 단순히 게임을 즐기는 정도가 아니었다. 리니지는 게임 내에서 현실과 똑같은 생활을 경험할 수 있다. 리니지 게임 내에서 성공하는 것이 현실 세상에서 성공하는 것만큼 중요했고, 게임 안에서 다른 캐릭터에게 인정받는 것이 현실 세상에서 다른 사람에게 인정받는 것만큼 중요했다. 게이머는 현실이 아닌 리니지 게임 내에서 성공하기를 더 원했다. 인터넷 세상에서의 삶이 현실만큼 중요했다는 측면에서 진정한 디지털 세상이 도래한 것이다. 지금은 인터넷 소셜미디어에서의 자기 이미지가 현실에서의 이미지보다 더 중요하게 여겨진다. 이런 디지털 세상의 모습은 모두 리니지에서 시작한 것이다.

인터넷 중독도 리니지가 원조다. 리니지가 나오기 전에는 인터넷에서 그렇게 오래 무언가를 몰두해서 할 만한 것이 없었다. 인터넷 서핑을 한다고 해도 하루 이틀이지, 한 달 내내 인터넷 서핑을 계속할 만한 콘텐츠가 없던 시절이다. 인터넷 게임에 중독된다 해도, 보통 게임은 한 게임 끝나면 다음 게임을 시작하기 전에 숨 돌릴 시간은 있었다. 처음 하는 게임이면 몰두하지만, 곧 익숙해지면 점차 관심이 사그라든다. 그런데 리니지는 높은 레벨이 되기 위해서는 하루 5시간 이상 게임을 해야 했다. 하루 24시간 쉬지 않고 게임을 돌리는 경우도 많았다. 현실을 돌아보지 않고 게임 내에서의 생활에 몰두하는 사람들이 나타났다. 리니지 게이머들 사이에서 인터넷 중독이 처음 발생한다.

지금 보면 리니지가 당시 사회에 논쟁을 불러일으켰던 것이 정말 왜 그렇게 문제 되었을까 싶은 것이 많다. 인터넷 신호에 불과한 아이템을 돈을 주고 사는 것, 그리고 그 아이템 거래를 중개하는 중개상들이 나타났다는 것에 놀라워했었다. 아이템 거래를 중개하는 상인을 허용할지를 두고도 논란이 일기도 했다. 인터넷 세상과 현실 세상을 구별하지 못한 채, 가상공간을 현실 세상보다 더 중요하게 생각하는 사람이 있다는 것도 충격으로 다가왔다. 모두 그 당시에는 새로운 현상이었다. 한국 사회에서 디지털 경제에 충격을 처음 준 것이 리니지였다.

42

1999년 분양가 상한제 폐지

타워팰리스의 등장

'튀자, 튀자, 튀자!' 분양가 자율화와 국제통화기금(IMF)관리 체제가 시작된 후 업체들이 아파트 차별화 경쟁이 가속화하고 있다. 내부 구조를 수요자가 직접 설계하게 하거나 시대 변화에 맞춰 첨단 영상전화를 설치하고 다락방과 단독 정원을 둔 단독주택 같은 아파트도 늘고 있다. 할리우드 SF영화에서나 볼 수 있는 아파트도 등장할 예정이고 단지 내에 지상 주차장을 없앤 도심 속 전원형 아파트를 표방한 곳들도 잇따라 선보이고 있다. 이처럼 업체들이 차별화 경쟁에 나서는 것은 소비자들이 집을 단순히 잠자는 곳으로만 보지 않고 휴식을 취하고 건강을 지키며 개성을 표현하는 공간으로 만들겠다는 욕구 변화가 커지고 있기 때문. 대우건설 유진열 과장은 "일반적으로 주택보급률이 90%를 넘어서면 고급주택에 대한 수요가 늘어나는 것으로 본다"며 "앞으로 이 같은 고급화 차별

286

화 경쟁은 더욱 가속할 것"이라고 말했다. 업체 간 차별화 경쟁이 심해지면서 그만큼 분양가도 비싸지고 있다. 평당 분양가가 1천만 원을 훨씬 넘어서는 고급빌라 수준의 아파트가 속속 등장하고 있다. 다음 달 초 청약 접수가 시작되는 서울 5차 동시분양에서는 평당 분양가가 2천만 원에 육박하는 아파트까지 선보이고 있다.

황재성, 「부동산 특집-아파트 호텔型 주택型등 차별화 붐」, 『동아일보』, 1999년.

현재 한국인의 주거지로 가장 비중이 높은 것은 아파트다. 아파트에 거주하는 사람이 61%, 다세대 주택, 빌라에서 사는 사람이 15%, 단독주택에서 사는 사람이 22% 정도이다.

그런데 한국 아파트를 자세히 관찰하면 형태적으로 두 가지로 구분할 수 있다. 하나는 5층, 15층 아파트가 똑같은 모습으로 늘어서 있는 아파트이다. 똑같은 직사각형이 일정 간격으로 늘어서 있다. 겉만 닮은 것이 아니라 내부 모습도 닮았다. 평수는 다를 수 있지만, 같은 평수이면 내부 구조가 거의 동일하다. 이런 똑같은 모습의 아파트가 전국 각지에 들어서 있다. 지금 재건축을 하려고 하는 오래된 아파트는 모두 이런 형태이다.

다른 형태는 아파트가 직사각형이 아니라 다른 모습을 띠고 있다. 같은 아파트 단지 내에서는 모양이 같을지 몰라도, 다른 아파트와는 외양부터 차이 난다. 층수도 다르다. 일률적으로 같은 층수가 아니라 20층이 넘는 아파트도 있다. 같은 아파트 단지에서도 각 동이 서로 다른 층수, 다른 모양으로 만들어진다. 이런 아파트는 브랜드 이름도 영어이다. 래미안, 힐스테이트, e편한세상, 자이, 푸르지오, 더샵 같은 식이다. 이런 건물은 좋은 아파트, 현대식 아파트라는 인상을 준다.

아파트가 이렇게 다양화 된 것은 1999년 1월, 분양가 상한제 폐지 이후이다. 분양가 상한제는 건설회사가 아파트를 지을 때, 아파트 판매 가격을 일정 수준 이상 받지 못하도록 한 제도이다. 1999년 분양가 상한제 폐지는 현재의 아파트 문화를 만들었다.

분양가 상한제는 1977년에 처음 실시하였다. 이때는 아파트가 얼마 없었을 때였는데, 아파트 가격이 급등하자 분양가 상한제를 도입해서 가격을 잡으려고 했다. 처음에 분양가 상한제는 평당 55만 원을 적용했다. 아파트 말고 주택도 평당 55만 원이었다. 모든 아파트와 주택을 평당 55만 원에 맞추다 보니 설계에 큰 변화를 주지 못했다. 아파트만 그런 게 아니라, 당시 만들어진 주택도 겉으로 보이는 모습이나 내부 구조가 똑같은 주택이 많이 만들어졌다.

분양가 상한제 하에서 물가는 오르는데 분양가는 거의 오르지 못하자, 건설 회사는 이익 창출을 위해서 아파트의 질을 낮추기 시작했다. 저가 건축자재, 저가 마감재가 사용되었고, 그래서 한국은 경제가 나아졌을지 몰라도 주거환경은 나아지지 않았다.

이후 분양가 상한제는 원가 연동제로 바뀐다. 원가에 일정 수준의 이익을 더한 가격을 인정해주었다. 하지만 비싼 고급 자재를 사용한다고 해서 그 비용을 모두 원가로 인정해주지는 않았다. 싼 자재로 똑같은 아파트를 찍어내는 방식은 여전히 그대로 적용되었다.

1997년 수도권을 제외한 지방에서 분양가가 자율화되었고, 1998년 10월에는 수도권에서 85제곱미터 이상 아파트의 분양가가 자율화되었다. 그리고 마침내 1999년 1월, 분양가 상한제가 전면적으로 폐지되었다. 이때부터 한국의 주거 문화는 크게 변화한다.

분양가 상한제가 폐지되면서 비싸고 좋은 건축자재를 쓸 수 있게 되었다. 건축 비용은 많이 들어가지만 그만큼 높은 가격을 받고 팔수 있다. 아파트 구조도 다르게 변화를 줄 수 있게 되었고, 층수도 조정할 수 있게 된다. 건축회사는 이전과 다른 고급 아파트를 짓기 시작한다.

그런데 문제가 생겼다. 삼성물산의 경우 이전에도 삼성 아파트를 지었다. 현대건설은 전국에 걸쳐 현대 아파트를 지었다. 이때는 분양가 상한제 아래에서 찍어내듯 만든 아파트였다. 이제 분양가 상한제 규제를 받지 않는 고급 아파트를 만드는데 이전과 똑같이 삼성 아파트, 현대 아파트라고 이름을 붙이는 것은 곤란했다. 그래서 건설 회사들은 새로운 이름을 붙이기 시작한다. 삼성 아파트는 래미안으로, 현대 아파트는 힐스테이트로, 대우 아파트는 푸르지오로, 이렇게 새로운 브랜드를 만든다.

이런 아파트 고급화, 주거 문화의 변화에 가장 큰 역할을 한 것이 타워팰리스이다. 서울 강남구 도곡동에 지어진 타워팰리스는 분양가 상한제에서 벗어나 처음 만들어진 고급 아파트 단지이다.

우선 타워팰리스는 7개 동으로 이루어졌는데, 모두 높이가 달랐다. 이전 아파트가 5층, 15층처럼 한 단지 내에서 같은 층수를 유지했던 것과 완전히 다른 모습이었다. 또 타워팰리스 아파트 내부에는 다양한 커뮤니티 시설이 있었다. 아파트 주민만 이용할 수 있는 헬스장, 수영장이 만들어졌다. 타워팰리스 입주민을 위한 출입 카드도 발급되었다. 아파트 입구에서 아무나 들어갈 수 없었고, 출입 카드나 암호를 넣어야만 건물 내부로 들어갈 수 있었다. 아파트 주차장도 지하에 들어섰다. 이전에는 아파트 주차장을 지상에 만들었고 지하 주차장은 만들지 않았다. 분양가 상한제에서는 돈을 절약하기 위해 지하 주차장을 만들 수 없었다.

헬스장과 수영장이 있는 아파트, 정원이 따로 있는 아파트, 외부인이 마음대로 들어올 수 없는 보안장치가 마련된 아파트, 아파트 주민을 위한 전용 커뮤니티 시설이 있는 아파트, 주차장이 충분한 아파트. 타워팰리스는 이런 것들을 한국에서 처음으로 도입한 아파트였다. 단숨에 한국에서 최고급 아파트로 인정받았고, 한국 부유층의 상징이 되었다.

분양가 상한제 폐지, 그리고 타워팰리스의 성공으로 다른 아파트도 차별화된 요소를 도입했다. 타워팰리스 이후에 만들어진 아파트는 대부분 지하 주차장을 만들었다. 그리고 지상에는 주민이 이용할 수 있는 공원이 만들어졌다. 아파트 입구에 보안 장치를 만드는 것은 기본이 되었다. 지금은 아파트만이 아니라 오피스텔이나 일반 오피스 건물들도 보안장치가 만들어져 카드키나 비밀번호를 입력해야만 들어갈 수 있다. 아파트 내부에 수영장, 헬스장 같은 커뮤니티 시설도 만들어지기 시작했고, 거주민만을 위한 편의시설이 들어섰다.

부작용도 있다. 이전에는 아파트 단지가 주변 지역과 완전히 단절되지는 않았다. 하지만 아파트 주거민만을 위한 시설이 들어서면서, 아파트 단지 내와 아파트 외부는 완전히 분리되었다. 이런 식으로 현재 한국의 주거 문화, 특히 아파트 주거 문화는 1999년 분양가 상한제 폐지 이후에 만들어지기 시작했다.

참고로 한때 한국에서 가장 비싼 아파트, 최고급 아파트라는 명성을 얻었던 타워팰리스는 이제 더는 고급 아파트의 대명사가 아니다. 2000년에는 모두 분양가 상한제 하에서 만들어진 규격화된 아파트만 있었고, 그래서 분양가 상한제가 적용되지 않고 처음 만들어진 타워팰리스가 최고급 아파트가 되었다. 이후 분양가 상한제에 적용되지 않는 아파트가 많이 만들어졌다. 타워팰리스는 그 많은 고급 아파트들 중 하나일 뿐이다. 한때 한국에 불었던 타워팰리스 열풍은 분양가 상한제가 폐지되면서 일시적으로 나타난 현상일 수도 있다.

43

기업 부채비율이 200%를 넘어선 안 된다

200%. 사실 정교한 계산을 통해 나온 기준은 아니었다. 해외 기업들의 평균 부채비율을 검토해 정했다. 당시 미국 기업들의 부채비율은 100%가 채 되지 않았다. 일본이 150~200% 사이였다. 200%. 지금은 대수롭지 않게 들린다. 이미 시장의 법칙이 돼서 그렇다. 지금 부채비율이 300%쯤 되는 기업이 있다 치자. 모두 '불량 기업'이라고 인식한다. 주가가 떨어지고 추가 대출이 막힌다. 이것이 시장의 감시다. … 지금도 부채비율 200%에 대해 의문을 제기하는 이들이 있다. 기업들의 활발한 투자를 막아 일자리 창출에 걸림돌이 된다는 것이다. 하나만 묻자. 가장 먼저 부채비율 200%를 맞춘 삼성이 그것 때문에 나빠졌나. 오히려 좋아졌다. 국제 금융시장에서도 얼마든지 자기 신용으로 돈을 빌릴 수 있게 됐다. 더 좋은 금리는 물론 대외 신인도가 높아지면서 주가도 올라갔다. 회사가 커지

고 일자리도 늘렸다.

위기는 오지 않는 게 제일 좋다. 하지만 외환위기로 우리가 얻은 것도 적지 않다. 기업 환경과 금융 시장에 국제 기준이 도입된 것이 그중 하나다. 장 미셸 캉드쉬 국제통화기금(IMF) 총재는 한국의 외환위기를 '위장된 축복(Disguised blessing)'이라고 불렀다. 지금도 그 말에 치를 떠는 이들이 많다. 그러나 냉정히 따져보면 다 틀린 말은 아니었다.

「이헌재 위기를 쏘다 (44) 부실기업, 시장이 알아서 감시하다」,
『중앙일보』, 2012년 2월 22일.

1998년 4월, 정부는 모든 기업들에게 1999년 말까지 부채 비율을 200% 이내로 할 것을 요구하는 기업 구조조정 가이드라인을 발표한다. 당시 기업 입장에서는 무시무시한 정책이었다. 왜 이런 조치가 나왔고, 왜 무시무시하게 받아들여졌을까?

1997년의 IMF 사태는 한국의 국가 부도 사태이다. 돈을 빌렸으면 갚아야 하는데, 갚아야 할 돈이 없었다. 갚아야 할 돈이 없는 것이 문제였지만, 보다 선행하는 문제가 있다. 애초에 빚이 없으면 돈을 달라고 독촉할 사람도, 부도 위험도 없다. 기업 활동을 하면서 빚이 없을 수는 없지만 그걸 최소화하면 아무리 외화가 부족하고 돈을 벌지 못해도 부도가 나지는 않는다.

IMF 당시 한국 상장 기업들의 평균 부채비율은 400%였다. 30대 그룹의 평균 부채비율은 518%였다. 전 재산이 1만 원인데 빚이 5만 원이 넘는 것이다. 심지어 부채비율이 1000%가 넘는 기업들도 있었다. 이런 기업들은 대부분 IMF 사태 당시에 부도가 나는 등 정리되었다.

당시에는 부채비율이 400%가 넘는 것을 이상하게 여기지 않았다. 이런 인식이 정상은 아니었다. 요즘은 부채비율이 200%만 넘어도 위험하다고 생각한다. 부채비율이 400%를 넘으면 언제 부도가 나도 이상하지 않다고 본다. 부채비율 1000%는? 그런 기업이라면 빨리 망하는 것이 낫다. IMF와 국가 부도 사태 등을 두고 국제 금융의 음모라고 보는 견해도 있지만, 기업들의 평균 부채가 400%라면 나라가 부도 위험에 처하는 게 하나도 이상하지 않다.

제대로 된 사회라면 평균 부채비율 400%는 불가능하다. 부채비율이 200%만 넘어가도 그다음부터 은행에서 돈을 꿔주지 않을 것이기 때문이다. 기업의 부도 위험이 뻔히 보이는데 돈을 빌려줄 은행은 없다. 그리고 돈을 꿔주는 사람이 없으면 부채 비율 400%는 되기 어렵다.

하지만 당시는 정책 금융이 통하던 시절이었다. 정부는 대기업들이 사업하는 데 돈이 필요하다고 하면 어떻게든 돈을 빌려주려 했다. 빌려주는 사람이 없어서 못 빌리는 것이지, 빌려주겠다는데 싫다는 사람은 없다. 빚은 계속 얻을 수 있다. 빚을 갚으라고 하면 다른 데서 돈을 빌려서 갚으면 된다. 돈을 빌려주는 곳이 계속 있는 이상, 빚은 다 갚을 수 있다. 그래서 부채비율 400%라는, 지금 보면 말도 안 되는 부채 규모를 갖게 되었다.

　박정희 정권 이전에 한국 기업의 부채 규모는 200%를 넘지 않았다. 이게 정상이다. 박정희 정권 때부터 기업들에게 부채를 늘려서라도 사업을 키우라고 독촉을 하면서 기업 부채 규모가 점점 커졌고, 결국 IMF 사태까지 맞게 되었던 것이다. 그래서 1998년 4월, 김대중 정부에서 부채비율을 200% 이내로 낮추는 기업 구조조정 가이드라인을 발표한 것이다. 평균 부채비율이 400%가 넘는데 1년 반 사이에 부채 비율을 200% 내로 줄이라고 했다. 평소라면 불가능할 일이었다. 1999년 말에도 부채비율이 200%를 넘으면 다음부터는 은행에서 돈을 빌려주지 않겠다고 했다. 부채 비율이 높은 상태에서 은행이 돈을 빌려주지 않으면 부도가 날 수밖에 없다. 부채비율 200%를 맞출 것이냐 아니면 망할 것이냐의 선택지를 준 것이다.

　모든 그룹들이 자기가 가진 기업, 자산, 부동산 등을 팔아서 부채 비율을 낮추었다. 33개 그룹 중 32개 그룹이 1999년 말까지 부채비율 200%를 맞추었다. 각 기업마다 엄청난 구조조정을 한 것이다. 그런데 한 그룹만 부채비율 200%를 맞추지 못했다. 대우였다. 대우는 부채비율이 줄기는커녕 오히려 늘었다. 대우그룹 소속 주요 기업들의 부채 비율은 800%를 넘었다.

　대우는 빚으로 성장해온 기업이었다. 은행에서 대규모 자금을 대우그룹의 부도 소식을 전하는 당시 MBC 뉴스 보도 화면. 대우그룹은 1999년 8월 26일 구조조정으로 회사 41개 중 16개가 매각되었고 남은 25개 회사 중 12개가 워크아웃을 신청하며 그룹 해체의 수순을 밟았다. 이어 김우중 회장의 사표가 1999년 11월 23일 이사회를 통해 정식으로 수리되며 '김우중 신화'와 '대우 신화'는 32년 만에 끝을 맺었다.

빌려서 적자 기업을 인수하고, 그 적자 기업을 정상화하는 방식으로 성장했다. IMF 와중이었지만 대우는 그동안 계속해온 전략을 고수했다. 1997년 12월에도 쌍용자동차를 인수하는 계약을 했다. 그러다 보니 부채 비율이 주는 것이 아니라 오히려 늘었다.

여기서 문제가 심각해진다. 그동안은 부채가 많아도 은행이 자금 지원을 해주었다. 정부가 정책 금융 등을 통해 부족한 돈을 채워준 것이다. 그런데 이때 정부는 부채 비율을 200% 이내로 줄일 것을 요구한 상황이었다. 정부는 대우에 자금 지원을 하지 않았다. 정말로 부도가 날 상황인데 돈을 빌려주지 않고 그냥 망하게 놔두었다. 이때 정부의 태도를 비판하는 사람들은 돈을 빌려주면 대우가 살 수 있었는데 정부가 돈줄을 막았기 때문에 대우가 망했다고 이야기한다. 하지만 이때 정부의 우선순위는 부채비율 200% 준수였다. 기업의 규모를 키우는 게 아니었다.

대우 파산은 한국 경제에 두 가지 중요한 방향을 시사한다. 우선 더 이상 정부가 부채를 늘리면서까지 기업 규모를 키우는 것을 인정하지 않겠다는 방향이다. 예전엔 기업이 빚을 내서 기업 규모를 키우는 것을 장려했을지 몰라도 이젠 아니었다. 대우 파산은 부채가 많을 때 정부가 자금 지원을 하지 않을 것이라는 확실한 신호였다. 그동안은 부채가 많아도 망할 위험이 없었기 때문에 맘대로 부채를 쓴 것이다. 빚을 쓰다 망할 수 있다면 이제는 조심할 수밖에 없다. 기업들은 부채 규모를 점점 줄여나갔다. 2019년 현재 코스피 상장 기업들의 부채 비율 평균은 108%이다. 대우 파산을 계기로 기업의 부채 자금 관리가 완전히 달라졌다. 기업은 원래 부채가 많은 곳이었는데, 이제는 보유 현금이 많은 곳으로 바뀌었다.

또 다른 하나는 '대마불사'라는 한국 경제의 암묵적 합의가 무너진 것이다. 그때까지는 중소 그룹은 망할지 몰라도 대규모 그룹은 망하지 않는다, 정부가 어떻게든 도와줄 것이라고 생각했다. 그런데 1990년대 말의 대우는 재계 2위의 재벌 그룹이었다. 2위 그룹이 망한다면, 그 어떤 기업들도 생존을 보장할 수 없다. 나는 절대로 망하지 않는다고 생각하고 벌이는 행동과, 잘못하면 망할 수 있다고 생각하고 벌이는 행동은 완전히 다를 수밖에 없다. 이때부터 한국 기업들은 리스크 관리를 본격적으로 도입한다. 정부가 더 이상 기업이 위험할 때 자금 지원을 하지 않겠다고 하니 기업 스스로 위험 관리를 할 수밖에 없다.

그동안은 은행에 빚이 많았고, 그 빚을 어떻게 하느냐가 정부에 달려 있기 때문에 기업이 정부에 의존하는 구조였다. 이제는 빚을 최소한으로 줄였고, 기업이 위험할 때 정부가 도와준다는 기대도 없다. 이제 기업 스스로 경영 활동을 해나가야 한다. 계속해서 정부의 입김 아래 있던 기업들이 정부로부터 어느 정도 독립하게 된 것은 바로 이때부터이다. 기업 부채 비율 200% 지침과 그로 인한 대우 파산은 이후 한국 기업의 행동방식을 바꾸었다.

제6부
2000년대 이후

44

북한의 핵개발과 코리아 디스카운트

조선민주주의인민공화국 정부는 우리 국가의 최고 이익이 극도로 위협당하고 있는 엄중한 사태에 대처하여 나라와 민족의 자주권과 생존권, 존엄을 지키기 위하여 다음과 같이 결정한다.

첫째 미국이 1993년 6월 11일부 조·미 공동성명에 따라 핵 위협 중지와 적대 의사 포기를 공약한 의무를 일방적으로 포기한 조건에서 공화국 정부는 같은 성명에 따라 '필요하다고 인정하는 기간만큼 일방적으로 임시 정지'시켜 놓았던 핵무기전파방지조약으로부터의 탈퇴의 효력이 자동으로 즉시 발생한다는 것을 선포한다.

둘째 조선민주주의인민공화국이 핵무기전파방지조약에서 탈퇴함에 따라 조약 제3조에 따르는 국제원자력기구와의 담보 협정의 구속에서도 완전히 벗어난다는 것을 선포한다.

핵무기전파방지조약에서의 탈퇴는 우리 공화국에 대한 미국의 압

살책동과 그에 추종한 국제원자력기구의 부당한 처사에 대한 응당
한 자위적 조치이다.

「핵확산금지조약(NPT) 탈퇴 북한정부 성명서」, 2003년 1월 10일, 평양 조선중앙통신.
『연합뉴스』, 『중앙일보』 재인용.

매출 1,000억 원, 이익 100억 원을 내는 IT 회사가 있다고 가정하자.
같은 업종에 매출, 이익이 같으면 회사 주가가 비슷해야 한다. 그런데
다른 나라의 회사보다 한국 회사의 주가가 훨씬 낮다. 한국 회사여서
받는 불이익인데, 이것을 코리아 디스카운트(Korea Discount)라고 한다.

주가 수준을 측정하는 기준에 주가수익비율(PER)이 있다. PER
값은 보통 20을 기준으로 이보다 낮을수록 저평가되었고, 높을수록
과대평가되었다고 본다. 미국 주식 시장의 PER값은 평균 20.2 수준
이다. 일본 주식 시장의 PER은 12.8이고 영국은 14.4, 중국은 13.7수
준이다. 그런데 한국의 PER은 11.5이다. 똑같이 이익을 내고 있어도
미국 회사의 주가가 한국 회사보다 1.76배가 비싸다.

주가순자산비율(PBR) 지표도 있다. PBR이 1이면 그 회사의 순자
산과 주식 가치가 동일한데, PBR 지표가 1보다 낮으면 많이 과소평
가 되었다고 본다. 보통 웬만한 회사는 3-5 수준이고 7 이상 정도 되
면 과대평가 된 것으로 판단한다. 그런데 2019년 11월 현재 한국 주
식의 평균 PBR은 0.90이다. 1이 안 된다. 어느 한 종목이 아니라, 주

식시장 평균 PBR이 1이 안 된다는 것은 논리적으로 설명이 안 된다. 그만큼 한국 회사가 저평가되었다는 것을 의미한다.

이렇게 한국 주식이 저평가되었으면 외국 투자회사가 한국 주식을 사야 한다. 한국 주식시장은 외국인 투자자에게 열려 있다. 그런데 그렇게 밀려 들어오지 않는다. 삼성전자 같은 경우에도 한국 회사가 아니라 미국이나 일본 회사였다면 최소한 지금보다 주가가 두 배는 되었을 것이다. 세계적인 일류 기업으로 꼽히는 삼성전자도 한국 기업이기 때문에 주가가 낮은 것이다.

한국 회사가 이렇게 저평가되는 이유는 무엇일까? 지배구조와 회계 시스템의 문제는 한국 기업이 저평가받는 주원인 중 하나이다. 한국 기업은 재벌이 기업을 지배한다. 그런데 이때 기업의 의사결정이 어떤 식으로 이루어지는지 투명하지 않다. 외국의 많은 기업은 새로운 사업의 필요성과 전망을 평가하고, 그 사업에 진출해서 이익이 가능한지 여부에 따라 신사업 진출을 정한다. 한국 기업은 '회장님의 결단'에 따라 신사업에 진출한다. 신사업의 필요성, 수익성이 기준이었다면 이후 객관적으로 그 회사의 진로를 예측할 수 있다. 그런데 이 모든 게 '회장님의 결단'으로 이루어지면 다른 사람은 예측하기 힘들다. 적자가 나면 사업을 접을 것인지, 구조조정을 할 것인지도 외부에서 예측하고 판단할 수 없다. 회사가 어떤 식으로 경영될지 전혀 모르는데, 그런 회사에 거액을 들여 투자하기 꺼려진다.

한국의 회계 시스템이 신뢰성이 낮다는 것도 문제이다. 한국 기업에는 계속해서 분식회계 문제가 발생한다. 기업이 100억 원의 이익을 냈다고 재무제표에서 발표하는데, 그 수치를 확실히 믿을 수 없다. 한국의 회계 시스템이 계속해서 나아지고 있는 것은 맞지만, 아직 외국 투자자에게 깊은 신뢰를 주지 못하고 있다. 재무제표 수치를 믿지 못하면서 많은 돈을 집어넣을 수는 없다.

이처럼 한국 기업 지배구조, 회계시스템의 문제도 코리아 디스카운트의 주요 원인이다. 그러나 가장 큰 문제는 따로 있다. 바로 북한과의 전쟁 가능성, 특히 북한의 핵 개발이다. 투자자는 항상 원금 회수 가능성을 가장 중요하게 생각한다. 아무리 수익성이 높아도 원금을 회수하지 못할 가능성이 조금이라도 있으면 투자를 꺼린다. 만약 한국에 전쟁이 발생하면 원금 회수에 엄청난 어려움이 발생한다. 그런데 한국에는 핵이 터질 가능성이 있다. 한국 기업에 대한 투자는 그런 위험을 감수하고 하는 것이다. 투자 금액이 다른 나라에 비해 낮아질 수밖에 없다.

북한은 핵무기 개발을 둘러싸고 동북아시아에 끊임없이 긴장을 만들어오다 마침내 2003년 1월 핵확산금지조약(NPT) 탈퇴 선언을 발표한다. 다자간 테이블, 북미협상 등 여러 방안을 모색하다 모든 논의에서 빠지겠다고 공개적으로 밝힌 것이다. NPT 탈퇴는 다시 핵무기를 개발하겠다는 선언이었다. 2006년에 북한은 처음으로 핵폭탄 실험을 했다. 그 이후 현재까지 북한의 핵 문제는 동북아 국제 정세에서 중요한 현안이 되어 왔다.

한국 사람은 북한과의 전쟁 가능성, 혹은 북한이 핵무기를 발사할 가능성에 대해 별로 걱정하지 않는다. 북한 문제 때문에 외국인이 한국에 오기를 꺼리고, 한국에 투자하지 않는다는 것을 잘 이해하지 못한다. 사정을 모르는 외국인이 괜히 지레짐작으로 쓸데없는 걱정을 하는 것이라고 생각한다.

그런데 외국인의 입장은 그렇지 않다. 전 세계에서 전쟁 가능성이 조금이라도 있는 지역은 어디일까? 분쟁 지역을 제외한 나머지는 대부분 0%에 가깝다. 한국과 북한의 전쟁이 발발할 가능성이 0.1%밖에 되지 않는다고 해도, 0%인 다른 지역에 비하면 엄청나게 높은 것이다. 그리고 투자 세계에서 0.1%의 위험은 굉장히 높다. 0.1%로 원금을 모두 잃는다고 하면 투자를 꺼리는 것이 원칙이다.

핵무기도 마찬가지이다. 핵무기를 가진 국가는 북한 말고도 많다. 하지만 다른 나라는 핵무기가 있어도 정말로 그것을 발사할 것이라고는 생각하지 않는다. 만약 핵무기를 쏘면 다른 핵무기 보유국이 그 보복으로 핵무기를 사용할 것이기 때문이다. 그렇게 자기 국민이 몰살되는 위험을 감수하고 먼저 핵무기를 쏘지 않을 것이라는 믿음이 있다. 그런데 북한에 대해서는 그런 믿음이 없다. 북한은 국민을 모두 굶주리게 하고 인권을 희생시키면서 핵무기 개발을 했다. 북한 주민에게 엄청난 희생이 발생한다고 해도, 국가 위신을 위해서 너 죽고 나 죽자는 식으로 핵무기를 사용할 가능성이 있는 국가이다. 어떤 식으로든 핵무기가 터지면 투자 자금은 모두 날아간다.

북한만 걱정인 게 아니라 북한에 대한 미국의 태도도 걱정거리이다. 북한이 계속 핵무기를 개발하면 미국이 어느 순간 북한을 선제공격할지도 모른다. 미국은 절대 자기 나라가 공격당할 위험을 허용하지 않는다. 그런 위험이 가시화되면 미국은 국제 여론이 어떻든, 주변 국가가 반대하든 말든 북한을 공격할 것이다. 모두 미국이 그럴 수 있는 나라라고 믿는다. 북한이 전쟁을 일으키지 않더라도, 미국이 북한을 공격할 가능성도 생각해야 한다.

한국 사람은 이미 20년 넘게 이런 환경 속에서 살아왔기에 별걱정 없이 일상생활을 한다. 그러나 다른 나라 사람은 그렇게 생각하지 않는다. 호주 사람도 북한이 호주에 핵미사일을 발사하면 어떻게 하냐는 걱정을 한다. 독일이나 프랑스 사람도 북한이 유럽에 핵미사일을 쏘면 어떻게 하냐고 걱정한다. 우리가 보기에는 정말 말도 안 되는 걱정이다. 북한이 핵무기를 사용하더라도 한국이나 일본, 미국이 그 대상이지, 호주와 유럽에 쏠 가능성은 말 그대로 0%이다. 그런데 호주나 유럽인은 그렇게 생각하지 않는다. 북한이 자기에게도 핵을 쏠 가능성이 있다고 생각한다. 그러니 한국에 가는 것은 위험한 짓이다. 한국 기업의 주식을 사는 것은 더 위험한 짓이다. 세계에는 그렇게 생각하는 사람이 많다. 비합리적이라고 생각해도 어쩔 수 없다. 한국 경제에 대한 저평가, 한국 기업의 디스카운트는 북한 핵 문제가 완전히 해결되기 전까지 없어지지 않을 것이다.

북한이 개발하고 있는 핵미사일 '북극성'이 군사 퍼레이드에 등장해 평양 시내를 이동하고 있다. '북극성'은 북한의 고체연료 준중거리 탄도 미사일로, 한미 당국이 붙인 명칭은 KN-11이다. 2014년 10월부터 11차례 지상-해상 발사 시험을 하였고, 2016년 8월 해상 발사 시험의 경우 500km가량 날아가는 데 성공하여 사실상 개발이 끝났다는 평가를 받고 있다.

45

한국 재벌 그룹의 민낯이 드러나다

소버린자산운용이 지난 7월 SK 주식을 판 데 이어 8월 23일 LG전자와 LG 지분마저 처분하고 한국 증시를 떠났다. ⋯ 지난 2003년 3월 SK 주식을 사면서 한국 증시를 휘젓기 시작한 소버린은 2년 5개월 만에 한국 증시를 떠난 것이다. 소버린은 이 과정에서 8,000억 원대 차익을 챙겼고 국내 기업과 증시는 소버린에 크게 휘둘렸다. ⋯ SK그룹 고위관계자는 "2년 넘게 회사의 실체도 제대로 드러나지 않은 소버린에 시달리면서 기업 전력을 소모했다"며 "이번 LG 지분 매각 결과 소버린은 단기 투기 세력으로 밝혀진 셈"이라고 말했다. 이 때문에 투기 세력에 대한 경계 목소리도 높아지고 있다. 하지만 소버린은 한국 자본시장에 지배구조를 개선해야 하고 주주를 중시해야 한다는 교훈을 남겼다. 김형태 한국 증권연구원 부원장은 "소버린의 한국 투자는 결과적으로 부정적인 과의 측면이 크긴 하지만 이에 못지않은 공도 있음을 인정해 줘야 한다"며 "국내 대기업들에 지배구조 개선을 통해 기업 가치를 제고해야 하고 소액주주도 중시해야 한다는 교훈을 줬다"고 설명했다.

김명수 홍종성, 「소버린이 남긴 8,000억짜리 교훈」, 『매일경제』, 2005년.

현재 한국 기업의 가장 중요한 이슈 중 하나는 지배구조의 문제이다. 기업은 영리를 얻기 위해 재화나 용역을 생산하고 판매하는 조직이다. 개인도 영리 활동을 하지만 기업에 비하면 규모와 영향력이 작다. 자본주의는 기업 활동을 근간으로 한다. 기업의 지분을 나눠 가진 주주가 이사회를 만들고, 여기에 경영자를 임명해 회사를 경영한다. 여기까지는 자본주의에 대한 일반적인 묘사이다.

한국 재벌가는 창업자 가문이자 대주주로서 이사회를 장악하고, 가족 중에서 경영자를 세워서 회사를 경영한다. 이때 기업이나 주주 전체의 이익을 위해서가 아니라 재벌 일가를 위해 회사를 경영하는 것이 문제이다. 재벌가가 대주주라고 해도 실제 가지고 있는 지분은 몇 퍼센트 수준이다. 그 정도 지분만으로 기업을 사유화해서 자기 이익만을 위해서 경영하니 문제가 된다.

재벌 개혁을 주장하는 측에서는 한국의 재벌 지배구조를 바꾸기 위해 대주주의 의사결정 제한, 감사 강화 등의 제도 개선을 주장한다.

그런데 이런 재벌 지배구조 개선에 대한 반대 의견으로 꼭 나오는 것이 외국인의 공격 대상이 될 거라는 이야기이다. 이런 주장은 한국 기업이 외국인의 손에 넘어가 약탈적으로 운영될 거라는 이야기로 이어진다.

실제 한국 재벌 기업이 외국 자본의 공격 대상이 된 일이 일어났었다. 2003년 소버린 사태이다. 2003년 2월, SK 네트워크가 1조 5,000억 원 규모의 분식회계를 한 것이 드러났다. 또 SK 증권에 대한 부당 내부거래도 문제가 되었다. 기업 바깥으로도 문제가 확산돼서 SK 그룹에 돈을 빌려주거나 투자한 금융기관, SK 회계 감사를 했던 회계법인으로도 불똥이 튀었다. 한국 기업의 국제 신뢰도를 떨어트린 일대 사건이었다.

이 분식회계의 주도자는 SK 그룹 회장 최태원이었다. 최태원 회장은 검찰 수사를 받고, 재판을 받고, 징역 3년, 집행유예 5년을 선고받는다. 이런 사태 속에 SK 그룹의 주가가 폭락한다. 1~2만 원 사이에서 움직이던 주식이 5,000원대까지 내려간 것이다. 이때 외국 투자기관인 소버린이 가격이 떨어진 SK의 주식을 집중적으로 사들였다. 2003년 4월 3일, 소버린의 100% 자회사인 크레스트 시큐리티스가 SK 주식 8.64%를 매입했다고 공시한다. 이때 처음으로 소버린의 존재가 알려진다. 그 이후 소버린은 계속해서 SK 주식을 사서 4월 16일, 14.99%까지 지분을 매입했다. 당시 지분 15% 이상을 매입하면 공정거래법상 기업 결합 신고를 해야 했고, 회사의 재무 정보를 모두 공개해야 했다. 소버린은 기업결합 신고를 하지 않고 매입할 수 있는 최대한의 주식을 매입했다. 그리고 소비린이 SK(주)의 1대 주주가 되었다.

이에 비해 SK 그룹의 회장인 최태원 일가의 지분은 1.39%밖에 되지 않았다. 소버린은 1대 주주로서 최태원이 SK(주)에서 물러날 것을 주장하며 SK(주)의 경영권 다툼을 시작한다. 복잡한 순환출자구조하에서 만약 SK(주)를 지배하면 SK텔레콤을 포함한 모든 SK 산하 기업에 대해 지배권을 가질 수 있었다. 소버린은 사실상 SK 그룹 전체에 대한 경영권 다툼을 한 것이었다. 당시 SK 그룹은 한국 재벌 순위 3위로, 한국의 대그룹이 소버린이라는 외국 투자회사의 지배하에 들어가는 상황이었다. 소버린이 SK(주) 14.99%를 사기 위해 투자한 돈은 1,700억 원 정도였다. 1,700억 원으로 한국 재벌 3위인 SK 그룹 전체를 갖는 상황이었다.

SK 그룹과 소버린 사태는 한국 재벌의 지배구조 문제를 적나라하게 드러냈다. 그동안은 재벌가가 자기 그룹을 마음대로 경영하는 줄 알았다. 알고 보니 재벌 기업은 재벌가의 것이 아니었다. SK 재벌가는 단지 SK의 1.39%밖에 지분을 가지고 있지 않았다. 대부분의 재벌가 역시 마찬가지였다. 지분은 거의 없는 상태로 기업 간 순환출자 등 편법으로 지배권을 유지하는 것이었다. 소버린은 엄청난 돈을 들여서 SK 경영권에 도전한 것이 아니다. 단지 1,700억 원으로 SK 전체 지배권을 가질 수 있었다. 소버린 사태는 한국 재벌가가 얼마나 편법으로 기업을 소유하면서 지배권을 행사해왔는지, 재벌 기업들의 지배권이 얼마나 허약한 것인지를 드러내는 사건이었다.

당시 소버린의 주요 주장은 다음과 같았다. '검찰로부터 기소를 받은 범죄자가 주식회사의 경영권을 갖도록 하면 안 된다. 특히 횡령, 배임 같은 범죄를 저지른 범죄자를 경영자로 둘 수 없다.' 다른 범죄라면 몰라도 횡령과 배임은 정상적인 기업 활동을 망치고 기업 자체를 범죄에 동참하게 하는 반기업적인 범죄이다. 그러니 횡령과 배임을 저지른 사람이 경영자가 되어서는 안 된다는 말은 맞다. 문제는 이 원칙을 적용할 경우, 현재 한국 재벌 그룹의 총수 중 많은 사람이 경영권을 잃게 된다는 것이다. SK의 최태원만이 아니라, 한화, 삼성, 현대 등 많은 재벌 총수가 횡령과 배임으로 선고를 받았다. 소버린의 주장은 일리가 있지만, 한국에서는 폭발적인 영향을 미칠 수 있는 사안이었다.

SK 측에서는 소버린의 주장에 절대적으로 반발했고, 소버린이 추천하는 이사들도 받아들일 수 없다는 입장이었다. 결국 소버린과 SK는 주주총회에서 표 싸움을 벌인다. 2004년 봄과 2005년 봄 정기 주주총회에서 대결을 했는데, 두 번 다 SK 측이 이겼다. 소버린은 SK 지배구조의 문제, 재벌 문제를 바꾸고자 하는 소수 주주의 지지를 받았다. 하지만 소버린이 실질적으로 적대적 M&A를 하려는 것에 반대하는 많은 주주가 SK에 표를 던졌다. 많은 주주가 SK 지배구조에 문제가 있다고 생각했지만, SK 그룹이 외국 투자기관인 소버린 측에 넘어가는 것은 바라지 않았다.

소버린은 2005년 8월, 모든 SK 주식을 팔고 한국에서 철수한다. 이때는 소버린과 SK 간 지분 다툼으로 SK 주식 가격이 상당히 올랐을 때였다. 소버린은 2년 5개월 만에 약 8,000억 원의 수익을 낸 것으로 알려졌다. 지배구조 개선을 주장했지만 결국 이것을 빌미로 시세 차익을 추구했다는 비판을 받았다.

소버린 사태 이후 한국 재벌 그룹들은 경영권 보호에 신경을 쓰게 되었다. 그동안은 부도가 나지 않는 한 재벌가가 자기 기업의 경영권을 잃게 될 것으로는 생각하지 않았다. 하지만 소버린 사태는 어떤 재벌 그룹이든 경영권 분쟁이 일어날 수 있다는 것을 보여주었다. 재벌가 대주주의 지분이 낮은 것은 SK만이 아니라 모든 재벌가가 똑같이 가지고 있는 문제였다. SK-소버린 사태에서는 다른 외국 주주가 SK 손을 들어줘서 소버린에 넘어가지 않았지만, 만약 다른 주주들이 소버린에 표를 주었다면 정말로 최태원 일가는 SK 경영권을 잃게 되는 상황이었다.

이제 재벌 그룹은 경영권을 잃지 않도록 지배구조를 보완하기 시작한다. 그리고 주주 친화적인 정책을 실시한다. 한국 기업은 배당하지 않기로 유명했다. 하지만 소버린 사태 이후 배당을 하고 배당금을 높이기 시작했다. 외국인 주주가 등을 돌리면 어떤 일이 벌어질지 확실히 알게 되었기 때문이다. 그러니 유사시에 자기편이 될 수 있도록 평소에 주주들에게 배당금도 많이 주고 주주들의 요구사항을 반영해야 했다. 그리고 지배구조를 개편하기 위한 정부의 제도 개선안에 대해 소버린 사태를 근거로 들며 반대한다. 2003년 소버린 사태는 한국 재벌기업의 지배구조와 관련해서 가장 큰 영향을 미친 사건이었다.

46

2004년 KTX 개통

한반도를 일일생활권으로 만들다

국민 여러분, 이 자리에 참석하신 내빈 여러분 그리고 관계자 여러분, 우리는 오늘 예로부터 우리 선조들이 만나서 이별을 나누던 이 천안삼거리에서 21세기의 첨단 고속시대를 여는 대역사를 시작하였습니다. 이 건설의 장을 연 경부고속철도는 겨레의 무한한 영광과 국민의 굳건한 장래를 고속으로 실어 나르는 국토의 재동력이 될 것입니다. … 우리는 이제 서울에서 부산까지 통학이나 통근을 할 수 있는 시대를 맞고 있습니다. 교통기관의 이 획기적인 발전은 이 철도가 지나가면은 지역들을 몇 10분 더 줄여서 한 시간대의 생활권으로 변모시킬 것입니다. 주거, 취업, 교육, 여가 등 국민 생활의 모든 면에서 수도권과 지방의 차이는 점차 사라지게 될 것입니다. 국민의 의식에도 깊은 영향을 미쳐서 인구가 수도권으로 몰리는 시대는 이제 깨끗하고 풍요로운 지방으로 분산하게 하는 생활권의 새로운 현상도 일어나게 될 것입니다.

노태우 대통령, 「통치사료기록서: 경부고속철도 건설 기공식 연설」,
『행정안전부 국가기록원 대통령기록관』, 1992년 6월 30일.

2004년 4월 1일, KTX 경부선이 개통했다. 1970년대 경부고속
도로의 개통 이후 다시 한 번 한국의 시공간 축을 흔드는 큰 사건이었
다. 서울과 부산은 말로만 일일생활권이 아니라 정말 일일생활권이
되었다. 서울에서 아침 먹고 출발해 부산에 도착, 점심에 비즈니스 미
팅을 하고 오후에 서울로 돌아오는 것이 가능해졌다. 오전 9시부터
오후 6시 공식 업무 시간 안에 부산 출장이 가능해진 것이다.

경부고속도로는 1970년 7월 7일 개통되었다. 1968년 2월에 착
공해서 2년 5개월 만에 완성된 것으로, 경부고속도로 개통은 박정희
정부의 중요 업적이자 한국 경제발전의 상징이었다. 고속도로는 근
대화의 상징이다. 일반도로 외에 고속의 자동차 전용 도로가 필요할
정도로 자동차가 많아야 하고 그를 이용한 서비스도 활발해야 하기
때문이다. 경부고속도로로 서울과 부산 사이를 4시간 30분 만에 주
파할 수 있게 되면서 하루에 서울-부산 왕복이 가능해졌다. 그 이전
에 국도로는 서울-부산이 편도 15시간, 기차로는 편도 6시간에다 편
수도 적어서 이용이 쉽지 않았다. 그런 면에서 경부고속도로는 한국
을 일일생활권으로 만든 첫 번째 시도였다.

박정희 정부는 어떻게 경부고속도로를 만들게 되었을까? 흔히 박정희가 1963년 독일을 방문했을 때, 독일의 아우토반을 보고 감동을 해서 한국에도 고속도로를 만들기로 했다고 알고 있다. 독일 아우토반을 보고 감명받은 것은 사실일지 몰라도, 그것 때문에 1968년에 갑자기 고속도로 건설을 시작했다고 보는 것은 무리이다. 1966년에 만들어서 1967년부터 시작된 제2차 경제개발계획에는 고속도로 건설 계획이 없다. 고속도로 건설은 1967년 4월, 당시 박정희-윤보선 간 대통령 선거 운동 과정에서 나온 이야기이다. 박정희가 경부고속도로 건설을 공약으로 내세웠고, 야당 측에서는 차도 얼마 없는 상태에서 고속도로를 만들면 상류층만 이용할 거라며 반대했었다. 국제부흥개발운동(IBRD)은 한국의 도로망을 조사하면서 서울-부산 축은 다른 도로도 있고 경부선 철도도 있으니 급하지 않다고 보고, 그 대신 서울-강릉, 포항-부산-여수-광주처럼 한국을 횡으로 연결하는 도로 건설을 제안했다. 서울-부산은 정치적인 중요성은 몰라도 경제적 중요성은 다른 지역을 연결하는 것보다 낮다고 보았다. 하지만 박정희는 서울-부산 고속도로 건설을 먼저 선택한다. 다분히 선거를 의식한 정치적 선택이었을 것이다.

그런데 고속도로 건설에는 한 가지 의미가 더 있었다. 1960년대에는 전 세계적으로 쿠데타가 일어나고 독재정권이 많이 들어섰는데, 당시 독재정권이 공통으로 하고자 했던 사업이 두 개였다. 하나는 제철소를 만드는 것이고, 다른 하나가 바로 고속도로를 만드는 것이다. 지금 신재생에너지나 AI가 각광받듯이 1960년대에는 제철소와 고속도로가 국가 발전의 핵심이 될 주요 사업 모델이었다. 한국도 포항제철을 만들고 경부고속도로를 건설했다. 이후 포항제철은 세계적으로 경쟁력이 있는 제철소로 성장했고, 경부고속도로 건설에 참여한 회사들은 이 경험을 바탕으로 외국 건설 사업에 진출하였다. 이때 고속도로, 제철소 건립은 많은 개도국에서 시도했지만, 한국만큼 성공적인 결과를 만든 국가는 거의 없었다.

한국의 교통과 물류 역사에서 또 하나 중요한 것이 바로 2004년 개통한 KTX의 건설이다. KTX 경부선은 1992년에 착공을 시작해서 2004년에 운행을 시작한다. 이때는 아직 대구-부산 간 구간이 완성되지 않아서 그 구간은 기존 경부선 노선을 이용했다(서울에서 부산까지 전 구간 고속철도망이 완성된 것은 2010년이다). 1단계 개통까지 총 12년이 걸렸다.

KTX의 가장 큰 의의는 한국을 일일생활권으로 만들었다는 점이다. 경부고속도로가 서울-부산 간 일일생활권을 만들었다지만, 사실은 아침 일찍 서울에서 출발해 저녁에 다시 돌아올 수 있는 것뿐이었다. 왕복 10시간 정도 걸리는 시간도 문제이지만, 경부고속도로도 운전하기 힘든 도로였다. 산이 있으면 터널을 뚫어 직선화를 해야 하는데, 경부고속도로는 산을 따라 올라가고 내려오게 도로를 만들었고 산중턱을 따라 커브 길을 만들었다. 그래서 서울-부산을 업무를 보면서 하루에 왕복하는 것은 실로 힘들었다. 경부선 철도로는 나중에 투입된 새마을호를 이용해 움직여도 이동에만 왕복 10시간 정도가 걸렸다.

하지만 KTX를 이용하면 정말로 일과 시간 내에 업무를 보고 돌아올 수 있었다. KTX 노선 주변 지역에서는 아침에 이동해서 오후에 용무를 보고 저녁에 집에 가는 것이 가능하다. 지방에서 서울로 올라와 일일 쇼핑을 하거나 병원 진료를 보고 돌아가는 것도 가능해졌다. 이렇게 일일생활권이 되면서 지방에서는 부작용도 발생했다. 지역 병원을 가지 않고 서울에 와서 진료를 받고, 지역 백화점을 이용하지 않고 서울, 부산 등으로 이동해서 쇼핑을 한다. 지역 의료 체계와 지역 고급 쇼핑가가 타격을 받았다.

KTX는 단축된 시간만큼이나 실제 국민의 생활 패턴을 바꾸었다. 서울과 지방 간 교류에 실질적으로 도움을 주었다. 그리고 도로 위주의 교통 시스템에서 벗어나 철도 이용을 주요 교통 시스템으로 확대했다. 1960년대까지 한국은 철도망 위주의 교통 체계였다. 그러다 경부 고속도로 건설을 계기로 전국적으로 도로망 건설이 붐을 이루었다. 이렇게 도로 위주 교통체계가 되면서 철도는 거의 새로 건설되지 않았다.

1980년대 이후에도 자동차·도로 위주 정책이 계속되었고, 교통 분담에서 철도의 비중은 지속해서 낮아졌다. 그래서 철도망을 다시 개발할 필요가 있었는데, 그 대안이 바로 KTX였다. KTX는 이후 호남선, 영동선 등으로 노선이 확대되고, 수서에서 출발하는 SRT도 만들어졌다. 철도를 주요 교통 방안으로 선택할 수 있게 하고 말 그대로 전국을 일일생활권으로 만든 것, 그것이 KTX가 바꾼 한국의 모습이다.

상용화 기준 한국 최초의 독자 개발 고속철도 차량인 '산천'의 모습. 현대로템에서 제작한 것으로 대부분의 주요 부품을 국산화하는 데 성공했다. 산천이라는 이름은 앞부분 디자인의 모티프를 따온 산천어에서 유래한다.

47

불법 사행사업이 본격적으로 성행하다

제32조 (불법게임물 등의 유통금지 등)

① 누구든지 게임물의 유통질서를 저해하는 다음 각 호의
행위를 하여서는 아니 된다. …

7. 누구든지 게임물의 이용을 통하여 획득한 유·무형의 결
과물(점수, 경품, 게임 내에서 사용되는 가상의 화폐로서 대통
령령이 정하는 게임머니 및 대통령령이 정하는 이와 유사한 것
을 말한다)을 환전 또는 환전 알선하거나 재매입을 업으
로 하는 행위

「게임산업진흥에 관한 법률(약칭: 게임산업법)」, [시행 2007. 4. 20.]
[법률 제8247호, 2007. 1. 19., 일부개정]

한국에는 사행산업이라 불리는 산업군이 있다. 카지노, 경마, 경륜, 경정, 복권, 로또, 스포츠 토토, 소싸움 등 소위 돈을 걸고 베팅을 하는 도박 게임이다. 현재 한국의 사행산업 규모는 22조 원대이다. 게다가 불법적으로 이루어지는 사행산업도 있다. 불법 사행산업 규모를 합치면 80조 원대로 추정된다. 한국은 사행산업이 굉장히 발달한 국가이다. 경마는 많은 나라에 있지만, 경륜, 경정, 소싸움까지 몇 개나 운영되는 국가는 드물다. 또 한국은 카지노도 많은 편이다. 한국인이 들어갈 수 있는 곳이 강원랜드 1개뿐이라 한국에는 카지노가 없는 줄 알지만, 외국인 전용 카지노는 16개나 된다. 한국은 숫자로 볼 때 카지노 대국에 속한다. 이렇게 한국에는 사행산업이 많이 있고 규모도 크지만, 겉으로는 잘 보이지 않는다. 산업의 규모는 계속 커지고 있지만 어디에서도 잘 이야기되지 않는다.

현재 한국 사행산업의 모습을 만드는 데 가장 크게 영향을 미친 것은 2004년 12월 출시된 바다 이야기 사건이다. 2004년, 문화부는 바다 이야기 게임기에 대해서 허가를 내주었다. 바다 이야기는 슬롯머신, 파친코류의 게임기이다. 그동안 한국에서 슬롯머신류의 게임기는 불법이었다. 돈을 넣고 돈을 따는 도박으로 인정되었기 때문이다. 슬롯머신에 돈을 넣고 기계를 돌리면 적당한 확률로 당첨이 된다. 그리고 당첨이 되면 그에 따른 상금으로 돈이 나온다. 라스베이거스 슬롯머신은 당첨률이 95% 이상이다. 1만 원을 넣으면 9,500원을 돌려준다. 라스베이거스는 500원 이익이고, 게이머는 500원을 잃는다. 당첨률이 90%라면 1만 원을 넣으면 9,000원을 돌려준다. 업자는 1,000원을 벌고, 게이머는 1,000원을 잃는다. 슬롯머신은 이런 시스템으로 운영된다.

슬롯머신 류의 게임은 세계 어디에서나 일반적으로 볼 수 있다. 10,000원을 넣으면 500원을 잃지만 사실 그 정도는 성인의 레저 활동으로 충분히 인정할 수 있다. 당구를 쳐도 한 시간에 만 원 가까이 지출되고, 골프를 쳐도 하루에 몇십만 원은 나가기 마련이다. 그래서 당시에는 도박인가 레저인가를 판단하는 기준을 한 시간에 1만 원으로 잡았다. 성인이라면 한 시간에 1만 원 정도 지출하는 것은 도박이 아니라 레저로 인정해줄 수 있다. 한 시간 동안 10만 원을 게임기에 넣으면 9만 원을 돌려주고 1만 원을 잃는다. 이런 정도면 레저용으로 허가를 줄 수 있지만, 9만 원을 현금으로 돌려주면 아무래도 도박이라는 인상을 받을 수 있다. 그래서 현금으로는 줄 수 없고 상품권 등 현금이 아닌 다른 것으로 주기로 했다. 이렇게 해서 2004년, 바다 이야기 게임기가 정식으로 출시된다. 바다 이야기는 불법적인 게임기가 아니었다. 국민 소득도 늘어나고 소비, 레저 생활도 증가하는 추세 속에서 외국에서 일반적으로 인정되는 슬롯머신 류 게임을 레저 도구로 인정하려던 것이었다.

여기서 반전이 일어난다. 아무도 바다 이야기가 그렇게까지 한국에서 대인기를 끌 거라고는 예상하지 못했다. 또 바다 이야기가 그렇게까지 편법으로 운용될 것도 예상하지 못했다. 앞서 말했듯 게임기 기준은 한 시간에 10만 원까지만 들어갈 수 있고, 이 중 90% 이상을 환급해주어야 했다. 그런데 업자 측에서는 90% 조건만 맞추면 된다. 10만 원을 넣었을 때 9만 원을 돌려주면 90% 환급률이라면, 100만 원을 넣었을 때 90만 원, 500만 원을 넣었을 때 450만 원을 돌려주기만 하면 된다. 이때 슬롯머신을 운영하는 방식은 두 가지가 있다. 많은 사람에게 조금씩 나누어주는 방식과 한두 명에게 몰아주는 방식이다. 50명이 10만 원을 사용하면 총액이 500만 원이 되고 이 중 450만 원을 환급해주어야 한다. 이때 50명 각자에게 9만 원씩 돌려주는 방식과 50명 중 1명에게 450만 원, 아니면 2명에게 225만 원을 환급해주는 방식, 이렇게 두 가지 선택지가 가능하다. 바다 이야기는 한두 명에게 몰아주는 방식으로 운영했다. 이때 개인 입장에서는 누군가는 10만 원을 넣어서 다 잃은 거고, 누구는 10만 원을 넣어서 450만 원을 번 것이다. 이때 상금은 상품권으로 주었지만, 어차피 상품권은 현금으로 바꿀 수 있었다. 결국 바다 이야기는 한 시간에 1만 원을 쓰고 즐기는 게임이 아니라, 10만 원을 걸어서 450만 원을 딸 수 있는 도박이 되었다.

바다 이야기가 원래 의도와 다르게 도박처럼 운영된다고 하더라도, 소수의 사람들만 이용했다면 사회 문제는 되지 않았을 것이다. 그런데 너무 인기가 많았던 것이 문제였다. 주요 건물 1, 2층이 모두 바다 이야기, 황금성으로 변해갔다. 지금 편의점이 몇 건물 건너마다 있듯이, 바다 이야기, 황금성 등이 몇 건물 건너마다 생겨났다. 결국 바다 이야기 등 슬롯머신 게임류는 불법이 된다. 당첨금을 현금으로 환전하면 안 되는데 실질적으로 현금으로 환전할 수 있다는 이유에서였다. 게임기 허가 기준을 강화하면서 거리의 바다 이야기는 점차 사라져갔다. 여기까지라면 바다 이야기는 일회적 사건으로 끝났을 것이다. 그런데 그것으로만 끝나지 않았다. 이 사건을 계기로 한국에는 사행성감독위원회가 만들어지고, 한국 사행산업에 대한 전반적인 규제 틀이 형성된다.

먼저 카지노, 경마, 경륜, 경정, 복권, 스포츠 토토 등의 사행산업 전체의 매출은 국가 GDP의 일정 수준을 넘으면 안 되게 만들었다. 소위 매출 총량제이다. 카지노의 매출, 경마의 매출을 1년 단위로 지정해주고, 그 규모 안에서만 영업 활동을 하도록 했다. 광고나 홍보 활동도 마음대로 하면 안 된다. 도박 중독에 대한 예방 활동도 해야 하고, 도박 중독자에 대한 대응 방안도 마련해야 한다. 합법적인 사행산업은 그 규모나 운영 측면에서 엄격히 관리되고 있다. 바다 이야기로 인하여 한국의 사행산업 전체에 대해서 관리 시스템이 만들어진 것이다.

이렇게 사행산업을 엄격히 관리하고 사행산업 규모가 증가하는 것을 억제하면서 부작용도 생겼다. 한국인은 바다 이야기 게임기를 허용한 지 1~2년 만에 바다 이야기 광풍에 휩싸일 정도로 도박을 좋아한다. 한국인들이 도박을 좋아한다는 것을 인정하지 않으면 이때 바다 이야기가 이렇게까지 유행한 것을 설명하기 힘들다. 도박류의 게임을 즐기고 싶은데 합법적 사행산업은 증가할 수 없으니 불법적인 도박이 증가한다. 지금 한국은 합법적 사행산업보다 불법적인 사행산업 규모가 훨씬 더 크다.

불법적인 도박이라고 해서 색안경을 쓰고 볼 필요는 없다. 유럽이나 미국 등 외국에서 스포츠를 대상으로 베팅을 하는 게임은 대부분 합법으로 인정한다. 하지만 한국은 정식 스포츠 토토, 프로토를 이용하는 것만 합법이고, 다른 사이트에서 베팅하는 것은 불법이다. 한국에서는 사행산업 규모가 증가하는 것을 막기 위해 정식 스포츠 토토, 프로토만 인정하는 것이고, 그래서 다른 사이트를 이용하는 불법 도박자가 증가한다. 외국에서는 아무 문제없는 행동이 한국에서는 불법 도박 행위가 된다.

현재 한국 사행산업은 많은 규제 속에서 기형적으로 운영되고 있다. 이런 한국 사행산업의 현재 모습을 만든 것은 바다 이야기였다. 한국의 사행산업이 존재하는 한, 바다 이야기 사건은 계속해서 이야기될 것 같다.

48

정보통신 정책 자체를 뒤바꾸다

방송통신위원회는 10일 제42차 회의를 열어 위피(WIPI) 탑재 의
무화 해제를 위한 관련 규정 개정을 의결했다. 이날 의결된 「전기
통신설비의 상호접속기준」 개정(안)에 따라 오는 2009년 4월 1일
부터 국내 이동전화 사업자들은 위피의 탑재 여부를 자율적으로
선택할 수 있게 된다. 그동안 이동전화 사업자들은 2005년 4월부
터 한국정보통신기술협회(TTA)가 정한 단말기의 모바일 표준 플
랫폼인 위피(WIPI)를 의무적으로 탑재해 왔다.

방송통신위원회 보도자료, 「방통위, 위피 탑재 의무화 해제」, 2008년.

전 세계인의 일상에서 가장 중요한 기기는 스마트폰이다. 삼성 갤럭
시나 애플의 아이폰 같은 기기가 없는 생활을 상상하기 어려울 정도

이다. 스마트폰이 나오기 전에는 TV나 인터넷으로 자료를 찾았다. 지금은 스마트폰으로 뉴스를 보고 모르는 게 있으면 바로 검색한다. 전에는 게임할 때 PC나 게임기를 이용했다면, 지금은 스마트폰으로 모바일 게임을 한다. 이전에도 카톡 같은 메신저가 있었지만 PC에서 해야만 했다. 지금은 스마트폰으로 아무데서나 할 수 있다. 스마트폰은 우리의 생활양식을 완전히 바꾸어놓았다.

이런 변화는 애플에서 아이폰을 출시하면서 시작되었다. 2007년 6월, 전 세계는 이날을 스마트폰의 혁명이 일어난 시기로 기억한다. 그런데 이때 한국에서는 아이폰이 출시되지 않았다. 한국에서 아이폰이 출시된 것은 2년이 지난 2009년 4월이었다. 한국에서 아이폰이 출시되는 것은 간단한 일이 아니었다. 한국의 정보통신 정책, IT 정책의 패러다임을 바꾸어야 했다. 한국의 정보통신은 아이폰 출시로 일대 혁명을 겪는다.

당시 한국에서 아이폰이 출시되지 않았던 이유는, 한국에서는 모든 휴대폰에 의무적으로 위피 프로그램을 설치해야 했기 때문이다. 위피는 한국에서 개발한 모바일 운영 프로그램이다. 모든 컴퓨터는 운영프로그램이 있어야 한다. PC는 마이크로소프트 윈도우를 설치해야 작동하고, 애플의 아이폰이나 아이패드는 OS 운영 프로그램을 사용한다. 지금 아이폰 외에 다른 스마트폰은 구글 안드로이드 운영 프로그램을 사용하고 있다.

2007년 당시 한국에서는 위피 모바일 플랫폼만 이용하는 게 법으로 정해져 있었다. 그런데 아이폰은 위피가 아니라 OS 플랫폼을 사용한다. 아이폰이 한국에서 출시되려면 애플이 한국에서 판매하는 아이폰에 OS가 아니라 위피를 깔아야만 한다. 그런데 위피를 깔면 애플의 다른 앱이 작동하지 않는다. 그렇게 되면 아이폰은 스마트폰이 아니라 그냥 전화통화만 되는 휴대폰일 뿐이다. 애플은 그런 식으로 아이폰을 변경해서 한국에서 출시하는 것을 거절했다. 애플, 특히 스티브 잡스가 있을 때의 애플은 절대 타협하지 않는 고집을 가지고 있었다. 아이폰이 전 세계에서 출시되고 대중적으로 보급되면서 스마트폰 혁명이 일어났지만, 한국은 무풍지대였다. 세계의 혁명적 변화에서 비켜나 있었다.

스마트폰 혁명 이전에 블랙베리폰 혁명도 마찬가지였다. 블랙베리는 휴대폰에 무선인터넷을 가능하게 해서 이메일, 팩스, 인터넷 이용을 가능하게 했다. 특히 이메일 등 비즈니스 활동에 유용했다. 하지만 블랙베리폰도 한국에서는 출시되지 못했다. 역시 위피 때문이다. 전 세계에서 사용 가능한 블랙베리가 한국에서만 사용할 수 없으니 문제가 된다. 그래서 법인용으로 사용하는 경우에는 예외적으로 출시하도록 했지만, 법인용으로만 사용해서는 활성화되기 힘들었다.

위피가 이렇게 문제가 된다면 위피 탑재 의무화를 풀면 되지 않을까? 그런데 위피 해제는 그렇게 간단한 문제가 아니었다. 위피는 단순히 무선 인터넷 플랫폼 프로그램을 고르는 문제가 아니라, 한국의 정보통신 정책, 특히 표준화 정책의 핵심이었기 때문이다.

한국은 1982년, 전자교환기인 TDX 개발에 성공한다. 세계에서 10번째로 개발한 것으로 당시 한국의 정보통신 기술을 고려했을 때 정말 획기적인 일이었다. TDX 이전에는 시외전화를 걸 때 교환수가 중간에서 하나하나 연결해주어야 했다. TDX가 만들어지면서 자동으로 모든 전화가 연결된다. 1996년에는 이동통신에 이용하는 CDMA 기술을 세계 최초로 상용화하는 데 성공한다. 그리고 1990년대 말, 소위 인터넷 혁명이 일어났다.

한국은 TDX, CDMA 기술 개발에서 보듯이 정보통신 분야에서 앞서나갔다. 인터넷 혁명도 빠르게 진행되었다. 한 가지 아쉬운 점은 한국에서 개발한 CDMA 기술이 전 세계 표준으로 자리 잡지 못했다는 것이다. 한국이 기술을 선점하고, 그 기술이 세계 표준이 되면 한국은 엄청난 이익을 얻을 수 있다. 1990년대 말, 한국은 인터넷 기술을 개발해서 세계 표준이 되는 것을 목적으로 한다. KISDI, 한국전산원 등 정보통신 연구 역량을 총동원해서 국가 수준에서 인터넷 기술을 개발한다. 그 대표적인 것이 공인인증서와 위피이다.

공인인증서는 처음 인터넷이 보급되면서 문제가 되었던 보안 문제를 해결하기 위한 방안이었다. 당시 최고의 인터넷 보안 체계를 만든 한국은 시장 확보를 위해 공인인증서 사용을 의무화한다. 그리고 이를 바탕으로 전 세계에 공인인증서 기술을 수출하려고 했다. 전 세계가 인터넷 보안과 관련해서 공인인증서를 사용하는 세상을 꿈꾸었다. 그런데 다른 나라는 공인인증서 기술을 받아들이지 않았다. 다른 생전의 스티브 잡스가 아이폰 출시를 맞아 프리젠테이션을 하고 있는 모습. 아이폰은 휴대전화에 퍼스널컴퓨터를 집어넣으면서 '손바닥 안의 PC'로 불리며 스마트폰 혁명을 가져왔다. 21세기 이후 등장한 물건 중 인류의 삶을 가장 극적으로 바꾸어 놓은 것으로 평가받는다.

나라들이 계속 인터넷 보안 기술을 개발하면서 오히려 공인인증서보다 더 좋은 보안 기술을 만든다. 한국은 공인인증서만 강제하면서 오히려 다른 나라들보다 기술적으로 뒤처지게 된다. 공인인증서 사용은 그 후 지금까지 계속 논쟁을 불러일으키고 있다.

위피도 마찬가지다. 일반 PC 플랫폼은 이미 마이크로소프트 윈도우가 꽉 잡고 있다. 하지만 새로 보급될 무선인터넷 플랫폼은 선두주자가 없으니, 한국에서 플랫폼을 만들어 세계 표준으로 성장시키고자 했다. 세계 표준이 되기 위해서는 우선 한국에 그 발판이 확실해야 하니 한국 내에서 위피 탑재를 의무화한다. 그런데 공인인증서처럼 위피도 외부로 확산되지 않았다. 공인인증서와 마찬가지로 위피 사용을 의무화한 후에는 업그레이드가 잘 되지 않아 세계의 무선인터넷 플랫폼 기술 개발보다 뒤처지기도 했다. 이런 가운데 OS 플랫폼이 탑재된 아이폰이 출시되고, 세계는 스마트폰 혁명에 들어간다.

아이폰 출시는 단순히 외국 스마트폰 수입 허용의 문제가 아니었다. 아이폰의 한국 출시는 위피 의무화 정책이 폐지된다는 뜻이고, CDMA 개발 이후 정보통신 부문에서 국운을 걸고 추구했던 한국 기술의 세계 표준화를 포기한다는 뜻이다. 그런데 세계의 아이폰 열풍이 너무 강했다. 이전 블랙베리 혁명도 강하기는 했지만, 차원이 달랐다. 아이폰에 전 세계가 열광하는 상황에서 한국에서만 사용할 수 없다는 것이 문제가 되었다.

결국 2009년 4월, 위피 탑재 의무화를 포기한다. 그러면서 아이폰이 한국에서 출시되고, 한국도 스마트폰 혁명에 동참하였다. 국민의 생활도 바뀌었고 산업계의 지형도 바뀌었다. 삼성은 아이폰을 따라잡기 위해 갤럭시를 만들었고, 다른 한국 휴대폰 업체는 특히 국제 무대에서 존재감이 사라졌다. 아이폰이 출시되기 전과 후, 한국인의 생활만이 아니라 정보통신업계, 정보통신 정책 모두가 달라졌다.

49

원자력 발전의 분기점에 서다

존경하는 국민 여러분! 고리 1호기의 가동 영구정지는 탈핵 국가로 가는 출발입니다. 안전한 대한민국으로 가는 대전환입니다. 저는 오늘을 기점으로 우리 사회가 국가 에너지정책에 대한 새로운 합의를 모아 나가기를 기대합니다.

그동안 우리나라의 에너지정책은 낮은 가격과 효율성을 추구했습니다. 값싼 발전단가를 최고로 여겼고 국민의 생명과 안전은 후순위였습니다. 지속가능한 환경에 대한 고려도 경시되었습니다. 원전은 에너지의 대부분을 수입해야 하는 우리가 개발도상국 시기에 선택한 에너지 정책이었습니다.

그러나 이제는 바꿀 때가 됐습니다. 국가의 경제 수준이 달라졌고,

환경의 중요성에 대한 인식도 높아졌습니다. 국민의 생명과 안전이 무엇보다 중요하다는 것이 확고한 사회적 합의로 자리 잡았습니다.

「문 대통령 고리1호기 영구정지 선포식 기념사」, 『연합뉴스』, 2017년 6월 19일.

2011년 3월 11일, 동일본 앞 해상에서 진도 7도의 지진이 발생한다. 일본 동북 지방에 최대 높이 14m의 해일이 발생했고, 수많은 인명 피해와 재산 피해가 발생했다. 당시 파괴된 마을의 상당수가 아직도 방치 중이다. 그렇지만 동일본 대지진의 가장 큰 후유증은 후쿠시마 원전 사고이다. 후쿠시마 원전이 해일에 침수된 뒤, 결국 연료봉이 노출되고 방사능이 유출된다. 후쿠시마 이후 전 세계는 1970년대 이후 운영해왔던 에너지 체계에 대해 근본적으로 재검토하고 대안을 찾고 있다.

1973년에 발생한 석유파동은 한국만이 아니라 세계 경제와 정치를 이야기할 때 꼭 언급되는 사건이다. 그만큼 전 세계에 큰 충격을 가져다주었다는 의미다. 1973년 10월, 주요 석유 생산국이었던 페르시아만의 OPEC 국가가 석유 생산량의 감산을 결정한다. 수요와 공급에 의해 움직이는 원료 시장에서 생산량 감소는 가격 상승을 불러온다. 당시 석유 가격은 배럴당 2.9달러 수준이었는데, 감산 결정 직후 4달러를 넘어선다. 그리고 3개월 후인 1974년 1월에는 11.6달러까지 오른다. 원유 가격이 몇 달 사이에 4배 가까이 오르자 석유를 이용한 모든 물품의 가격도 따라서 올랐다. 전 세계적으로 인플레이션이 발생했다.

그동안에는 인플레이션이거나 생산 감소이거나 둘 중 하나였다. 하지만 석유 파동 이후에는 인플레이션과 생산 감소가 동시에 일어나는 스태그플레이션이 왔다. 이후 전 세계 경제는 1970년대 내내 불황에 시달렸다. 그런데 석유 파동은 단순히 석유 가격 인상으로 인한 경제적 어려움에 그치지 않았다. 석유 파동 이후 전 세계 국가는 석유 에너지에만 의존해서는 안 된다는 것을 느끼게 된다. 에너지는 국가 경제의 기반이다. 다른 생산물은 좀 부족해도 버틸 수 있지만, 에너지가 부족하면 국가 기반이 무너진다. 가령 TV나 자동차가 부족해도 고생하는 사람들이 있기는 할 테지만 그걸로 국가가 마비되지는 않는다. 하지만 석유가 없으면 국가가 마비된다. 석유가 없으면 발전소를 돌릴 수 없고 전기가 생산되지 않는다. 당시 한국은 전체 에너지에서 석유가 차지하는 비중이 54% 정도였다. 1979년에는 2차 석유 파동이 일어났는데, 이때 석유 발전의 비중은 70%였다. 석유가 없으면 국가가 마비되는 상태였던 것이다.

석유 파동 이후 대체 에너지 개발이 절대 과제로 떠올랐다. 석유에 계속 의존했다간 산유국의 상황에 의해 언제든지 국가가 흔들릴 수 있다. 그런데 대안이 그렇게 많지 않았다. 발전소를 돌려 전기를 만들 수 있는 에너지원은 석탄, LNG 가스, 원자력, 그리고 태양열이나 풍력 등 소위 재생 에너지뿐이다. 석유 말고 가장 일반적으로 쓰는 원료는 석탄과 가스이다. 그런데 석탄이나 가스는 석유와 마찬가지로 한국에서 생산되지 않는다. 석탄이 생산되기는 하지만, 발전용으로 사용하기에는 부적절하고 양도 많지 않다. 대안은 원자력과 태양, 풍력 등 재생 에너지였다.

한국 최초의 원자력 발전소인 고리 1호기는 1978년 4월 가동을 시작했다. 한국에서 원자력에 처음 관심을 가진 것은 1960년대부터이다. 고리 원자력 발전소 기공식은 1971년 3월에 이루어졌다. 핵무기 개발도 고려하면서 원자력 기술을 개발하려는 의도였다. 그러다 석유 파동 이후에 본격적으로 원자력 발전소를 개발하기 시작한다. 고리 원자력 발전소 이후에 월성, 영광, 울진 등에 계속해서 원자력 발전소가 만들어져 2016년까지 총 25개의 원자력 발전소가 세워졌다. 1980년대 말에는 전력의 50%가 원자력 발전소에서 만들어지면서 나름대로 탈석유에 성공하였다. 이후 원자력 발전소 건설이 주춤하고, 전력 수요는 계속 증가하면서 2015년에는 원자력 발전이 전체 발전의 22.2% 정도를 차지한다.

원자력과 같이 탈석유의 대안이었던 태양이나 풍력 에너지는 처음에 개발 의지가 강했지만, 곧 줄어들었다. 태양 에너지는 오염을 발생시키지 않는 우수한 에너지이긴 하지만, 생산 비용이 너무 높다. 풍력은 바람에 의해서 전기를 생산하는데, 바람이 안정적이지 않기 때문에 전기 공급도 불안정한 한계가 있다.

원자력 발전의 좋은 점은 발전 단가가 낮다는 점이다. 2016년의 경우, 1kW를 생산하는 데 신재생에너지가 186원이 든다면 원자력은 67.9원이 든다. LNG는 99.4원이고 석탄은 74.9원이다. 석탄이 원자력과 비슷하게 낮은 가격으로 전기를 생산할 수 있지만, 석탄은 오염물질을 배출한다는 치명적인 약점이 있다.

원자력의 가장 큰 이점은 외국으로부터의 수입에 크게 의존하지 않아도 된다는 점이다. 석유, 석탄, 가스는 모두 외국으로부터 엄청난 양을 수입해 와야 한다. 남중국해에 전쟁이 나거나, 한국과 주변 국가 간 군사 분쟁이 발생하면 수입하는 루트가 위협받는다. 석유, 석탄, 가스가 제대로 수입되지 않으면 한국은 금방 백기를 들 수밖에 없다. 그에 비해 원자력 발전은 외국으로부터 수입이 없어도 자체적으로 오랜 기간을 버틸 수 있다. 에너지 정책에서 보다 중요한 것은 가격이 아니라, 외국에 의존하지 않고 영향을 받지 않는 자주성이다. 한국에서 자주성을 최대한 보장해주는 에너지 원료는 원자력이다. 석유 파동 이후 원자력 발전에 초점을 둔 것은 그런 이유가 더 컸다.

그런데 원자력 발전을 계속 늘리려고 한 흐름을 바꾸게 하는 사건이 발생한다. 2011년 후쿠시마 원자력 발전소 사고이다. 이 이전에는 1986년, 옛 소련의 체르노빌 원전 사고가 있다. 그런데 체르노빌 원전은 원래 핵무기 생산용 원자로였다. 발전용으로 운영하기에는 문제가 있던 것이었다. 그래서 체르노빌 원전 사고는 체르노빌이라 발생한 것이지, 일반 발전용 원전에서는 그런 사고가 발생하지 않을 것으로 생각했다. 체르노빌 사건에도 불구하고 전 세계적으로 원자력 발전이 계속 증가한 이유는 그 때문이다.

하지만 후쿠시마 원전은 원자력 발전을 하는 여러 나라들에서 일반적으로 사용하는 발전용 원자로였다. 후쿠시마 원전 사고로 인해 아무리 안전 조치를 해도 문제가 생길 수 있다는 것을 알게 되었다. 그리고 원전 사고가 발생했을 때 어떤 일이 벌어지는지도 확실히 알게 되었다. 원전 주변 몇십 킬로미터가 사람이 살 수 없는 폐허가 되었다.

한국에서 만약 원전 사고가 발생하면 어떻게 될까? 한국은 국토가 작고 좁다. 일본보다 작고 좁은 지역에 사람도 원전도 밀집해 있다. 후쿠시마는 원전 주변 20~30km 내에 주요 도시가 없었다. 하지만 고리에서 원자력 사고가 발생하면 부산, 울산 등이 사람이 살 수 없는 지역이 된다. 월성에서 원자력 사고가 발생하면 경주가 없어진다.

그래서 원자력 발전을 줄여나가야 한다는 것이 후쿠시마 사건 이후, 그리고 현 정부 들어서 주요 정책 방향이 되었다. 한국만이 아니라 다른 여러 국가도 탈원전을 이야기하는 경우가 늘었다. 하지만 원자력 발전에서 벗어났을 때 그 문제점도 같이 드러나고 있다. 먼저 발전 비용이 증가한다. 즉 전기 가격이 오른다. 한국은 지금 전기 요금을 올리지 않고 있지만, 그 대신 한국전력은 엄청난 적자를 보고 있다. 원자력 발전을 크게 줄이지도 않았는데 조 단위의 적자가 난다.

정말로 탈원전을 하면 한국의 에너지 가격은 엄청나게 오를 것이다.

에너지는 한 국가 경제를 유지시켜 주는 기반이다. 한국은 석유 파동 이후 계속 원전을 추구해왔다. 이제 원전이냐 탈원전이냐를 다시 결정해야 하는 분기점에 와 있다.

참고문헌

강만수, 『현장에서 본 한국경제 30년』, 삼성경제연구소, 2005

강원, 『신상품의 경제학』, 삼성경제연구소, 2005

고토 야스히로, 노경아 역, 『자원 식량 에너지가 바꾸는 세상』, 새로운제안, 2012

공병호, 『3년 후, 한국은 없다』, 21세기북스, 2016

곽수종, 『곽수종 박사의 대한민국 경제 대전망』, 메이트북스, 2018

권순우 외, 『발칙한 경제』, 가나출판사, 2017

권용진, 『인공지능 투자가 퀀트』, 카멜북스, 2017

그레고리 클라크, 이은주 역, 『맬서스, 산업혁명 그리고 이해할 수 없는 신세계』, 한스
　　미디어, 2009

글렌 허버드·팀 케인, 김태훈 역, 『강대국의 경제학 BALANCE』, 민음사, 2014

김경민, 『한국의 우주항공개발』, 새로운사람들, 2015

김광수, 『경제학 3.0』, 더난출판사, 2009

김광수경제연구소, 『경제 특강』, 더난출판사, 2010

김광수경제연구소, 『끝나지 않은 경제위기』, 김광수경제연구소, 2009

김광수경제연구소, 『위기의 한국경제』, 휴먼앤북스, 2008

김기삼, 『김대중과 대한민국을 말한다』, 비봉출판사, 2010

김낙년 외, 『새로운 한국경제발전사』, 나남, 2005

김대원, 『애플 쇼크』, 더난출판사, 2010

김대중, 『김대중 자서전 1·2』, 삼인, 2010

김동하, 『엔터테인먼트 산업 혁명』, 웰북, 2018

김동환 외, 『인플레이션의 시대』, 다산30, 2017

김병기·최호상, 『왜 우리는 AAA를 원하는가』, 삼성경제연구소, 2007

김병완, 『KIA는 어떻게 위기를 극복했는가?』, 참돌, 2013

김병완, 『왜 결국 삼성전자인가』, 브레인스토어, 2013

김상연 외, 『대한민국 빈부 리포트』, 한울, 2015

김선화, 『가업승계』, 쌤앤파커스, 2016

김수길, 『금고가 비었습니다』, 중앙M&B, 2003

김수삼, 『건설산업, 왜 아직도 혁신인가?』, 생각의나무, 2010

김승욱, 『제도의 힘』, 프리이코노미스쿨, 2015

김시래, 『나는 박수 받을 줄 알았다 상·하』, 세상의창, 2005

김용철, 『삼성을 생각한다』, 사회평론, 2010

김우중, 『세계는 넓고 할 일은 많다』, 북스코프, 2018

김윤지, 『박스오피스 경제학』, 어크로스, 2016

김인성, 『창작자의 나라』, 홀로 깨달음, 2017

김인성, 『한국 IT산업의 멸망』, 북하우스, 2011

김인숙·남유선, 『4차 산업혁명, 새로운 미래의 물결』, 호이테북스, 2016

김재영, 『하우스 푸어』, 더팩트, 2010

김정남, 『김택진 스토리』, e비즈북스, 2012

김정남, 『애플 & 닌텐도』, 길벗, 2008

김정호, 『왜 우리는 비싼 땅에서 비좁게 살까』, 삼성경제연구소, 2005

김종필, 『김종필 증언록』, 와이즈베리, 2016

김진 외, 『청와대 비서실 1-4』, 중앙 M&B, 1992-4

김진명, 『삼성 컨스퍼러시』, 새움, 2012

김진향 외, 『개성 공단 사람들』, 내일을여는책, 2015

김충식, 『남산의 부장들 1-3』, 동아일보사, 1993

김태웅, 『이주노동자, 그들은 우리에게 어떻게 다가왔나』, 아카넷, 2016

나성린·최은수, 『박근혜 정부 창조경제 매뉴얼 대한민국 창조혁명』, 매일경제신문사,

2013

나카타니 이와오, 이남규 역, 『자본주의는 왜 무너졌는가』, 기파랑, 2009

남우현, 『아파트의 몰락』, 랜덤하우스코리아, 2011

노태우, 『노태우 회고록 상·하』, 조선뉴스프레스, 2011

다카하시 노부오, 정경진 역, 『성과주의의 허상』, 오즈컨설팅, 2007

다테이시 야스노리, 길주희 역, 『굿바이 소니』, 골든북미디어, 2012

대니얼 앨트먼, 고영태 역, 『10년 후 미래』, 청림출판, 2011

대런 애쓰모글루·제임스 A. 로빈슨, 최완규 역, 『국가는 왜 실패하는가』, 시공사, 2012

데이비드 S. 랜즈, 안진환 외 역, 『국가의 부와 빈곤』, 한국경제신문사, 2009

데이비드 워시, 김민주 역, 『지식경제학 미스터리』, 김영사, 2008

데이비드 프리스틀랜드, 『왜 상인이 지배하는가』, 원더박스, 2016

데이빗 오스본, 편집부 역, 『정부 혁신의 길』, 삼성경제연구소, 1994

도현신, 『실업이 바꾼 세계사』, 서해문집, 2017

돈 오버도퍼, 이종길 역, 『두개의 한국』, 길산, 2003

동아일보 특별 취재팀, 『잃어버린 5년 - 칼국수에서 IMF까지 1·2』, 동아일보사, 1999

동아일보 특별취재팀, 『김대중 정권의 흥망』, 나남, 2005

라스 크로이저, 박경락 외 역, 『헤지펀드의 진실, 펀드 매니저의 고백』, 새로운제안, 2012

로널드 핀들레이·케빈 H. 오루크, 하임수 역, 『권력과 부』, 에코리브르, 2015

로버트 고든, 이경남 역, 『미국의 성장은 끝났는가』, 생각의힘, 2017

로버트 라이시, 안기순 역, 『로버트 라이시의 1 대 99를 넘어』, 김영사, 2015

로버트 라이시, 안진환 외 역, 『위기는 왜 반복되는가』, 김영사, 2011

로버트 라이시, 오성호 역, 『부유한 노예』, 김영사, 2001

로저 부틀, 김지연 역, 『부의 대전환』, 21세기북스, 2004

루비 페인, 김우열 역, 『계층이동의 사다리』, 황금사자, 2011

리사 자딘, 이선근 역, 『상품의 역사』, 영림카디널, 2003

리처드 C. 쿠, 김석중 역, 『대침체의 교훈』, 더난출판사, 2010

리처드 던컨, 김석중 외 역, 『신용 천국의 몰락』, 인카운터, 2013

리처드 던킨, 박정현 역,『피 땀 눈물』, 바다출판사, 2005

마강래,『지방도시 살생부』, 개마고원, 2017

마강래,『지방분권이 지방을 망친다』, 개마고원, 2018

마스다 무네아키, 이정환 역,『지적자본론』, 민음사, 2015

막스 베버, 박성수 역,『프로테스탄티즘의 윤리와 자본주의 정신』, 문예출판사, 2010

매일경제 소프트웨어 기획취재팀,『소프트웨어 강국으로 가자』, 매일경제신문사, 2015

매일경제 한류본색 프로젝트팀,『한류본색』, 매일경제신문사, 2012

메자키 마사아키, 신창훈 역,『국가는 부유한데 나는 왜 행복하지 않을까』, 페이퍼로드, 2013

모리시마 미치오, 장달중 역,『왜 일본은 몰락하는가』, 일조각, 1999

모모타 겐지, 김정환 역,『애플과 구글이 자동차 산업을 지배하는 날』, 한스미디어, 2014

모이제스 나임, 이진 역,『불량 경제학』, 청림출판, 2007

모타니 고스케,『일본 디플레이션의 진실』, 동아시아, 2016

미셸 보, 김윤자 역,『미셸 보의 자본주의의 역사 1500~2010』, 뿌리와이파리, 2015

미쓰하시 다카아키, 오시연 역,『부자 삼성 가난한 한국』, 티즈맵, 2011

미즈노 가즈오,『주식회사는 왜 불평등을 낳았나』, 더난출판사, 2017

바턴 빅스, 이경식 역,『투자전쟁』, 휴먼앤북스, 2006

박노자,『우리가 몰랐던 동아시아』, 한겨레출판, 2007

박명림,『한국 1950 전쟁과 평화』, 나남, 2002

박병구,『한중일 석유전쟁』, 한스미디어, 2006

박상익 외,『한국의 사라진 대기업』, 한국전자도서출판, 2016

박상준,『불황터널』, 매경출판, 2016

박용진,『재벌은 어떻게 우리를 배신하는가』, 메디치미디어, 2018

박종훈,『박종훈의 대담한 경제』, 21세기북스, 2015

박종훈,『지상 최대의 경제 사기극, 세대전쟁』, 21세기북스, 2013

박태주,『현대자동차에는 한국 노사관계가 있다』, 매일노동뉴스, 2014

박효진, 『변호사가 쓴 금융위기 이야기』, 북스라이프, 2010

발터 비트만, 류동수 역, 『국가부도』, 비전코리아, 2011

배성홍, 『일본경제 부활의 충격, 한국을 생각하다』, 매일경제신문사, 2006

백일승, 『소프트웨어 전쟁』, 더하기북스, 2015

변양균, 『경제철학의 전환』, 바다출판사, 2017

브루스 커밍스, 김동노 외 역, 『브루스 커밍스의 한국현대사』, 창작과비평사, 2001

브루스터 닌, 안진환 역, 『누가 우리의 밥상을 지배하는가』, 시대의창, 2008

블라디슬라프 M.주보크, 김남섭 역, 『실패한 제국 1·2』, 아카넷, 2016

사시키 도나시오, 이연 역, 『신문, 텔레비전의 소멸』, 아카넷, 2011

사이먼 윈체스터, 김한슬기 역, 『태평양 이야기』, 21세기북스, 2017

사카이야 다이치, 이윤정 역, 『가치 혁명과 사회 시스템 개조론』, 아이필드, 2004

서영수, 『대한민국 가계부채 보고서』, 에이지21, 2019

서한기, 『대한민국 의료 커넥션』, 바다출판사, 2013

석혜원, 『대한민국 경제사』, 미래의창, 2012

선대인, 『문제는 경제다』, 웅진지식하우스, 2012

선대인, 『위험한 경제학 1·2』, 더난출판사, 2009

성진근 외, 『한국의 농업정책 틀을 바꾸자』, 삼성경제연구소, 2004

세일러, 『불편한 경제학』, 위즈덤하우스, 2010

세일러, 『착각의 경제학』, 위즈덤하우스, 2013

세일러, 『흐름을 꿰뚫어보는 경제독해』, 위즈덤하우스, 2009

센코카이, 최영수 외 역, 『조선교통사 1-4』, BG북갤러리, 2012

손지우·이종헌, 『오일의 공포』, 프리이코노미북스, 2015

송병건, 『경제사 (세계화와 세계 경제의 역사)』, 해남, 2019

송승용 외, 『금융회사가 당신에게 알려주지 않는 진실』, 웅진윙스, 2007

송제숙, 『복지의 배신』, 이후, 2016

슘페터, 박영호 역, 『경제발전의 이론』, 지식을만드는지식, 2012

슘페터, 이종인 역, 『자본주의 사회주의 민주주의』, 북길드, 2016

시바야마 게이타, 전형배 역, 『조용한 대공황』, 동아시아, 2013

신기욱, 『슈퍼피셜 코리아』, 문학동네, 2017

신디 스피처 외, 한수영 역, 『애프터쇼크』, 쌤앤파커스, 2011

신무경, 『인터넷 전문은행』, 미래의창, 2016

신성호, 『박종철과 한국 민주화 – 특종 1987』, 중앙북스, 2017

신하경, 『모던걸』, 논형, 2009

심정택, 『삼성의 몰락』, 알에이치코리아, 2015

심정택, 『이건희전』, 새로운현재, 2016

심정택, 『현대 자동차를 말한다』, 알에이치코리아, 2015

심형석·황성규, 『진보정권 시대 대한민국 부동산의 미래』, 원앤원북스, 2018

쑹훙빙, 홍순도 역, 『화폐전쟁 1-4』, 랜덤하우스코리아, 2010-2

아담 스미스, 김수행 역, 『국부론 상·하』, 비봉출판사, 2007

안광호, 『삼성붕괴 시나리오』, 다산북스, 2011

안드레아 가보, 심현식 역, 『자본주의 철학자들』, 황금가지, 2006

앙드레 슈미드, 정여울 역, 『제국 그 사이의 한국 1895~1919』, 휴머니스트, 2007

애덤 퍼거슨, 이유경 역, 『돈의 대폭락』, 엘도라도, 2011

앤서니 샘프슨, 정영민 역, 『누가 지배하는가? 석유』, 숲속의집, 2002

앨릭스 스테파니, 위대선 역, 『공유경제는 어떻게 비즈니스가 되는가』, 한스미디어,
    2015

앨버트 O. 허시먼, 이근영 역, 『보수는 어떻게 지배하는가』, 웅진지식하우스, 2010

야마모토 요시타카, 임경택 역, 『후쿠시마 일본 핵발전의 진실』, 동아시아, 2011

얀베 유키오, 홍채훈 역, 『일본경제 30년사』, 에이지21, 2020

양필승·이정희, 『차이나타운 없는 나라』, 삼성경제연구소, 2004

에드먼드 펠프스, 이창근 외 역, 『대번영의 조건』, 열린책들, 2016

에드워드 챈슬러, 강남규 역, 『금융투기의 역사』, 국일증권경제연구소, 2001

에릭 바인하커, 정성철 외 역, 『부의 기원』, 랜덤하우스코리아, 2007

염상훈, 『금리의 역습』, 원앤원북스, 2012

오니시 유타카, 박연정 역, 『선진국 한국의 우울』, 예문, 2015

오마에 겐이치, 지희정 역, 『부의 위기』, 국일증권경제연구소, 2006

오세경·박선종, 『키코 사태의 진실을 찾다』, 북마크, 2013

오세용, 『변화와 혁신을 통한 반도체 제조 일류화 경영』, 청어, 2016

오원철, 『한국형 경제건설 1-7』, 기아경제연구소, 2002

오형규, 『보이는 경제 세계사』, 글담출판, 2018

요시다 유타카, 최혜주 역, 『일본의 군대』, 논형, 2005

요시미 순야, 이태문 역, 『박람회』, 논형, 2004

요시카와 료조, 엄예선 역, 『삼성의 결정은 왜 세계에서 가장 빠른가』, 중앙경제평론사, 2012

요시카와 히로시, 최용우 역, 『인구가 줄어들면 경제가 망할까』, 세종서적, 2017

우석훈, 『불황 10년』, 새로운현재, 2014

우석훈, 『연봉은 무엇으로 결정되는가』, 새로운현재, 2016

우석훈·박권일, 『88만원 세대』, 레디앙, 2007

우에노 이타루, 신현호 역, 『세계사를 지배한 경제학자 이야기』, 국일증권경제연구소, 2003

우치다 다쓰루, 김경옥 역, 『하류지향』, 민들레, 2013

위정현, 『인터넷 시대와 일본의 침몰』, 한경사, 2012

윌리 톰슨, 우진하 역, 『노동, 성, 권력』, 문학사상, 2016

윌리엄 번스타인, 김현구 역, 『부의 탄생』, 시아, 2008

윌리엄 번스타인, 박홍경 역, 『무역의 세계사』, 라이팅하우스, 2019

윌리엄 이스털리, 김홍식 역, 『전문가의 독재』, 열린책들, 2016

유노가미 다카시, 임재덕 역, 『일본 반도체 패전』, 성안당, 2011

유노가미 다카시, 임재덕 역, 『일본 전자 반도체 대붕괴의 교훈』, 성안당, 2019

유동길, 『K-POP 뮤직비즈니스의 이해』, AXIMU, 2015

유종일·권태호, 『한국 경제 4대 마약을 끊어라』, 페이퍼로드, 2018

유태원, 『원자재 전쟁』, 한빛비즈, 2017

유현준, 『도시는 무엇으로 사는가』, 을유문화사, 2015

유효상, 『론스타, 그 불편한 진실』, 21세기북스, 2012

윤재섭, 『한국을 뒤흔든 금융권력』, 21세기북스, 2016

이노우에 교스케, 박재현 역, 『소고기 자본주의』, 엑스오북스, 2016

이명박, 『대통령의 시간 2008-2013』, 알에이치코리아, 2015

이병주, 『애플 콤플렉스』, 가디언, 2012

이상호, 『수주 신화와 어닝 쇼크』, 라의눈, 2020

이언 모리스, 최파일 역, 『왜 서양이 지배하는가』, 글항아리, 2013

이영직, 『성장의 한계』, 스마트비즈니스, 2012

이영훈 외, 『반일 종족주의』, 미래사, 2019

이영훈, 『수량경제사로 다시 본 조선 후기』, 서울대학교출판부, 2004

이영훈, 『한국경제사 1·2』, 일조각, 2016

이완배, 『한국 재벌 흑역사 (롯데, SK) - 하』, 민중의소리, 2018

이완배, 『한국 재벌 흑역사 (삼성, 현대) - 상』, 민중의소리, 2018

이완주, 『라이스 워 Rice War』, 북스캔, 2009

이용우, 『삼성家의 사도세자 이맹희』, 평민사, 2012

이원재, 『이상한 나라의 경제학』, 어크로스, 2012

이은의, 『삼성을 살다』, 사회평론, 2011

이장규, 『경제는 당신이 대통령이야』, 올림, 2008

이정희, 『화교가 없는 나라』, 동아시아, 2018

이주희, 『4차 산업혁명시대, 규제와의 전쟁』, 좋은땅, 2018

이준구, 『시장과 정부』, 다산, 2004

이찬우, 『대한민국 신 국부론』, 스마트북스, 2014

이케다 준이치, 서라미 역, 『왜 모두 미국에서 탄생했을까』, 메디치미디어, 2013

이혜정, 『대한민국의 시험』, 다산40, 2017

임원기, 『네이버, 성공 신화의 비밀』, 황금부엉이, 2007

임종철, 『한국경제연구』, 서울대학교출판부, 1999

임지현 외, 『대중독재』, 책세상, 2004

장강명, 『당선, 합격, 계급』, 민음사, 2018

장정훈, 『네이버 스토리』, 뉴런, 2007

장철훈, 『금융위기 어떻게 오는가』, 북앤피플, 2003

장하성, 『한국 자본주의』, 헤이북스, 2014

전다은 외, 『대한민국 취업 전쟁 보고서』, 더퀘스트, 2014

전두환, 『전두환 회고록 1-3』, 자작나무숲, 2017

전범성, 『실록소설 구인회』, 서문당, 1988

전범성, 『실록소설 김성곤』, 서문당, 1988

전범성, 『실록소설 김우중』, 서문당, 1988

전범성, 『실록소설 김종희』, 서문당, 1988

전범성, 『실록소설 이병철』, 서문당, 1988

전범성, 『실록소설 정주영』, 서문당, 1988

전범성, 『실록소설 조중훈』, 서문당, 1988

전범성, 『실록소설 최종건』, 서문당, 1988

전병유·신진욱, 『다중격차, 한국 사회 불평등 구조』, 페이퍼로드, 2016

정규재, 『이 사람들 정말 큰일내겠군』, 한국경제신문사, 1998

정대영, 『한국 경제의 미필적 고의』, 한울, 2011

정문건·손민중, 『새 한국형 경제운용시스템을 찾아서』, 삼성경제연구소, 2004

정원오, 『복지 국가』, 책세상, 2010

정순태, 『신격호의 비밀』, 지구촌, 1998

정인성, 『반도체 제국의 미래』, 이레미디어, 2019

정주영, 『시련은 있어도 실패는 없다』, 제삼기획, 1991

정철진, 『자본에 관한 불편한 진실』, 아라크네, 2012

정태헌, 『문답으로 읽는 20세기 한국경제사』, 역사비평사, 2010

정혁준, 『경영의 신 1-3』, 다산북스, 2013

제이컵 솔, 정해영 역, 『회계는 어떻게 역사를 지배해왔는가』, 메멘토, 2016

제임스 K. 클리프턴, 정준희 역, 『갤럽보고서가 예고하는 일자리 전쟁』, 북스넛, 2015

제임스 R. 릴리, 김준길 역, 『아시아 비망록』, 월간조선사, 2005

조 시게유키, 윤정원 역, 『후지쯔 성과주의 리포터』, 들녘, 2005

조갑제, 『과거사의 진상을 말한다 상·하』, 월간조선사, 2005

조갑제, 『박정희의 마지막 하루』, 월간조선사, 2005

조귀동,『세습 중산층 사회』, 생각의힘, 2020

조셉 S. 나이, 박준원 역,『국민은 왜 정부를 믿지 않는가』, 굿인포메이션, 2018

조영태,『정해진 미래』, 북스톤, 2016

조일훈,『삼성공화국은 없다』, 한국경제신문사, 2005

조지프 나이, 이기동 역,『미국의 세기는 끝났는가』, 프리뷰, 2015

조철선,『자본주의 붕괴의 서막』, 전략시티, 2016

조한혜정 외,『노오력의 배신』, 창비, 2016

존 갤브레이스, 노택선 역,『풍요한 사회』, 한국경제신문, 2006

존 고든, 안진환 외 역,『부의 제국』, 황금가지, 2007

존 케네스 갤브레이스, 장상환 역,『경제학의 역사』, 책벌레, 2002

존 퍼킨스,『경제 저격수의 고백 2』, 민음인, 2010

존 퍼킨스, 김현정 역,『경제 저격수의 고백』, 민음인, 2005

주강현,『제국의 바다 식민의 바다』, 웅진씽크빅, 2005

주익종,『대군의 척후』, 푸른역사, 2008

중국 CCTV 다큐멘터리 〈화폐〉 제작팀, 김락준 역,『화폐 경제』, 가나출판사, 2014

중국 CCTV 다큐멘터리 제작팀, 허유영 역,『기업의 시대』, 다산북스, 2014

중앙일보 특별취재반,『조선민주주의인민공화국 상·하』, 중앙M&B, 1993

차국현 외,『축적의 시간』, 지식노마드, 2015

찰스 P. 킨들버거, 주경철 역,『경제강대국 흥망사 1500-1990』, 까치, 2005

최광해,『IMF 견문록』, 21세기북스, 2016

최광해,『금융제국, 홍콩』, 21세기북스, 2011

최명돈,『성과주의의 혁신』, 오즈컨설팅, 2008

최성락,『한국은 자본주의 사회인가』, 페이퍼로드, 2016

최영수,『면세점 이야기』, 미래의창, 2013

최용근,『명동 30년』, 신세림, 2002

칼 E. 월터·프레이저 J.T. 하위, 서정아 역,『레드 캐피탈리즘』, 시그마북스, 2011

칼 마르크스, 김수행 역,『자본론』, 비봉출판사, 2015

칼 마르크스·엥겔스, 이진우 역,『공산당선언』, 책세상, 2002

캡틴K, 『시사경제독설』, 위너스북, 2016

캡틴K, 『시사경제잡설』, 위너스북, 2016

케네스 포메란츠, 김규태 외 역, 『대분기』, 에코리브르, 2016

케빈 필립스, 오삼교 역, 『부와 민주주의』, 중심, 2004

콜린 파월, 류진 역, 『콜린 파월 자서전』, 샘터, 2001

크리스티안 월마, 배현 역, 『철도의 세계사』, 다시봄, 2019

클라이드 프레스토위츠, 이문희 역, 『부와 권력의 대이동』, 지식의숲, 2006

타일러 코웬, 임재서 역, 『상업 문화 예찬』, 나누리, 2003

토마 피케티, 장경덕 외 역, 『21세기 자본』, 글항아리, 2014

트렌즈 지 특별취재팀, 권춘오 역, 『10년 후 부의 미래』, 일상과이상, 2012

패트릭 비거리 외, 조성숙 역, 『성장의 모든 것』, 이콘, 2008

페르낭 브로델, 주경철 역, 『물질문명과 자본주의 I 일상생활의 구조 상,하』, 까치,
    1995

페르낭 브로델, 주경철 역, 『물질문명과 자본주의 II 교환의 세계 상,하』, 까치, 1996

페르낭 브로델, 주경철 역, 『물질문명과 자본주의 III 세계의 시간 상,하』, 까치, 1997

편석준 외, 『왜 지금 드론인가』, 미래의창, 2015

폴 로버츠, 김선영 역, 『식량의 종말』, 민음사, 2010

프랜시스 후쿠야마, 구승희 역, 『트러스트』, 한국경제신문사, 1996

프레시안 특별취재팀, 『한국의 워킹푸어』, 책보세, 2010

프리드리히 하이에크, 김이석 역, 『노예의 길』, 나남, 2006

피에트라 리볼리, 김명철 역, 『티셔츠 경제학』, 다산북스, 2005

피터 노왁, 이은진 역, 『섹스, 폭탄 그리고 햄버거』, 문학동네, 2012

피터 드러커, 안종희 역, 『피터 드러커의 산업사회의 미래』, 21세기북스, 2013

피터 드러커, 이재규 역, 『대변화 시대의 경영』, 청림출판, 2013

피터 드러커, 현대경제연구원 역, 『성과측정』, 이십일세기북스새날, 2007

피터 자이한, 홍지수 역, 『셰일혁명과 미국 없는 세계』, 김앤김북스, 2019

피터 자이한, 홍지수 외 역, 『21세기 미국의 패권과 지정학』, 김앤김북스, 2018

하시모토 다카시, 한성기 역, 『2009 국제회계기준 대전쟁』, 콜로세움, 2008

하쓰다 토오루, 이태문 역,『백화점』, 논형, 2003

하야시 히로시게, 김성호 역,『미나카이 백화점』, 논형, 2007

하워드 블룸, 김민주 외 역,『천재 자본주의 vs 야수 자본주의』, 타임북스, 2011

한경비즈니스 특별취재팀,『이것이 블록체인 경제다』, 한국경제매거진, 2018

한국일보정치부,『빼앗긴 서울의 봄』, 한국일보사, 1994

한상완,『경제를 보는 두 개의 눈』, 현대경제연구원, 2010

헨리 죠지, 김윤상 역,『진보와 빈곤』, 비봉출판사, 1997

헨리 키신저, 이현주 역,『헨리 키신저의 세계 질서』, 민음사, 2016

홍성추,『재벌 3세』, 황금부엉이, 2016

홍춘욱,『인구 변화가 부의 지도를 바꾼다』, 위앤원북스, 2006

홍하상,『이병철에게 길을 묻다』, 북지인, 2010

후나바시 요이치, 이동주 역,『후쿠시마 원전 大재앙의 진상 상,하』, 기파랑, 2014

후루이치 노리토시, 이언숙 역,『절망의 나라의 행복한 젊은이들』, 민음사, 2015

히로세 다카시, 김소연 역,『제1권력』, 프로메테우스, 2011

히사마쓰 다쓰오, 고재운 역,『작고 강한 농업』, 눌와, 2016

A.V.토르쿠노프, 구종서 역,『한국전쟁의 진실과 수수께끼』, 에디터, 2003

Ahrens, Frank,『SEOUL MAN』, HarperBusiness, 2016

CCTV 경제 30분팀, 홍순도 역,『무역전쟁』, 랜덤하우스코리아, 2011

KBS 슈퍼아시아 제작팀,『슈퍼아시아』, 가나출판사, 2017

KBS 스페셜 제작팀,『종자, 세계를 지배하다』, 시대의창, 2014

NEAR재단,『한국의 경제생태계』, 21세기북스, 2017